Dr. Anke Elisabeth Ballmann

Seelenprügel

Dr. Anke Elisabeth Ballmann

SEELENPRÜGEL

Was Kindern in Kitas wirklich passiert
Und was wir dagegen tun können

Kösel

Hinweis im Sinne des Gleichbehandlungsgesetzes:
Aus Gründen der leichteren Lesbarkeit wird auf eine geschlechterspezifische Differenzierung verzichtet. Entsprechende Begriffe gelten im Sinne der Gleichbehandlung für beide Geschlechter. Ebenso wurde aus Gründen der leichteren Lesbarkeit auf die Unterscheidung verschiedener Berufsbezeichnungen verzichtet. Die Bezeichnung Erzieherinnen wurde gewählt, weil sie in allen Bundesländern gebräuchlich ist.

FSC www.fsc.org MIX Papier aus verantwortungsvollen Quellen FSC® C014496

Verlagsgruppe Random House FSC® N001967

Neumarkter Str. 28, 81673 München
Umschlag: Weiss Werkstatt, München
Umschlagmotiv: © shutterstock/ESB Professional
Redaktion: Monika B. Paitl
Lektorat: Dr. Daniela Gasteiger
Satz: Satzwerk Huber, Germering
Druck und Bindung: GGP Media GmbH, Pößneck
Printed in Germany
ISBN 978-3-466-31129-3
www.koesel.de

Dieses Buch ist auch als E-Book erhältlich.

Inhalt

III. Seelenheil – gewaltfreie Erziehung als Realität

Einleitung

Heilung wohnt im Haus der Erkenntnis.

Lena besucht eine Kinderkrippe. Sie ist ein Jahr alt. Das Mädchen mit den dunklen Löckchen schlägt einem anderen Kind ein Spielzeug an den Kopf. Die Erzieherin sieht es und kommt drohend auf Lena zu. Sie schreit sie an: »Du gehst mir ja so was von auf die Nerven, du kleines Miststück.« Sie packt Lena am Arm und zieht sie aus dem Gruppenraum auf den Flur. Dort befiehlt sie ihr in harschem Ton, dass sie jetzt fünf Minuten alleine auf der Bank sitzen und darüber nachdenken muss, was sie gerade getan hat.

Lena ist ein Jahr alt. Man muss kein Entwicklungspsychologe sein, um zu erkennen, dass Lena nicht versteht, was sie falsch gemacht hat. Sie kann sich noch nicht in andere Menschen hineinversetzen, sie weiß gar nicht, dass sie dem anderen Kind wehgetan hat. Kann sie doch in ihrem Alter weder über ihr Handeln nachdenken, noch erkennen, was fünf Minuten sind. Vor allem ist Lena noch nicht in der Lage, einen direkten Zusammenhang zwischen ihrer Aktion und der Reaktion der Pädagogin herzustellen. Sie sitzt jetzt alleine im Flur und weint. Niemand ist für sie da. Was löst das in ihr aus? Sie wurde laut beschimpft. Sie ist erschrocken, sie ist irritiert, sie fühlt sich völlig verlassen. Für eine Einjährige ist dieses Erlebnis eine emotionale Katastrophe, die mit hoher Wahrscheinlichkeit unerwünschte spätere Folgen haben wird. Das weiß ich deswegen so genau, weil nach meiner Erfahrung diese sogenannte Pädagogin Lena nicht das letzte Mal »Miststück« genannt hat. An diesem Tag hat vielmehr ein fatales Muster seinen Anfang genommen.

Kindesmisshandlung ist keine Ausnahme, sie ist die Regel. In Deutschland leben ca. 13 Millionen Kinder. Ich behaupte, dass die meisten dieser Kinder in ihren ersten sechs Lebensjahren psychisch misshandelt werden. Ich stelle diese Behauptung auf, weil ich in fast jeder der mehr als 300 Kitas, die ich im Rahmen meiner Fortbildungs-, Beratungs- und Prüfungstätigkeit in den vergangenen zehn Jahren besucht habe, Zeugin von psychischer Gewalt wurde. Diese Misshandlungen wurden eindeutig stets von »Einzeltäterinnen« begangen. Es ist mir bewusst und persönlich auch sehr wichtig, immer wieder darauf hinzuweisen, dass die meisten Erzieherinnen sehr liebevoll zu den ihnen anvertrauten Kindern sind. Es handelte sich meinen Beobachtungen zufolge nie um ein ganzes Team, das psychisch misshandelnd unterwegs war, sondern um Einzelpersonen mit weitum vergiftender Wirkung. Abgesehen von diesen selbst erlebten Erfahrungen bitte ich die Teilnehmerinnen meiner Fort- und Weiterbildungen, wenn wir über Themen wie Haltung, Wertschätzung, Bindung oder Grenzen setzen sprechen, dass diejenigen sich mittels Handzeichen melden sollen, die noch nie entweder selbst Gewalt angewendet haben oder noch nie Zeuginnen von Gewaltanwendungen geworden sind. Und noch nie ging auch nur eine einzige Hand nach oben! Meine Fort- und Weiterbildungen wurden bisher von mehr als 9.000 Erzieherinnen besucht. Daraus wage ich zu schlussfolgern, dass Gewalt durch zwar nur wenige Personen, aber dafür fast überall an der Tagesordnung ist.

Den größten Anteil der Gewalt an Kindern stellt dabei die psychische Gewalt dar, wie auch Lena sie erleben musste. Das heißt, Kinder werden eingeschüchtert, gedemütigt, zurückgewiesen, beleidigt, erpresst, feindselig behandelt, verängstigt, ausgegrenzt, lächerlich gemacht, bedroht, isoliert und ignoriert. Ihre kindlichen Bedürfnisse und Rechte werden damit massiv missachtet, und sie bekommen mit Sicherheit nicht jenes emotionale Gerüst, das sie für ein rundum gesundes und emotional stabiles Aufwachsen brauchen.

Diese seelischen Gewalttaten oder Seelenprügel, wie ich das nenne, sind nicht nur, wie es bei körperlicher Gewalt meist der Fall ist, im häuslichen Umfeld zu finden. Diese Gewalt ist institutionalisiert und findet in zahlreichen Kinderkrippen und Kindergärten statt. Ja, Sie haben richtig gelesen. Wenn Sie als Eltern diese Zeilen sehen, stockt Ihnen jetzt vermutlich der Atem. Und genau das ist die Reaktion, die ich mit diesem Buch auslösen will. Eltern und Erziehungsberechtigten Vorfälle aufzuzeigen, wie sie tagein, tagaus und landauf, landab, in Kitas passieren. Denn nur dann, wenn Ihnen diese Vorgänge bewusst sind, können Sie näher hinsehen und feststellen, was sich an dem Ort, dem Sie Ihr Kind täglich anvertrauen, eventuell abspielt. Wenn Sie als Erzieher diese Zeilen lesen, bleibt Ihnen hoffentlich ebenso die Luft weg. Vielleicht ja, weil Sie diese Praktiken bei Kollegen und Kolleginnen schon einmal wahrgenommen, aber in diesem Moment eventuell nicht richtig eingeordnet haben. Vielleicht aber auch, weil Sie sich selber dabei ertappt fühlen, genauso zu agieren. Vielleicht. Nur Sie können es wissen.

Es sind nicht nur manche Eltern, die vollkommen versagen, gewalttätig werden und damit Verbrechen an Kindern begehen, es sind auch zahlreiche Erzieherinnen und Lehrer, die ihren Schutzbefohlenen extrem schaden und dabei auch noch – auf Staatskosten – eklatant gegen Artikel 19 der UN-Kinderrechtskonvention, das Recht der Kinder auf gewaltfreie Erziehung, verstoßen.

Laut Statistik und einer vorsichtig geschätzten Dunkelziffer werden laut dem Gerichtsmediziner Michael Tsokos mehr als 200.000 Kinder pro Jahr körperlich misshandelt. Und zwar zu 98 Prozent von ihren eigenen Eltern oder von Menschen aus dem engsten Familien- und Freundeskreis. Außer Frage steht, dass Kinder, die körperliche Misshandlungen überleben, massive seelische Schäden davontragen und ihr ganzes Leben lang unter den grausamen Folgen dieser Taten leiden. Bei all dem Leid gibt es für diese Kinder ein wenig Hoffnung. Denn körperliche Misshandlungen sind fast immer sichtbar, und wenn die Kinder Glück haben, bemerkt jemand aus dem Umfeld diese Auswirkungen und zeigt die Taten couragiert auf.

Seelische Misshandlungen hinterlassen keine auf den ersten Blick erkennbaren äußeren Spuren – man muss schon sehr genau hinsehen, um Zeichen seelischer Gewalt an Kindern zu erkennen. Die Beulen und blauen Flecken, die durch Seelenprügel entstehen, sind nun einmal unsichtbar. Sie schlagen aber mindestens ebenso tiefe emotionale Wunden. Diese Seelenprügel beeinflussen sowohl die kindliche Entwicklung als auch das Erleben, Verhalten und die psychische Gesundheit im Erwachsenenalter. Genau darauf bezieht sich mein großes Anliegen in diesem Buch: Verstärkt darauf aufmerksam zu machen, welche verheerenden Folgen auch seelische Verletzungen durch verbale und nonverbale Grausamkeiten an Kindern auslösen können.

Warum mir das so wichtig ist? Weil auch ich zu diesen seelisch misshandelten Kindern gehöre. Weil auch ich deswegen schon mein ganzes Leben lang gegen Selbstzweifel und Versagensängste ankämpfe. Weil auch ich genau weiß, wie es sich anfühlt, gedemütigt und niedergemacht zu werden, ohne Grund, einfach, weil man ist, wie man ist. Und weil sich diese Schmerzen tief in meine Seele eingebrannt haben.

Dabei bin ich unendlich froh und dankbar, dass ich mit unfassbarer Sturheit, pathologischer Neugier und einer guten Portion Humor ausgestattet bin. Dadurch konnte ich mich unter Einsatz aller inneren Kraft immer wieder von allzu verletzenden Aussagen meiner Kindergärtnerin und später einiger Lehrer distanzieren, ohne vollkommen zusammenzubrechen. Obwohl ich mittlerweile psychisch stabil bin, spüre ich die Auswirkungen bis heute. Es ist noch immer Normalität für mich, dass meine positive Außenwirkung und das, was ich selber von mir denke, oft nicht zusammenpassen – auch das ist typisch für Kinder, die nicht gelernt haben, (an) sich selbst zu glauben. Wer in der Kindheit so konditioniert wird, den begleiten gewisse Selbstzweifel für den Rest des Lebens. Diese Zweifel sind wie kleine giftige, gefräßige Ungeheuer mit spitzen Zähnen, die mich tyrannisieren, mir immer wieder Hürden in den Weg legen und genau dann auftauchen, wenn ich am wenigsten mit ihnen rechne. Positiv daran ist, dass sie mich ständig neu herausfordern und antreiben.

Aber die Tatsache, dass vieles in meiner Kindergarten- und Schulzeit so schwierig war, hat mich auch stark gemacht. Heute lebe ich das Leben, das ich immer leben wollte. Ich bin promovierte Pädagogin, führe in meinem Institut für kindgerechte Pädagogik Fort- und Weiterbildungen für Erzieherinnen durch und berate Kita-Leitungskräfte. Ich habe auch zehn Jahre lang direkt mit Kindern und in Kitas gearbeitet und dabei erlebt, wie es hinter den Kulissen vieler Einrichtungen aussieht und was dort alles geschieht.

Und ich war dabei beileibe nicht nur Zeugin. Ich war ab und an auch Täterin. Ich muss gestehen, dass auch ich – als ich vor über 20 Jahren noch wesentlich unreflektierter, unreifer und unwissender agierte, als ich es heute tue – nicht immer nur freundlich zu den mir anvertrauten Kindern war. Ich kann mich an einige wenige Situationen erinnern, die ich heute als eindeutig verabreichte Seelenprügel bezeichnen würde. Verabreicht aus jugendlicher Ungeduld, aus Unerfahrenheit und teilweise sicher auch mit den selbst gehörten verbalen Attacken aus meiner Kindheit noch im Ohr. Der Satz, den ich einem kleinen Mädchen harsch zuwarf: »Sag, bist du so doof oder tust du nur so?«, kommt mir im Rückblick seltsam vertraut vor. Ich habe mich damals allerdings sofort dafür entschuldigt, ein gewisser Reflex der Selbsterkenntnis hatte Gott sei Dank bei mir sofort eingesetzt. Diese wenigen, aber doch intensiven Ausfälle tun mir heute noch immer unendlich leid, und ich wünschte, ich hätte damals gewusst und gefühlt, was ich heute weiß und fühlen kann. Aber vermutlich war es wichtig, diese Erfahrungen zu machen, haben sie doch mein Bewusstsein für die Thematik Seelenprügel geschärft und mich schlussendlich auf einen Weg gebracht, der unter anderem in diesem Buch resultiert.

Im Großen und Ganzen habe ich es geschafft, die Verletzungen meiner Kindheit zu überwinden, ein glückliches, produktives und privat wie beruflich erfolgreiches Leben zu führen. Verfüge ich über besonders viel Resilienz, gepaart mit Ehrgeiz und Durchsetzungskraft? Ja, ganz sicher. Nur, das hat nicht jeder. So viele Kinder zerbrechen an verbaler Gewalt und seelischen Misshandlungen in jungen Jahren und verbringen den Rest ihres Lebens als innerlich leere Marionetten. Ich möchte dazu beitragen, das so vielen Menschen wie möglich zu ersparen. Ich bin davon überzeugt, dass es eine meiner Aufgaben in diesem Leben ist, das Tabu des psychischen Missbrauchs aufzuzeigen, denn Seelenprügel gibt es so viel öfter, als wir uns vorstellen können.

Das Problem dabei: Viele betrachten diese verbalen Ausfälle und Übergriffe immer noch als ganz normale Erziehungsmethoden oder angebrachte Kommunikationsformen im Umgang mit Kindern – ohne sich darüber im Klaren zu sein, welche negativen Auswirkungen dies auf deren ganzes Leben haben wird. Genau deshalb ist jede einzelne seelische Misshandlung genau eine zu viel! Wir müssen eine Null-Toleranz-Haltung zu diesem Thema in die Köpfe der Menschen pflanzen. Wir müssen – vor allem auch bei psychischer Gewalt – sehr viel schneller und sehr viel öfter eingreifen, um Kinder zu schützen. Wir müssen endlich ALLE genauer hinsehen!

Es ist höchste Zeit, gewisse gesellschaftliche Spielregeln und bisher tolerierte Verhaltensweisen aufzuzeigen, furchtlos zu hinterfragen und ein generelles Umdenken bei Eltern, Erzieherinnen sowie den Verantwortlichen in der Politik zu fordern. Psychische Gewalt an Kindern ist in jeder Gesellschaftsschicht und in viel zu vielen Haushalten und Bildungseinrichtungen zu finden, und das darf einfach nicht länger so sein. Deswegen habe ich beschlossen, mit den sehr pointierten Inhalten dieses Buches den Finger direkt in die Wunde zu legen und die momentan in viel zu vielen Kitas vorherrschenden Zustände klar aufzuzeigen. Außerdem betreibe ich intensive Ursachenforschung, hinterfrage den aktuellen Status quo und zeige die Hintergründe auf, warum immer noch so viele Erzieherinnen so agieren, wie sie dies leider tun. Ich lade alle erziehenden Beteiligten zu einer intensiven Reflexion ihres eigenen Lebens ein, denn nur ein bewusstes Erinnern der persönlichen Wurzeln und Erfahrungen aus der Kindheit lässt erkennen, warum wir als Erwachsene vielleicht genau jene schmerzhaften Muster und Erlebnisse, unter denen wir als Kinder selber litten, reproduzieren. Denn nur wer diese

Zusammenhänge erkennt und das eigene Verhalten reflektiert, kann beginnen, eine neue Haltung einzunehmen, neu zu handeln und andere, positivere Wege betreffend die ihm anvertrauten Kinder zu gehen. Wenn es mir mit diesem Buch gelingt, die Karten für nur einige Kinder neu zu mischen und ihnen dadurch ein respektvolleres und geschützteres Aufwachsen zu ermöglichen, habe ich mein Ziel erreicht.

Dr. Anke Elisabeth Ballmann

I. Seelenprügel – weil es immer schon so war

1. Alles ist gut? – Weil nicht sein kann, was nicht sein darf

Gewalt an Kindern kann nur bestehen, wenn auch Ignoranz, Gutgläubigkeit und Feigheit Bestand haben.

Bei viel zu vielen Eltern und in viel zu vielen pädagogischen Einrichtungen ist der aktuelle Erziehungsstil darauf angelegt, Kinder einem künstlich erschaffenen, oft willkürlichen Regelsystem auszusetzen und sie dafür zu bestrafen, wenn sie die Regeln der Erwachsenen brechen. Heute heißt es natürlich nicht mehr »Strafe«, sondern »Konsequenz«, doch das Ergebnis ist identisch. Kinder werden viel zu oft bestraft. In manchen Kindergärten müssen Kinder bei Vergehen alleine in dunklen Räumen sitzen, und in der Schule hat Nachsitzen noch immer Konjunktur. Gesellschaftlich sind Demütigungen und emotionale Erpressungen weitgehend akzeptiert. Es ist zwar nicht legal, aber normal, dass die Urängste von Kindern ausgenutzt werden, um artige und angepasste Menschen aus ihnen zu machen. Und das als alltäglich gelebte Realität.

»Sonst fahre ich dich um«

Magdalena stapft – auf leicht wackeligen Beinchen – vor einem Krippenkinderwagen umher und lächelt selig vor sich hin. Sie ist ganz auf sich selbst konzentriert und vollkommen im gegenwärtigen Moment, wie Kinder das so wunderbar können. »Wenn du nicht zur Seite gehst, fahre ich dich um!«, zischt plötzlich eine ungeduldige Stimme. Magdalena schaut auf, versteht nicht, was das soll, lächelt aber trotzdem freundlich in die Richtung der Stimme. Im nächsten Moment liegt die Eineinhalbjährige auf dem Boden. Ihre Erzieherin ist tatsächlich frontal mit einem Kinderwagen in sie hineingefahren. Einfach deswegen, weil das kleine Mädchen sich nicht rasch genug wegbewegt hat. »Siehst du, das hast du nun davon«, zetert die Erzieherin, packt Magdalena und setzt sie voller Wucht in den Kinderwagen zu den anderen fünf Kindern, die das Spektakel mit großen Augen beobachtet haben. Auch die übrigen Kita-Fachkräfte stehen stumm um den Kinderwagen rum. Es ist ein wahres Struwwelpeter-Beispiel an schwarzer Pädagogik, das hier an diesem Vormittag in dieser Kita abläuft – einer Pädagogik, die mit Einschüchterungen und Demütigungen arbeitet. Und leider nicht nur an diesem Vormittag. Jeden Tag. Dort ist das normal und gehört quasi zum Alltag. Genauso, wie es normal ist, dass keine der anderen Erzieherinnen eingreift. Sie sind zwar nicht alle aktive »Täterinnen«, aber zumindest schweigende Mitwisserinnen dieser und ähnlicher Ereignisse, die sich innerhalb der Mauern dieses Orts der Erziehung abspielen.

Und nicht nur in dieser Kita. Die Tragik daran: Viele vertrauensvolle und besorgte Eltern geben ihre Kinder tagein, tagaus in Organisationen ab, die sie als Orte des Vertrauens ansehen.

Sie begeben sich in ihren beruflichen Alltag und fühlen sich beruhigt. Sind überzeugt, dass das Liebste, was sie haben, sich in bester Obhut befindet. Und manches Mal ist das ja auch so. Aber eben nicht immer. Das weiß ich aus der Erfahrung meiner letzten zehn Berufsjahre sehr genau. Ich war in diesen Jahren in mehreren hundert Kitas, habe beobachtet, beraten und praktische Prüfungen im Rahmen von Weiterbildungen abgenommen. Dabei saß ich mehrere Stunden still in einer Ecke und habe übelste Beschimpfungen durch das angestammte Personal an den Kindern mit angehört. Oft habe ich fragend eingegriffen, aber nicht immer – das war ein Fehler, den ich mir nur schwer verzeihen kann.

Der in viel zu vielen Institutionen übliche Kommunikationsstil klingt in Varianten so:

»Wie kann man nur so dumm sein?«, »Aus dir wird nie etwas!«, »Du lernst das nie!«, »So geht das mit dir nicht weiter!«, »Wenn du nicht sofort ..., dann ...!«, »Ich zähle jetzt bis drei ...!«. Was sich schon beim bloßen Lesen anfühlt wie ein schmerzvoll prasselndes Stakkato an Vorwürfen und Befehlen, wirkt in der Realität ausgesprochen oder sogar geschrien noch viel peitschender und treffender. Für viel zu viele Kinder gehören rhetorische Attacken dieser Art zu ihrem Alltag in Kita oder Schule und setzen sich eventuell sogar im Elternhaus fort. Verbale und nonverbale Kränkungen, Drohungen, Vorwürfe, Beleidigungen, permanente Kritik, Beschämung und Isolation ist für diese Kinder ein Teil ihrer Welt. Sie haben sich an diese Art von Umgangston gewöhnt, empfinden ihn als normal. Sie haben innerlich die Überzeugung aufgebaut, dass dies der einzige Ton ist, der ihnen zusteht. Sie denken, dass sie keinen anderen, wertschätzenderen Ton verdienen. Und es kommt noch schlimmer. Dann nämlich, wenn diese Kinder – was Wunder – auf diese Verletzungen ihrer Seele mit Aggression oder Rückzug reagieren oder durch weinen offen zeigen, wie verstört sie sind. Die Menschen, die es eigentlich von Berufs wegen besser wissen müssten, zeigen auch dann oft keine Spur von Mitleid. Im Gegenteil, nun gehen ihre Verbaltiraden gnadenlos und im selben Tenor weiter: »Jetzt stell dich nicht so an!«, »Mach nicht immer so ein Theater!«, »Jetzt brauchst du gar nicht zu weinen, was soll das?«.

Aber nach außen ist alles gut. Weil nicht sein kann, was nicht sein darf.

»Du bist nicht gut genug« – wirklich?

Es ist mir sehr wichtig, dass mehr und mehr Menschen klar wird: Durch solche Aussagen erfahren Kinder Ablehnung auf allen Ebenen. Sie fühlen sich allein gelassen und beginnen, sich selbst und ihren Gefühlen nicht mehr zu vertrauen. Wie denn auch? Sie werden ja mit der permanenten Botschaft beschallt, dass sie so, wie sie sind, nicht gut genug sind. Den Ansprüchen ihres Umfeldes nicht genügen. Wenn sie weinen, wird ihnen vermittelt, dass diese Emotionen so gar nicht positiv sind.

Untersuchungen verschiedener Fachrichtungen, wie die der Psychologin Naomi Eisenberger oder des Soziologen Ronald C. Kessler, stimmen in einem Ergebnis überein: Durch diese kontinuierlich respektlose Ansprache etabliert sich in den kindlichen Köpfen eine Tatsache, die ihr gesamtes weiteres Leben beeinflussen wird: Du machst alles falsch. Du bist nichts wert. Ergo wirst du nicht geliebt und schlimmer noch – du gehörst nicht dazu. Zu uns gehörst du nur dann, wenn du so bist, wie wir dich haben wollen. Dieses »uns« können Erzieherinnen sein, genauso aber auch Eltern oder andere Familienmitglieder. Hier kann ein fataler Kreislauf der Nicht-Zugehörigkeit, der Einsamkeit und Ausgrenzung beginnen, der auch in erwachsenen Jahren nur schwer zu stoppen sein wird.

So erfahren Kinder von ihren sehr jungen Jahren an Ablehnung und Einsamkeit innerhalb einer Gemeinschaft. Sie müssen von den Menschen, die ihnen am nächsten sind, sehr oft nicht nur verbale Attacken, sondern auch nonverbale Stiche ertragen. Abschätzende, kalte Peitschenblicke verletzen ebenso sehr wie paradoxe Botschaften, die den kindlichen Geist überfordern. Wenn Erzieherinnen oder auch Eltern gemischte Signale aussenden, indem sie z. B. in höchst ironischem Ton, gespickt mit zynischen Untertönen zu Kindern sagen: »Na, das hast du ja wunderbar gemacht!«, dann löst dieses »Doublebind« genannte Verhalten bei Kindern tiefe Verwirrung und Verunsicherung aus. Das beschreibt die Historikerin Miriam Gebhardt in ihrem Buch über die Angst vor dem kindlichen Tyrannen. Kinder können bei diesem Kommunikationsverhalten nicht nachvollziehen, welche Botschaft an sie denn nun stimmt. Ist es die verbale Aussage oder doch der Tonfall und die Mimik? Kinder sind diesbezüglich äußerst sensibel, sehr viel mehr, als sich Erwachsene das vorstellen.

Dadurch lernen Kinder, dass irgendetwas mit ihrer Wahrnehmung nicht in Ordnung zu sein scheint. Da sagt jemand etwas an sich Freundliches, schaut aber so böse dazu? Was gilt jetzt? Sie verlieren dadurch mit der Zeit auch das Vertrauen in ihre Wahrnehmung und in ihre eigenen Kommunikationsfähigkeiten. Dadurch entsteht unwiederbringlicher Verlust von Vertrauen in sich selbst und in die Welt. Ein generelles Misstrauen gegenüber dem Leben macht sich so in vielen Kindern breit, ohne dass sie selbst oder ihre Familien das auch nur bemerken. Es ist ein schleichender Prozess an unangenehmen Gefühlen. Dadurch können Selbstwert, Selbstvertrauen, Selbstsicherheit und Selbstwirksamkeit nicht im richtigen Ausmaß wachsen oder werden in so jungen Jahren gänzlich zerstört. Das hat katastrophale Folgen für die einzelnen Kinder und insgesamt auch für unsere Gesellschaft.

Wir begegnen jeden Tag Menschen, die völlig in Ordnung zu sein scheinen, die perfekt funktionieren, ihr Leben gut im Griff haben und sehr erfolgreich sind. Innerlich und auf der emotionalen Ebene, einige würden sagen, der Seelenebene, tragen viel zu viele dieser Menschen ein dickes Narbengeflecht vergangener Seelenprügel mit sich herum. Tiefe Narben. Man sieht sie nicht. Aber sie sind da. Und werden sie im Erwachsenenleben durch eine Aussage erinnert und abermals ins Bewusstsein geholt, schmerzen sie wie am Tag der ursprünglichen Verletzung.

Aber nach außen ist alles gut. Weil nicht sein kann, was nicht sein darf.

Warum, und was wäre wenn …

Ich beschäftige mich mit diesem Thema aus beruflichen und auch aus persönlichen Gründen schon sehr lange. Ich frage mich so oft, wie Menschen wohl geworden wären, wenn sie als Kinder mehr Liebe erfahren hätten, wenn man ihnen mehr zugetraut hätte, wenn man sie nicht kleingehalten hätte. Ich habe mich auch bei mir oft gefragt, welche Probleme ich nie gehabt hätte, wenn ich schon viel früher mehr an mich und meine Fähigkeiten geglaubt hätte. Mir wurde z. B. von Großeltern, Eltern und Lehrern immer eingeredet, dass ich zwar ein Talent für Sprachen hätte, aber vollkommen talentfrei in Mathe sei. Ich wurde in der Schule mehrfach vollkommen bloßgestellt und hatte jahrelang große Probleme, einigermaßen an mich zu glauben. Meine Noten waren dementsprechend schlecht, besonders natürlich in Mathe, aber es hat mich immer unwahrscheinlich fasziniert, wie man Mathe können kann. Seltsamerweise lagen meine Interessen zu 100 Prozent im naturwissenschaftlichen Bereich. Ich habe leidenschaftlich gerne Dinge untersucht und geforscht. Ich wollte schon immer alles ganz genau wissen und bin auch vor Tierexperimenten und Selbstversuchen nicht zurückgeschreckt. Ich habe ganze Generationen von Kaulquappen auf dem Gewissen, weil sie in meinen selbstgebauten Aquarien immer gestorben sind. Mein waghalsigster Selbstversuch war das Verspeisen von 15 Packungen Kaugummi, um herauszufinden, bei welcher Menge der Magen zusammenklebt. An diesen Tag denke ich nicht gerne zurück. Ich bin überzeugt, ich habe alle diese Versuche nur deswegen unternommen, um zu beweisen, dass ich ein frei denkender, erfolgreicher junger Mensch war, der imstande ist, eigene, starke Entscheidungen zu treffen. Hätte man mehr an mich geglaubt, wären diese Versuche vermutlich nicht notwendig gewesen. Aber, dann wäre ich vermutlich auch nicht die, die ich heute bin.

Über viele Jahre habe ich mir immer wieder eine Frage gestellt: Die Frage nach dem WARUM. Warum zeigen so viele Menschen, die es doch schon allein aufgrund ihres Status als Erwachsene oder ihrer beruflichen Qualifikationen besser wissen müssten, diese erschreckenden, brutalen und oft richtig grausamen Verhaltensmuster gegenüber Kindern, die ihnen anvertraut sind? Die meisten Eltern und schockierenderweise auch viele Erzieherinnen und Lehrer sind sich nicht im Geringsten darüber im Klaren – manche wollen es auch nicht wahrhaben –, in welchem Ausmaß sie Kinder durch ihr Verhalten und ihre verbalen Ausfälle schädigen. Wie kann das sein? Woher kommt diese Unbewusstheit? Die ultimativen Antworten habe ich nicht gefunden. Ich denke, dass es sich bei diesen Verhaltensmustern um eine Mischung der folgenden – den handelnden Personen meist gar nicht bewussten – Hintergründe handelt.

Wenn die Politik lange zusieht und die Gesellschaft schweigt

Ein Hauptgrund ist meines Erachtens die andauernde gesellschaftliche Ignoranz und gleichzeitige Akzeptanz der Gesellschaft. Gewalt gegen Kinder ist noch immer in vielen Teilen der Gesellschaft erschreckend normal und sogar weitgehend als Erziehungspraxis akzeptiert. Ein bisschen Zucht und Ordnung haben schließlich noch keinem geschadet – so die noch immer weit verbreitete Meinung vieler Eltern und Pädagogen. Das mag auch daran liegen, dass gerade in diesem Fall die Mühlen der Gesetzgebung besonders langsam mahlten und sehr lange kein wirklich klarer, unsere Kinder schützender politischer Beschluss gefasst wurde. Zwar wurde 1973 in Westdeutschland das Recht auf »körperliche Züchtigung« in pädagogischen Einrichtungen verboten, doch bis in die 1980er-Jahre gab es, nach Aussage der Berliner Zeitung vom 24. April 2010, noch immer Lehrer, die Kindern ins Gesicht schlugen.

Eltern wurden durch die Kindschaftsrechtsreform von 1980 zum ersten Mal in der Geschichte per Gesetz dazu verpflichtet, auf Belange ihrer Kinder einzugehen und Angelegenheiten, die ihre Kinder betreffen, auch mit diesen zu besprechen. Gleichzeitig wurden entwürdigende Erziehungsmaßnahmen im §1631 des BGB, dem Gesetz zur Ächtung von Gewalt in der Erziehung, als unzulässig erklärt – ein wenig Hoffnung schimmerte. Und nun wird es spannend: Dennoch entschied 1986 der Bundesgerichtshof, dass »die Verwendung eines Schlaggegenstandes, hier eines stockähnlichen Gegenstandes, der Züchtigung schon für sich genommen den Stempel einer entwürdigenden Behandlung Christines aufdrückte«, sei aus den Grundsätzen des §1631 nicht herzuleiten. Christine ist der Name jenes Mädchens, auf das sich das damalige »Wasserschlauch-Urteil« bezog – ihre Eltern hatten sie wiederholt mit einem Schlauch geschlagen. Und da verschwand er schon wieder, der rosa Hoffnungsstrahl. Auf der Basis des §1631 durfte also weiterhin nach Belieben, gerne auch mal mit einem Stock, auf Kinder eingeschlagen werden. Es muss wohl nicht erwähnt werden, dass Körperprügel gleichzeitig immer auch Seelenprügel sind.

Sechs Jahre später bekam die Bundesrepublik Druck von den Vereinten Nationen, die die Streichung dieses kinderfeindlichen Gesetzes zugunsten internationaler Standards verlangten. In der UN-Kinderrechtskonvention, die von Österreich, Dänemark, Schweden und Norwegen zu diesem Zeitpunkt längst ratifiziert worden war, werden Kinder seit 1992 vor jeglicher Form körperlicher oder seelischer Misshandlungen geschützt. Es ist kaum fassbar, aber es entspricht der Wahrheit. Mit welcher Begründung die deutsche Gesetzgebung dies ablehnte, beschreibt Ingrid Müller-Münch in ihrem Buch über »Die geprügelte Generation« der deutschen Nachkriegskinder: Wenn man Eltern verbiete, ihre Kinder zu misshandeln, machten Eltern sich strafbar, sollten sie es dennoch tun. Und Eltern sollen sich doch nicht strafbar machen können bei der Erziehung!

Genau diese Meinung »Wo kommen wir denn hin, wenn Eltern ihre Kinder nicht mehr erziehen dürfen, wie sie wollen«, herrscht unglücklicherweise auch heute noch in viel zu vielen Köpfen vor. Im Jahr 1999 wurde nun endlich auch der psychische Aspekt von Gewalttaten stärker berücksichtigt, und es fanden in Deutschland intensive Debatten zwischen Erziehungsexperten und Politikern statt, ob Demütigungen – auf psychischer wie auf physischer Ebene – notwendig seien, um Kinder besser auf das Leben vorzubereiten, oder ob diese Methoden Schaden anrichten würden. Man konnte sich nicht einigen. Müller-Münch belegt, dass das konservative Lager der Meinung war, diese Demütigungen seien für die spätere Entwicklung von Kindern wichtig, denn sie müssten lernen, damit umzugehen. Das andere Lager, die SPD und die Grünen, lehnte jegliche physische wie psychische Gewalt strikt ab und wollten endlich Schluss mit dieser veralteten, schwarzen Pädagogik machen. Dieses Lager konnte sich im Jahr 2000 endlich, endlich durchsetzen.

Im Jahr 2000 wurde der §1631 BGB »Erziehung ohne Gewalt« erneuert. Seitdem ist es gesetzlich verankert, dass Kindern von niemandem körperliche und psychische Gewalt angetan werden darf – absolut und ausnahmslos keine! Die Würde eines jeden Kindes ist zu achten, es dürfen keine entwürdigenden Maßnahmen mehr ergriffen werden.

FDP und PDS votierten den Gesetzesentwurf von SPD und den Grünen. Die CDU/CSU stimmte damals dagegen.

20 Jahre lang wurde also für dieses Kinderschutzgesetz gekämpft, und noch immer ist es meiner Meinung nach viel zu kurz gegriffen. Ingrid Müller-Münch zeigt deutlich auf, dass Eltern nur mit einer Anklage wegen Körperverletzung

nach §223 Strafgesetzbuch rechnen können, wenn massive körperliche Gewalt ausgeübt wird – und auch lediglich dann, wenn nicht bereits irgendeine sozialpädagogische, familientherapeutische oder sonst eine Begleitung der Familie stattfindet. Ganz direkt gesagt – es wird wohl nie so weit kommen, dass Eltern oder Erziehungsberechtigte für eine Ohrfeige vor Gericht müssen und schon gar nicht, wenn sie eindeutige psychische Gewalt ausüben, also z. B. wenn sie Ihre Kinder beschämen, terrorisieren oder ignorieren. Fakt ist also, auch noch nach der heutigen Gesetzeslage, dass Eltern – von extremer körperlicher Gewalt abgesehen – mit ihren Kindern auf psychischer Ebene machen können, was sie wollen. Dabei ist gerade auch psychische Gewalt brandgefährlich und daher verboten, aber darum kümmert sich kaum jemand. Seelenprügel bluten nicht, man sieht sie nicht, also tun sie auch nicht weh!

Die traurige Tatsache, die ich in der Praxis über die Jahre immer wieder selber erlebt und durch zahlreiche Berichte bestätigt bekommen habe: Wir haben ein Gesetz. Aber wir leben und beachten es nicht. Weil es ja kein Problem gibt. Die eigenen Kinder und Kinder in Bildungseinrichtungen darf man noch immer folgenlos psychisch züchtigen, denn es mischt sich kaum jemand ein. Es geht »uns« nichts an, also sehen wir zu. Dabei geht es uns alle an, denn Gewalt in jeder Form macht Menschen krank und eine kranke Gesellschaft betrifft jeden. Absolut jeden!

Es ist eine Tatsache, dass sowohl in Kitas, in Schulen und in der Öffentlichkeit psychische Gewalt gegen Kinder auch heute noch akzeptiert und zuweilen sogar bewusst eingesetzt wird.

Aber nach außen ist alles gut. Weil nicht sein kann, was nicht sein darf.

»Mir hat es ja auch nicht geschadet«

Neben der politisch-gesetzlichen gibt es jedoch auch noch eine individuelle Ebene, dort laufen bei den Seelengeprügelten im zwischenmenschlichen Bereich sehr oft unterbewusste Muster und Vorgänge ab. Abläufe, die mit der Erziehung unserer Kinder beauftragten Menschen in genau dieser Form durch ihre eigenen Eltern oder andere in der Kindheit prägende Bezugspersonen selbst erfahren und erlebt haben. Sie agieren dann gedankenlos, unreflektiert und auf der exakten Grundlage dessen, was sie in ihrem eigenen Leben erlebt, ja erlitten haben. Sätze wie: »Das hat mir doch auch nicht geschadet«, höre ich fast täglich von Erzieherinnen und Eltern. Aber sie irren. Es hat ihnen geschadet. Sogar ganz massiv. In diesen Menschen schlummern tiefe Schmerzen, ausgelöst durch die damaligen Seelenprügel, die auch sie regelmäßig erhalten haben. Es kommt mir beinahe so vor, als hätten sich die Geschädigten von früher – anders kann man es nicht ausdrücken – eine innerliche Legitimation gegeben, nun als Erwachsene genau jenes Quantum an Demütigungen und Beschämungen auszuteilen, das sie selber als Kinder einstecken mussten. Das läuft in diesem Fall natürlich nicht auf der bewussten Ebene ab, sondern ist als unterbewusstes Muster abgespeichert, wie Deborah Vandell gemeinsam mit einem Forschungsteam in einer Langzeitstudie beobachtet hat. Dies gilt für Menschen, die ihre eigene Kindheit niemals reflektiert haben, die als wehrlose Kinder zwar genauso behandelt wurden, aber trotzdem heute meinen, dass dies völlig normales Verhalten war und ist. Und die es deswegen eins zu eins in voller Härte weitergeben.

Dann gibt es Gott sei Dank noch die Kategorie jener Erwachsener, die genau wissen, was ihnen in ihrer Kindheit widerfahren ist, sie erinnern sich, wie sehr sie unter diesen psychischen Attacken gelitten haben. Sie wissen auch, wie sehr es sie als Mensch geschädigt und teilweise in ihrer Entwicklung in Richtung eines auf allen Ebenen glücklichen Lebens behindert hat. Sie haben sich meist gründlich reflektiert und zum Teil professionelle Hilfe geholt und konnten diese traumatischen Erlebnisse daher gut aufarbeiten. Diese Menschen sind sich heute in ihrer Rolle als Eltern oder Erzieherinnen ihrer Verantwortung bewusst und gehen mit ihren eigenen oder den ihnen anvertrauten Kindern behutsam und achtsam um. Das hat jedoch ausdrücklich nichts damit zu tun, Kinder ungestüm und außer Rand und Band über Tische und Bänke toben zu lassen. Es geht einzig und allein darum, Kindern und Jugendlichen den ihnen zustehenden Respekt in Worten und Taten zu erweisen und sie nie ihrer Würde zu berauben.

Schmerzpunkt

Wie ist das bei Ihnen? Woran erinnern Sie sich? Eventuell hatten Sie während Ihrer Kindheit keinen Einfluss darauf, wie mit Ihnen gesprochen wurde, was man zu Ihnen in welchem Ton gesagt hat, wie man Sie behandelt oder auch misshandelt hat. Was löst dieser Gedanke in Ihnen aus? Kommen da etwa unangenehme Erinnerungen hoch, die es noch aufzuarbeiten gilt?

Sie waren – wie alle Kinder – ein extrem fruchtbarer Boden, haben, weil das bei Kindern so ist, jeden Samen aufgenommen, und es ist alles in Ihnen gewachsen, was man in Sie über die Jahre hinweg eingepflanzt hat. Wie gefällt Ihnen Ihr Seelengarten heute? Braucht er noch weitere Pflege und Zuwendung, damit Sie ein bewusstes und achtsames Leben mit sich selbst und anderen gegenüber führen können?

Weil es schon immer so war und Schweigen auch ein Weg ist

Wie kann es sein, dass Menschen, die selbst unter einer bestimmten Behandlungsweise intensiv gelitten haben, sich später genauso verhalten, werden Sie sich nun vielleicht fragen. Haben die alles vergessen? Verdrängt? Überhaupt nicht verstanden, was damals mit ihnen gemacht wurde? Was sich andere mit ihnen erlaubt haben? Wie mit ihnen gesprochen wurde? Welcher andauernden Respektlosigkeit sie ausgesetzt waren? Vergessen haben sie es sicher nicht. Aber für sie war das eben schon immer so. Es gehörte dazu. Deswegen sind sie sich der katastrophalen Auswirkungen auf ihre eigene Psyche und das eigene Lebensglück meist nicht bewusst. Für ihre eigene Familiendynamik hat es ihnen niemand erklärt oder gezeigt. Diese Dinge werden erfahrungsgemäß in Familien mit dem Deckmantel des Schweigens belegt. Weil auch dort ja alle der einhelligen Meinung sind, dass das alles »ganz normal ist« und immer schon so war.

Und es gibt noch einen weiteren Grund. In unserer heutigen Bildungs- und Wissensgesellschaft werden grundlegende Erkenntnisse der Bindungsforschung und der Traumatologie bis heute nicht ausreichend gelehrt! Weder in der Ausbildung von Erzieherinnen, noch an den Universitäten. Das Wissen, dass Kinder unter Seelenqualen ebenso leiden wie unter körperlichen Züchtigungen, die auch immer gleichzeitig psychische Züchtigungen sind, ist definitiv nicht neu. Es wird nur zu wenig dagegen getan. Es wurde darüber bisher auch nicht viel geschrieben. Und nach meiner persönlichen Erfahrung spricht kaum jemand darüber. Es gibt zwar Ausbildungen zur Traumapädagogin, doch in den »normalen« Ausbildungen für Erzieherinnen ist dies nur ein Randthema – das sollten wir dringend ändern.

Wenn sich aufgrund dieses fortgesetzten Schweigens die Beteiligten jedoch nicht darüber bewusst sind, was sie anrichten, dann werden sie mit diesem Verhalten fortfahren. Viel zu viele Kinder werden dann weiterhin annehmen, dass sie wertlos, nicht richtig und ungeliebt sind. Kinder werden dann weiterhin damit leben müssen, dass ihre Grenzen und ihre Bedürfnisse nicht respektiert und nahezu alle ihre Persönlichkeitsrechte mit Füßen getreten werden.

Diese Thematik schreit nach Transparenz und Aufklärung. Denn nach außen hin gibt es ja kein Problem. Seelenprügel sieht man nicht. Die Narben, die sie mit sich bringen, auch nicht. Also ist alles gut. Verbale Gewalt in Erziehungsinstitutionen und – so traurig es ist – auch Elternhäusern, wird im Moment wie ein unterschwellig vor sich hin glühendes Tabu betrachtet. Ein Tabu, das vorhanden ist, aber da es noch nicht zum lodernden Flächenbrand mutiert ist, bequem ignoriert werden kann. Ich habe es mir mit diesem Buch zum Ziel gesetzt, dieses Schweigen zu brechen, die tabuisierte Gewalt an die Oberfläche zu holen und die harten Fakten aufzuzeigen.

Ich bin nicht angetreten, um anzuprangern, sondern aus dem Bestreben heraus, alle Untiefen, die zu diesen Zuständen führen, zu erkennen und darauf hinzuweisen. Als ersten wichtigen Schritt zu einer notwendigen Veränderung, für unsere Kinder und für unsere Gesellschaft. Es ist an der Zeit, aufzuzeigen, was betreffend unsere Kinder, unsere zukünftigen Generationen, von denen wir abhängig sein werden, vor sich geht. Und welche traumatischen, lebenslangen Folgen und Auswirkungen diese Behandlung von Kindern und Jugendlichen hat.

UNFASSBARES AUS DER ERZIEHERISCHEN PRAXIS

Vor einiger Zeit berichtete mir eine junge Erzieherin, nennen wir sie Manuela, dass eine ihrer Kolleginnen in einem Gemeindekindergarten in Bayern Kinder regelmäßig bewusst und absichtlich psychisch quäle. Manuela, die, ebenso wie einige ihrer Kolleginnen, einige Male direkte Zeugin dieses Verhaltens wurde, sprach ihre Kollegin, nennen wir sie Gundula, scharf darauf an. Diese begründete Manuela gegenüber ihre Vorgangsweise mit der unfassbaren Argumentation, sie mache das, um die Kinder stark und hart für ihr späteres, ja mit Sicherheit auch hartes Leben zu machen! Sie war von der Richtigkeit ihrer erzieherischen Maßnahmen absolut überzeugt und sicher, im besten Interesse der ihr anvertrauten Kinderseelen zu handeln.

Der feige Weg des Schweigens

Manuela berichtete diese Vorfälle an die Leitung der Kita. Diese konfrontierte Gundula mit den Vorwürfen. Gundula beteuerte, ja nur ihre Arbeit korrekt zu verrichten, sie sei sich absolut keines Vergehens bewusst. Manuela bat ihre Kolleginnen, die ja auch immer wieder Zeugen dieser heftigen verbalen Attacken Gundulas zu den Kindern gewesen waren, sich zu äußern. Die wählten, feige und nicht bereit, Stellung zu beziehen, den Weg des Schweigens. Die Leitung des Kindergartens war somit von Manuelas Behauptungen nicht überzeugt und agierte nicht.

Daraufhin wandte sich Manuela an die Fachaufsicht – auch hier bekam sie die Antwort, man könne nichts unternehmen, weil Aussage gegen Aussage stehe und es keine weiteren Zeugen gebe. Der nächste Weg führte Manuela zur Polizei und zum Bürgermeister der Gemeinde. Einem vierstündigen Verhör der beschuldigten Erzieherin folgte eine acht Seiten lange Niederschrift, in der unzählige Vergehen aufgelistet, aber durch Gundula nie zugegeben waren. Zu einer Strafanzeige kam es nicht. Denn der Bürgermeister höchstpersönlich stellte Gundula zwar sofort vom Dienst frei, verordnete aber gleichzeitig allen Mitarbeiterinnen der gesamten Gemeindekindergärten absolutes Stillschweigen. Denn auch hier konnte natürlich nicht sein, was nicht sein darf. Und nichts durfte den Ruf seiner Gemeinde beschmutzen.

Ein wenig Zivilcourage kann den Unterschied machen

Sie sehen, in Bezug auf diese Thematik haben wir es oft mit einem Kampf gegen Windmühlenflügel zu tun. Die Feigheit aller Kolleginnen, die ebenso Zeuginnen der Misshandlungen wurden, spricht Bände. Hätte nur eine einzige außer Manuela geredet, wäre mit großer Wahrscheinlichkeit mehr erreicht worden. Manuelas große Zivilcourage alleine reichte leider nicht aus. Sie hat diesen Kindergarten inzwischen verlassen, da sie die Stimmung dort nicht mehr ertrug und arbeitet heute in einer anderen Einrichtung mit besserer Atmosphäre.

Und Gundula? Nun, sie ward in diesem Landkreis nicht mehr gesehen. Aufgrund der akuten Stillschweigeklausel des Bürgermeisters erhielt sie jedoch nicht einmal eine offizielle Verwarnung und somit keinen Eintrag in ihre Akte. Sie wird heute vermutlich in einer neuen Kita, eventuell in einem ganz anderen Teil von Deutschland, ihre Art von grausamer Erziehung weiter praktizieren. Unwidersprochen und ungebremst. Außer, es findet sich wieder eine tapfere und kampfbereite Mitarbeiterin nach dem Vorbild von Manuela. Jemand, der Wahrheit und Klarheit lebt und sich nicht einschüchtern lässt. Das ist jedoch selten. Und so ziehen viele Erzieherinnen des Genres Gundula wie »Wanderpokale des Grauens« von Einrichtung zu Einrichtung. Und niemand weiß davon oder will davon wissen.

Sie fragen sich nun vielleicht, ob die Eltern in dieser Gemeinde davon wussten? Ja, sie haben von diesen Vorgängen rund um Gundula erfahren, so etwas sickert immer durch. Aber – die lieben Eltern konnten und wollten das alles nicht glauben, es ist ja auch unglaublich. Ein paar wenige waren verunsichert, aber nur drei Kinder wurden aus der Einrichtung genommen. Übrigens, Vorfälle dieser Art sind nicht auf Gemeindekindergärten beschränkt, auch teure Privateinrichtungen, städtische, gemeinnützige oder kirchliche Einrichtungen sind vor solchen unterschwellig ablaufenden und tolerierten Erziehungsabläufen absolut nicht gefeit …

Eine zweite Chance? Wirklich?

2016 wurde eine Erzieherin eines katholischen Kindergartens in Augsburg beschuldigt, Kinder zum Essen zu zwingen und sie einzusperren. Dieser Fall wurde publik und ging durch die Presse, sogar die Süddeutsche Zeitung berichtete darüber. Das Gericht verurteilte die »Stopferin«, wie sie von den Medien genannt wurde, zu 3.200 Euro Geldstrafe, mehr ist nicht passiert. Es ist kaum zu glauben, doch genau diese Frau ist seit 2017 wieder Erzieherin einer katholischen Kita, man sei dort sehr zufrieden mit ihrer Arbeit. Die überlieferte Aussage des Pfarrers gegenüber den Kollegen, die diese Frau nicht im Team haben wollten: »Jeder hat eine zweite Chance verdient.« Wirklich jeder und wirklich immer? Ich finde nicht, aber ich bin auch nicht mehr katholisch.

2. Psychische Gewalt – unsichtbar wie Luft – zerstörerisch wie ein Orkan

Verletzte Kinderseelen rufen durch
»unerwünschtes« Verhalten nach Hilfe.

Psychische Gewalt richtet größte Schäden an – genauso viel wie sexueller Missbrauch oder Folter. Was macht psychische Gewalt so grausam und effektiv? Wie kann es sein, dass emotionale Gewalt die körperliche, psychische und soziale Entwicklung von Menschen schädigt? Was ist psychische Gewalt überhaupt, wie erkennt man sie und warum ist sie derart zerstörerisch?

Psychische Gewalt – unsichtbar wie Luft

Wissenschaftlich wird psychische Gewalt etwa von Julia Gisbrecht in der Art definiert, dass ein Mensch immer wieder aufs Neue verbal und nonverbal abgewertet und vernachlässigt wird, keine Anerkennung bekommt und ihm von seinem Umfeld eine liebevolle, zugewandte Beziehung verwehrt bleibt.

Speziell Kinder irritiert ein solches Verhalten tief, sie können nicht verstehen, warum sie auf diese Weise behandelt werden. Sie wissen dann nicht mehr, was sie tun und was sie lassen sollen. Kinder erkennen einfach noch nicht, wer sie sind und wie das Leben funktioniert. Wenn sie permanent – und das noch dazu mit harten Worten – infrage gestellt und kritisiert werden, also eindeutig psychischer Gewalt ausgesetzt sind, werden sie sich immer »falsch« fühlen. Kinder wollen angenommen und geliebt werden – und zwar genauso, wie sie sind –, nur dann können sie sich zu selbstbewussten und lebensbejahenden Menschen entwickeln. Sind sie über einen längeren Zeitraum psychischer Gewalt ausgesetzt, kommt diese Entwicklung ins Schleudern oder gerät ganz ins Stocken.

Das große Dilemma dabei: Psychische Gewalt ist, wie schon öfters erwähnt, auf den ersten und zweiten Blick kaum nachweisbar. Sie ist unsichtbar und daher nicht greifbar. Wer einen dritten Blick wagt und wirklich hinsehen will, kann jedoch fündig werden. Studien belegen, dass psychische Gewalt durchaus sichtbare Spuren hinterlässt – und zwar in bestimmten Regionen des Gehirns, die im Fall von fortgesetzter psychischer Gewalt Veränderungen aufzeigen. Je mehr Gewalt ein Kind erfahren hat, desto weniger arbeiten jene Regionen im Gehirn, die für Lernen und die Regulation von Emotionen zuständig sind, und desto größer ist der Bereich, in dem die Angst regiert.

Im Jahr 2010 machte die Amerikanerin Naomi Eisenberger mit ihrem Forschungsteam an der University of California eine höchst interessante Entdeckung. In einem Versuch grenzte man Menschen über einen längeren Zeitraum hinweg sozial aus. Dabei wurde mit einem bildgebenden Verfahren in ihre Gehirne geschaut. Die Forscher stellten dabei fest, dass genau jener Bereich im Gehirn, der bei körperlichem Schmerz aktiv wird – der vordere singuläre Cortex – auch bei seelischem Schmerz aktiv ist. Je stärker das durch die Probanden erlebte Gefühl der Zurückweisung war, desto aktiver zeigte sich dieser

Teil des Gehirns. Wir können daraus den eindeutigen Rückschluss ziehen, dass es vollkommen egal ist, ob die Psyche oder ob unser physischer Körper schmerzt – im Gehirn präsentieren sich diese Schmerzen identisch!

Besonders dramatisch und auswirkungsreich sind wiederkehrende Schmerzerfahrungen in der frühen Kindheit. Die macht ein Kind immer dann, wenn es eine Bindungsperson z. B. durch Mimik, Gestik, laute Äußerungen oder harsche Kritik als bedrohlich erlebt. Jedes Mal, wenn ein Kind dadurch innerlich angespannt ist und diese Anspannung sich oft wiederholt oder länger andauert, springt das Angstzentrum an – das Kind hat Stress! Zuviel Stress macht krank, uns alle, nicht nur Kinder, das ist hinlänglich bekannt. Dazu kommt, wie etwa der Hirnforscher Michael Spreng erklärt: Während der frühen Lebensjahre, wenn ein Kind wächst und sich entwickelt, ist das Gehirn besonders plastisch, das bedeutet, es lernt sehr schnell. Das ist grundsätzlich eine tolle Nachricht, die sich leider, was den Stress angeht, verheerend auswirken kann. Durch Stress in der Kindheit wird die sogenannte Stressachse wie folgt beeinflusst: Das Gehirn sendet im Fall von Stress Signale an die Nebennierenrinde, diese schüttet Stresshormone aus – bis dahin wichtige und normale Reaktionen, die uns seit der Steinzeit das Überleben gesichert haben, weil diese Signale schnell und reaktionsfreudig machen.

Wenn sich das Gehirn auf Dauerstress einpendelt

Problematisch wird es, wenn die Bedrohung durch die Bindungsperson zu einer Dauersituation wird, und wenn Kinder über längere Zeit oder immer wieder tief beängstigenden Situationen ausgesetzt sind. Denn dann kann sich das Gehirn irgendwann nicht mehr selbst regulieren. Normalerweise bremst sich dieses Stresssystem selbst wieder aus, die Signale verstummen, der Mensch entspannt. Bei Dauerstress jedoch wird das System überfordert, es läuft quasi heiß. Je jünger ein Kind ist, desto schneller stellt sich dieses System sehr sensibel auf Dauerstressbereitschaft ein – diese Kinder entspannen überhaupt nicht mehr. Sie beginnen, in einer Art permanenten Habachtstellung zu leben. Wenn Kinder immer angespannt sind, können bereits kleinere Stressoren große Reaktionen auslösen. Das sind dann die Kinder, die sich schnell aufregen, schnell weinen, schnell aufgeben – die, die wenig belastbar sind und über die sich wiederum die Welt aufregt. Es gibt sie also, die ganz besonders empfindsamen Stressmenschen. Diese Empfindsamkeit kann sogar von einer auf die nächsten Generationen vererbt werden – dazu mehr im zweiten Teil dieses Buches.

Wie wir schon festgestellt haben, gibt es aus der Sicht der Hirnforschung keinen qualitativen Unterschied zwischen körperlichem und seelischem Schmerz. Nichtbeachtung, Beschämung, Ausgrenzung, Unterforderung – all das tut weh. Überforderung ist dabei ebenso schädlich wie Unterforderung, denn wenn man Kindern zu viel zumutet, ihnen durch falsch verstandene Partizipation alters- und entwicklungsunangemessene Entscheidungen überlässt, sind sie ebenfalls hochgradig gestresst, und Stresshormone rasen wild und ungebremst durch ihre noch so kleinen Körper.

Der Bindungsforscher Karl Heinz Brisch beschreibt in seinen Untersuchungen über emotionale Gewalt, dass bestimmte Teile des Gehirns, Amygdala und Hippocampus, unter anderem die Stresshormone regeln. Wenn ein Kind früh Stress hat, dann sinkt die Reizschwelle, und es werden sehr schnell sehr viele Stresshormone ausgeschüttet, was zu erhöhter Aggressivität führen kann. Stress schwächt bekanntlich das gesamte Immunsystem und beeinflusst die Konzentration. Stress kann zu Depressionen führen, chronische Krankheiten auslösen und Ursache für Diabetes und jede Menge anderer psychischer und physischer Störungen und Auffälligkeiten sein. Und psychische Misshandlungen – vor allem, wenn regelmäßig verabreicht – bedeuten definitiv jede Menge an negativem Stress.

Psychische Gewalt – zerstörerisch wie ein Orkan

Ich kenne Pädagogen, die Kinder im Betreuungsalltag regelrecht terrorisieren und bedrohen und damit unter Dauerstress setzen. Drohungen sind gefährlich für das Seelenheil, weil sie Angst auslösen, weil sie zeigen: Ich habe Macht über dich, und ich bestimme, was ich mit dir mache und wie es dir dabei geht! Jedes Mal, wenn die leider nicht ausrottbaren »Wenn-du-nicht-sofort-dann-Sprüche« kommen oder mahnend angezählt wird »Ich zähle jetzt bis 3! 1 ... 2 ...!«, ist das eine klare Androhung von Gewalt. Dieses »dann« bedeutet meist, das Kind muss als Folge seines Handels alleine sein, darf irgendetwas nicht mitmachen oder hat sonstige Konsequenzen zu befürchten. Es entsteht Furcht. Und diese Furcht ist es, die Seelen zerstört. Es gibt noch immer Personal in Kitas, das Kindern bewusst Angst macht, weil es ihnen tatsächlich das Fürchten lehren will! Diese »Fachkräfte« drohen damit, dass der Nikolaus ungezogene Kinder in den Sack steckt und mitnimmt, dass sie in den Keller zu den Spinnen müssen, dass die Mama traurig und krank wird, wenn sie nicht brav sind und das Muttertagsherz nicht in der von der Erzieherin festgelegten Farbe anmalen, und dass niemand »jemanden«, der sich so böse verhält, liebhaben kann.

Drohungen, die ein Leben lang zu einem schlechten Gewissen führen, weil mit orkanstarken Böen permanent Schuld in die Seele eines so jungen Menschen getrieben wird.

Der Orkan weht ebenso mit ungebrochener, wenn auch etwas anderer Gewalt, wenn Bezugspersonen gegenüber Kindern unnahbar und gleichgültig sind, das Kind ignorieren und ihm jegliches emotionale Echo versagen. Das ist mit seelischer Isolation gleichzusetzen und eine der größten emotionalen Katastrophen überhaupt! Wird mit einem Kind nur das Nötigste gesprochen und nur interagiert, wenn es die Umstände erfordern, bedeutet es nach den Beobachtungen der Entwicklungspsychologin Lieselotte Ahnert für das Kind eine komplette Infragestellung seines Seins – und nur wenig schmerzt einen Menschen so sehr, wie sich komplett falsch und allein in der Welt zu fühlen. Werden einem Kind keine Liebe, keine Zuneigung und keine Zärtlichkeiten entgegengebracht, wird es sich unerwünscht fühlen und vor Einsamkeit seelisch verkümmern. Und wie soll aus einem seelisch verkümmerten Kind jemals ein lebensfroher und lebensfähiger Erwachsener werden?

Erkennen, dass der Orkan wütet

Julia Gisbrecht beschreibt in ihrem Buch die in verschiedenen Lebensphasen einsetzenden Folgen von psychischer Gewalt an Kindern. Im Vorschulalter haben misshandelte Kinder oft einen leeren oder gefrorenen Blick. Sie demonstrieren wenig bis keine Reaktionen bei der Trennung oder beim Abschied von Bindungspersonen und zeigen oft in mehreren Bereichen Entwicklungsrückstände. Sie haben oft Ess- und Schlafstörungen, zeigen generell ein ängstliches Verhalten und depressive Symptome. Jedes nicht altersgemäße Verhalten kann dabei ein Hinweis auf emotionalen Missbrauch sein.

Im Schulalter zeigt sich ein ähnliches Bild, auch hier sind Entwicklungsrückstände, Schlafstörungen, Ängstlichkeit, depressive Symptome, Davonlaufen, aggressives Verhalten, Unfallneigung, nicht altersgemäßes Verhalten, Suizidalität, soziale Isolation, Schulschwierigkeiten, Delinquenz, Bettnässen und psychosomatische Beschwerden immer ein Hinweis auf massive Probleme, die ein Kind hat und die es nicht alleine bewältigen kann.

Während der Adoleszenz, also während des Heranwachsens, sind sämtliche Essstörungen, wie Anorexie, Bulimie, Adipositas (Fresssucht), Binge-Eating-Disorder (unkontrollierbare Heißhungeranfälle) und Orthorexia nervosa (übermäßige Beschäftigung mit der »richtigen« Ernährungsweise) Hinweise auf psychische Probleme. Auch hier zählen Schlafstörungen, Ängstlichkeit, Depression, aggressives Verhalten, Selbstentwertung, Suizidalität, psychosomatische Beschwerden, Suchtverhalten, und Persönlichkeitsstörungen zu den Alarmzeichen und sind häufig Resultate von Misshandlungserfahrungen, die schon während der ganz jungen Jahre stattgefunden haben.

Wer näher hinsehen will, kann also durchaus erkennen, dass im kindlichen Leben etwas ganz und gar nicht in Ordnung ist.

In der Definition psychischer Misshandlungen der APSAC (American Professional Society on the Abuse of Children), die nach Gisbrecht auch vom deutschen Kinderschutz-Zentrum Berlin benutzt wird, werden sechs Kategorien psychischer Misshandlungen unterschieden, die einzeln auftreten können, aber sehr häufig zusammen wahrgenommen werden:

- Verächtliches Zurückweisen – Kinder werden ständig kritisiert und niedergemacht.
- Ausnutzen/Korrumpieren – Kinder werden öffentlich gedemütigt und beschämt.
- Terrorisieren – Kinder werden unrealistischen Erwartungen ausgesetzt.
- Isolieren – Kinder werden in ihren sozialen Interaktionen beschnitten.
- Psychohygienische, medizinische und bildungsmäßige Vernachlässigung – Bedürfnisse und Interessen der Kinder werden vernachlässigt, sie werden über- oder unterfordert.
- Versagen des emotionalen Echos – Kinder werden gleichgültig behandelt, und Interaktionen finden nur statt, wenn sie unbedingt erforderlich sind.

UNFASSBARES AUS DER ERZIEHERISCHEN PRAXIS

Julia hat oft Angst. Angst, alleine auf die Toilette zu gehen. Angst vor Menschen, die sie nicht kennt. Angst vor der Dunkelheit. Sie will auch nicht in den Kindergarten, weil sie sich vor Tom und Anna fürchtet. Jeden Morgen klagt sie über Bauchschmerzen und weint. Im Kindergarten wirft sie heimlich ihre mitgebrachte Brotzeit in den Mülleimer. Sie ist ein stilles Kind, verkriecht sich in die Puppenecke und versucht, unsichtbar zu sein – unsichtbar für Anna. Anna ist die ehrgeizige Jahrespraktikantin und hat sich in den Kopf gesetzt, Julia aus der Reserve zu locken. Denn sie hat in der Fachakademie gelernt, schüchterne Kinder gehen in der Gruppe unter, und Anna will nicht, dass Julia untergeht. Anna drängt Julia insistent dazu, mit anderen Kindern zu spielen und trägt den anderen Kindern auf, Julia mitspielen zu lassen. Sie dringt verbal förmlich in Julia ein, indem sie ihr andauernd Fragen stellt und Julia auffordert, etwas von sich zu erzählen. Annas Fragen gleichen einem Verhör – und Julia wird immer stiller, weil sie sich zunehmend unwohl fühlt. Sie weint, und prompt kommt der junge Tom und lacht sie aus, weil sie eine Heulsuse ist. Daraufhin greift Anna wieder einmal ein und fordert Julia auf, sich doch zu wehren. »Sag zu Tom, stopp, ich will das nicht. Sag ihm, das verletzt mich. Sag ihm, er soll aufhören.« Julia schafft es nicht, sie kommt gegen den starken Tom nicht an. Anna spricht dann mit einem süßlichen Lächeln, sehr leise und mit schneidendem Zynismus in der Stimme: »Julia, gefällt dir vielleicht, dass Tom dich so behandelt? Langsam stelle ich mir gewisse Fragen wegen dir. Manche Mädchen wollen schlecht behandelt werden, dann fühlen sie sich wichtig und bekommen immer Hilfe. Ich wollte dir ja helfen, aber wenn du das nicht willst, dann bist du von jetzt an alleine!«

Ach Anna, du meinst es so gut und machst es so schlecht! Anna setzt Julia zuerst unter Druck, etwas zu tun, was diese einfach – noch – nicht kann. Um sie dann, wenn auch noch ein Kindergarten-Kollege sich über sie lustig macht, sich selbst zu überlassen. Anna verhält sich nun selbst wie ein Kind in der Autonomiephase, sie fühlt sich in ihrer Hilfsbereitschaft zurückgewiesen und macht zu. Dass sie Julia damit auf eine zwar subtile, aber doch eindeutig vorhandene Art verbale Gewalt angetan hat, ist Anna nicht bewusst. Julia jedoch hat gespeichert: »Jemand will mir zuerst helfen und ist dann doch wieder weg. Ich bin alleine.« Das kann sich auf Julias Fähigkeit, Vertrauen zu anderen Menschen aufzubauen, fatal auswirken, und diese Beschämung kann sie ein Leben lang begleiten.

Durch solche Aktionen, die definitiv auch zum Genre psychischer Missbrauch gehören, wird Kindern ihre sichere innere Basis genommen – diese Basis brauchen sie aber, um in die Welt hinauszugehen und ein freies Leben zu leben. Wie soll ein Mensch, der nicht an sich glaubt, weil ihm durch das Verhalten der Erwachsenen suggeriert wurde, er sei nicht richtig, wie er ist, ein befriedigendes Leben haben? Seelengeprügelte

Kinder – wie in diesem Fall Julia – werden immer unsichere Menschen sein, die nach Liebe lechzen und Selbstliebe nicht kennen. Ein unsicherer Mensch wird immer mehr auf andere hören und sich an dem orientieren, was »man« tut oder lässt. Er wird sein Leben an dem ausrichten, was ihm vorgegeben wird, wird ablenkbar sein, vermutlich einem gewissen Konsumwahn anheimfallen, um tiefere Bedürfnisse zu betäuben und insgesamt jeglicher Tiefe ausweichen, um sich nur ja nicht selbst zu spüren oder andere nicht zu sehr an sich heranzulassen.

Bindungsstörung fast garantiert

Kinder, die keine sicheren Bindungen in ihrem Leben haben, können sich nicht gut entwickeln – weder kognitiv, noch motorisch oder sprachlich. Kinder entwickeln extreme Angstgefühle, wenn Bezugspersonen sich ihnen gegenüber emotional gefährdend verhalten und z. B. durch wiederholte Beschämungen oder Ignorieren des Kindes dessen innersten Kern schmerzlich treffen. Normalerweise würde sich ein Kind, das Angst hat, an die Bindungsperson wenden, die gerade verfügbar ist – Mutter, Vater, Erzieherin – um dort Schutz und Hilfe zu erhalten. Genau das geht aber nicht, wenn es die Bindungsperson ist, die diese Ängste auslöst.

Das Dilemma ist perfekt – der Mensch, dem das Kind eigentlich vertrauen will, der helfen soll, ist exakt derjenige, der verletzt! Aus einer anfänglichen Unsicherheit kann auf diese Weise eine Bindungsdesorganisation werden und im schlimmsten Fall eine Bindungsstörung entstehen. Eine Bindungsstörung ist so ziemlich das Schlimmste, was einem Menschen passieren kann, denn die Fähigkeit, gesunde Bindungen einzugehen, ist dann extrem beeinträchtigt. Es »entstehen« Kinder, die entweder niemandem mehr vertrauen oder wahllos jedem Menschen vertrauen, der nur annähernd freundlich zu ihnen ist. Eine gesunde und schützende Distanz ist ihnen fremd.

Eines Tages beschäftigte ich mich während eines Termins in einer mir bis dahin nicht bekannten Kita kurz mit einem kleinen Mädchen, das gleich bei meinem Eintreffen auf mich zugestürzt war und mein Bein umklammerte. Nach fünf Minuten gemeinsamen Spielens sagte sie mir, dass sie mich liebhaben würde, ob ich ihre Mama sein wolle und für immer bei ihr bleiben könne. Die wenig empathische Erzieherin, die der Szene beiwohnte, meinte mit sauertöpfischem Lächeln, ich sei wohl ein Kindermagnet. Ich hätte weinen können, denn ich erkannte die Not des Mädchens, das so vertrauensvoll an mir klebte, obwohl es mich nie zuvor gesehen hatte. Hier starrte mich höchst wahrscheinlich eine waschechte Bindungsstörung an.

Kindern ohne sichere Bindung fehlt, wie Karl Heinz Brisch es auf den Punkt bringt, das Urvertrauen – dieses tiefe, ursprüngliche Vertrauen in Menschen und das Leben schlechthin. Diese Kinder haben schmerzvoll gelernt, sich auf nichts und niemanden verlassen zu können. Sie haben nicht gelernt, dass Menschen ihnen wohlgesonnen sind, dass sie gemocht, geliebt und wertgeschätzt werden. Seelisch geprügelte Kinder vertrauen nicht – sich selbst nicht, anderen Menschen nicht und dem Leben schon gar nicht.

Die Verstümmelung der Trüffel

Ich bin überzeugt: Wir alle kennen psychische Gewalt, wir alle haben sie erlebt und überlebt, mit mehr oder – hoffentlich – weniger Schäden. Verletzende Worte, böse Blicke, Bloßstellungen, tiefe Missachtungen unserer Gefühle in der Kindheit haben uns kleiner gemacht, wo wir doch jetzt, als Erwachsene, so viel größer sein könnten. Scheibchen für Scheibchen unserer einstigen seelischen Unversehrtheit wurden von uns abgehobelt.

Ich vergleiche eine Seele gerne mit einer Trüffel, diesem wertvollen Feinschmeckerpilz, der tief im Geheimen unter der Erde und nur unter ganz bestimmten Bedingungen wächst. Keiner gleicht in Form und Farbe dem anderen und doch sind sie alle aus der gleichen Substanz gemacht. Trüffel sind vielseitig genießbar, man kann sie z. B. in hauchzarten Scheiben über Nudeln hobeln. Dafür gibt es extra teure Hobel aus Zedernholz, mit denen man besonders feine Scheibchen von der delikaten Trüffel hobeln kann. Je feiner die Scheiben sind, die man hobelt, desto unversehrter bleibt die Trüffel, aber auch die dickste Trüffelkugel wird durch viele hauchzart abgehobelte Scheibchen immer weniger. Auch wenn der Vergleich etwas hinkt, denn Seelen sind natürlich keine Pilze, zeigt er für mich doch deutlich, dass viele, viele kleine seelische Verletzungen ebenso großen Schaden anrichten wie wenige große. Permanente kleine Sticheleien und ständig genervtes Augenrollen sind in Summe ebenso verletzend wie wenige, aber härtere Demütigungen und Beschimpfungen.

Alle Varianten verbaler und nonverbaler Gewalt haben eines gemeinsam. Es entstehen dabei ausnahmslos Verletzungen, die Wunden hinterlassen. Je nach Widerstandskraft der betroffenen Person heilen und vernarben diese Wunden schnell, langsam oder niemals. Jedes auf diese Weise abgehobelte Scheibchen reduziert die Ganzheit. Im Falle einer Trüffel ist das kein Thema, in jedem Feinkostladen gibt es neue – betreffend die psychische Gesundheit eines Kindes ist diese scheibchenweise Verstümmelung aber ein Desaster, die das ganze Leben beeinflussen kann.

Schmerzpunkt

Stellen Sie sich doch einmal die Frage, wie es sich anfühlen könnte, wenn in Ihrer Kindheit jemand immer wieder kleine, feine Scheibchen von Ihrer Seele abgehobelt hätte? Oder, vielleicht wissen Sie es sogar ganz genau. Weil jemand Ihnen Nahestehender genau das getan hat. Eine Bezugsperson, der Sie vertraut haben. Und vor allem, was glauben Sie, welche Art Mensch Sie geworden wären, wenn man Ihnen diese Schichten, die ja ein Teil von Ihnen waren, nicht Scheibchen für Scheibchen genommen hätte? Ein Scheibchen Vertrauen. Ein Scheibchen Selbstliebe. Ein Scheibchen Glauben an sich selbst. Ein weiteres Scheibchen Optimismus, dass die Welt trotz aller Probleme eine gute, eine positive ist.

Wie würden Sie heute mit sich selbst umgehen, wenn Sie alle diese Schichten noch hätten? Würden Sie anders reagieren, wenn Ihnen etwas nicht gelingt? Besser für Ihre eigenen Bedürfnisse sorgen? Würden Sie wissen, wie es geht, anderen Grenzen zu setzen? Haben Sie oft ein schlechtes Gewissen? Wie gehen Sie mit Kritik um? Wie gehen Sie mit Ablehnung um? Können Sie bedingungslos lieben?

Oder, auf einer anderen Ebene: Wie sprechen Sie mit Kindern? Spielen Sie diesen gegenüber Ihre Macht aus? Haben Sie gern die Kontrolle? Wie gehen Sie mit einem Kind um, das nicht so will, wie Sie wollen? Können Sie Kindern zeigen, dass Sie sie lieben? Wie denken Sie über psychische Gewalt? Haben Sie psychische Gewalt erlebt?

»Es tut mir so leid«

Psychische Gewalt wurde lange Zeit nicht ernst genommen und wird es oft heute noch nicht. Sowohl in Familien als auch in Bildungseinrichtungen und in der Gesellschaft werden Seelenprügel nicht problematisiert, weil ja so schlimm nicht sein kann, was bloß mit Worten ausgedrückt wird. Echte Schläge, das ist natürlich nicht akzeptabel. Aber Worte, das vergeht doch wieder ... Nein, es vergeht nicht, und wir dürfen einfach nicht mehr darüber hinwegsehen!

Im Vergleich zu körperlicher Gewalt gibt es betreffend psychischer Gewalt bisher zwar nur wenige Untersuchungen, doch jene wenigen Studien, die vorliegen, zeigen alle die gleichen Ergebnisse: Psychische Gewalt hat zahlreiche und lebenslange Auswirkungen für Körper, Geist und Seele. Seelenprügel sind vor allem auch mit hoher Scham besetzt. Wer verbal gequält und attackiert wird, begibt sich leicht in eine fatale Spirale des Schweigens, da diese Menschen langsam, aber sicher zu der Überzeugung kommen, dass sie alle diese Attacken und Demütigungen tatsächlich verdienen. Und so beginnt ein fataler Kreislauf.

Kennen Sie Menschen, die sich ständig und für alles, sogar für das Wetter, entschuldigen? Diese »Sorryisten« haben ein ziemlich großes Selbstwertproblem, ein sehr anstrengendes Leben und sind innerlich immer auf der Flucht. Was hat sie wohl dazu gemacht? Menschen, die nur ungenügend Vertrauen in sich und andere entwickeln konnten oder durch schlechte Erfahrungen vorhandenes Vertrauen wieder verloren haben, stehen dem Leben abwehrend gegenüber. Es erscheint ihnen bedrohlich und gefährlich – sie leben in ständiger Angst, weil sie immer irgendwelches Unheil erwarten. Bei diesen Menschen handelt es sich mit größter Wahrscheinlichkeit um Kinder, deren Integrität in jungen

Jahren regelmäßig verletzt wurde. Sie konnten dadurch keinen Selbstwert entwickeln, sie halten sich für nicht liebenswert und fühlen sich letztendlich dauerschuldig. Sie entschuldigen sich für alles und jedes, weil sie selbst immer beschuldigt wurden.

Aggression oder Rückzug

Kinder haben im Falle von andauernder psychischer Gewalt genau zwei Möglichkeiten, sich zu verhalten, wie die niederländische Forscherin Marije Stoltenborgh und andere beschreiben – welche sie entwickeln, hängt von der Umwelt, in der sie leben und von ihrer Veranlagung ab: Entweder sie reagieren aggressiv oder sie ziehen sich zurück. Trifft zweiteres zu, werden sie depressiv, sind weniger kontaktfreudig und entwickeln Leistungsschwierigkeiten. Auch Schlafstörungen, psychosomatische Beschwerden wie Bauch- und Rückenschmerzen, zwanghaftes Verhalten oder diffuse Ängste sind häufig Hinweise auf emotionale Notlagen von Kindern. Symptome, die sich nach innen wenden, z. B. selbstverletzendes Verhalten und oftmaliger Rückzug, können ebenso ein Hinweis auf die Präsenz von psychischer Gewalt im Leben Ihres Kindes sein.

Die Kinder, die mit aggressivem Verhalten, also nach außen gerichtet reagieren, schlagen, provozieren oder schreien. Sie fallen immerhin auf, und so entsteht Handlungsbedarf. Da werden Eltern zu Gesprächen eingeladen, um gegen diese Verhaltensweisen vorzugehen, weil es mit dem ständig andere Kinder beißenden kleinen Fritz so nicht länger weitergehen kann. Das bedeutet noch nicht, dass die Zeichen richtig erkannt werden, aber immerhin lassen die Reaktionen dieser Kinder ihr Umfeld aufhorchen.

Bei jenen Kindern, die ihr Leid nach innen tragen, sieht es anders aus. Sie fallen nicht sofort auf – ganz im Gegenteil – es sind oft die besonders braven, die überangepassten. Gerade ihr Leidensdruck ist enorm und selbstzerstörend. Betreffend diese Kinder finden auch Gespräche statt, nur sehr, sehr viel später – ohne Eltern, nach dem sehr wahrscheinlichen Zusammenbruch im Erwachsenenalter, nämlich beim Therapeuten!

Ich benutze in diesem Zusammenhang oft diesen Spruch: Wasser findet seinen Weg! Für mich bedeutet er, dass irgendwann alle Verletzungen, die ein Kind erlitten hat, geheilt werden müssen, denn die Schmerzen werden sich früher oder später bemerkbar machen. So wie ein Wasserrohr jahrelang undicht sein kann, ohne dass etwas Schlimmes passiert. Lange Zeit kommen nur ganz wenige Tropfen durch die undichte Stelle, und keiner bemerkt etwas. Wenn es nur lange genug tröpfelt, sammelt sich aber mit der Zeit soviel Wasser an, dass nach Jahren oder sogar Jahrzehnten das ganze Haus unter den Wassermassen zusammenbricht.

Ich bin sicher, so ist es auch mit Menschen, die in der Kindheit gelitten haben und deren Seelenprügel nicht verheilt sind. Es dauert oft lange, aber der Zusammenbruch in Form von psychischen und physischen Problemen kommt mit Sicherheit, nur zeitversetzt und manchmal sogar erst im hohen Alter, denn es besteht definitiv ein Zusammenhang zwischen seelischer Gesundheit, Lebenszufriedenheit und Selbstwert.

Das Gehirn ist Zeuge und merkt sich alles

Ständig erlittene psychische Gewalt ist, wie zuvor in diesem Kapitel beschrieben, im Gehirn zu erkennen. Misshandlungen in sehr jungem Alter haben maßgeblichen Einfluss auf die Gehirnentwicklung und dadurch auf den späteren Charakter von Menschen. Stressverarbeitung, das Umgehen mit Gefühlen und unsere Selbstkontrolle werden durch Gewalterlebnisse negativ beeinflusst. Die Narben, die dadurch im Gehirn entstehen, führen zu einem Leben in ständiger Anspannung und Alarmbereitschaft. Mit Narben im Gehirn meine ich in diesem Fall nicht bildhafte Verletzungen der Seele, sondern ganz reale Narben, die im Gehirngewebe nachweisbar sind. Emotionaler Missbrauch ist die Ursache dafür, dass das Vertrauen in die eigenen Gefühle zerstört wird, dadurch wiederum wird das Selbst eines Kindes beschädigt, und es kann keine angemessenen Bewältigungsstrategien für die Widrigkeiten, die das Leben bietet, entwickeln. Das kann vom Ursprung her im familiären Umfeld passieren und sich in späteren Jahren als fatal erweisen – das ist eines der Ergebnisse der Langzeitstudie von Deborah Vandell an der University of California.

Was würde ich nur ohne dich tun

Stefan weiß nicht, wie es ist, in einem liebevollen Umfeld aufzuwachsen. Sein cholerischer Vater hat die Familie tyrannisiert und seine chronisch weinende Mutter hat ergeben geschwiegen und wie von ihr erwartet funktioniert. Gewehrt hat sie sich nie. Nur viel geweint. Stefan hat sie immer getröstet und war für sie da. »Was würde ich nur ohne dich tun. Ohne dich würde ich das nicht durchstehen«, sagte die Mutter immer wieder verzweifelt. Sie benutzte ihren Sohn als emotionale Krücke und Trichter ihres eigenen Schmerzes und vergaß dabei ganz, dass er sie als liebevolle, verantwortungsvolle und starke Mutter brauchte. Eine Mutter, die ihrem Kind vorlebt, was es bedeutet, für sich einzustehen und Grenzen zu setzen. Stefan brachte bald keine Freunde mehr mit nach Hause und konzentrierte sich nur darauf, nicht aufzufallen, wenn sein Vater anwesend war. Stefan wurde zwar nie geschlagen oder direkt verbal attackiert, aber er war seine gesamte Kindheit hindurch stummer Zeuge des cholerischen Verhaltens seines Vaters und der ergebenen Haltung seiner Mutter. Beide waren so sehr in ihr eigenes Drama verstrickt, dass ihr Sohn mehr und mehr auf ein Nebengleis dieser »Familienidylle« glitt. Ein stiller, angepasster Komparse als Teil einer ehelichen Tragödie.

Im Kindergarten erwies Stefan sich als braver, verantwortungsvoller Junge, der immer machte, was man ihm sagte. Er fiel nicht ein einziges Mal negativ auf. Er fiel überhaupt nicht auf. Die anderen Kinder akzeptieren ihn, besonders beliebt war Stefan nicht. Die Erzieherinnen ignorierten ihn weitgehend und waren froh, wenigstens mit diesem stillen Kind keinen Ärger zu haben. Er tat sich nicht durch aufregende sportliche Leistungen hervor, machte aber gefällig alles mit. Später war Stefan ein mittelmäßiger, unauffälliger Schüler, viele seiner Mitschüler hielten ihn für einen Langeweiler. »Trantüte Stefan« nannten sie ihn hinter seinem Rücken. In die direkte Konfrontation mit ihm ging niemand, dafür war Stefan nicht wichtig genug.

Später, während seiner Lehre als Einzelhandelskaufmann, verliebte sich Stefan in Kathrin und sie sich in ihn. Nach einem Jahr erkannte Kathrin, dass sie aus dieser Beziehung fliehen musste. Der stets liebevolle, überaus korrekte Stefan erwies sich als treuer Minnesänger ohne Gesang. Er liebte sie, er las ihr jeden Wunsch von den Augen ab, er wollte – fast schon devot – immer alles perfekt machen und richtete sein ganzes Leben nach Kathrin aus. Für sich selbst machte er nichts, weil es ihn und seine Bedürfnisse gar nicht gab. Sein Dasein war ausschließlich an anderen orientiert, um ihn hatte sich bisher ja nie jemand gekümmert. Er kannte nur die angepasste Kümmerrolle, die er für seine Mutter einnahm. Und übertrug diese frühkindliche Prägung direkt auf seine Beziehung zu Kathrin. Diese wollte ihn so gerne lieben, doch da war niemand, den sie lieben konnte. Katrin hat Stefan verlassen, denn sie wusste, sie brauchte einen Partner mit mehr Profil und Kante an ihrer Seite. Stefan verstand die Welt nicht mehr. Er hatte doch immer alles für Kathrin getan – warum nur ging sie weg und ließ ihn alleine? Er brach vollkommen zusammen und versuchte sogar, seinem Leben ein Ende zu setzen. Erst die intensive Arbeit mit einem Psychotherapeuten half ihm, sein inneres, vernachlässigtes Kind zu verstehen und die damals entstandenen Wunden annähernd zu heilen. Zur Erinnerung – Stefan ist ein junger Erwachsener und wurde von einer Frau verlassen – also ein ganz normaler Liebeskummer, wie wir alle ihn schon erlebt haben. Sicherlich im ersten Moment erschütternd und schmerzvoll, aber doch für die meisten von uns kein Anlass, aus dem Leben scheiden zu wollen. Sind jedoch Seelenprügel im Spiel, die niemand sah oder rechtzeitig erkannte, ist ein solcher Zusammenbruch nicht nur normal, sondern fast schon zu erwarten.

Ein perfektes Puzzleteil ohne äußeres Gesamtbild

Fachleute in Kinderkrippen, Kindergärten und Schulen werden auf Kinder wie Stefan selten bis nie aufmerksam, denn die superangepassten Kinder laufen einfach mit. Da man im Alltag genug mit den lebhafteren Kindern zu tun hat, bleiben die stillen Stefans unsichtbar, ungeliebt und werden mit der Zeit vergessen. Kinder wie Stefan fallen zwar nicht negativ auf, sind jedoch eindeutig dem Genre »schwieriges Sozialverhalten« zuzuordnen – denn sie sind überangepasst. In einer Kindergartengruppe sind es oft die angenehmen Kinder, die nie Probleme machen, aber unterschwellig ganz große Probleme haben. Stefan beispielsweise hat nie etwas ausprobiert, sich selbst nie kennengelernt, und niemand hat ihn jemals gefragt, oder ihn dabei unterstützt, herauszufinden, was er mag, wer er ist und wie er sein will. Er bekam keine Chance, sich selbst zu entwickeln und festzustellen, wer Stefan denn eigentlich ist. Als einheitlich glattpolierte Oberfläche wurde er ins Erwachsenenleben entlassen und folgte dort den Mustern seiner Kindheit. Ein derartig überzogenes Anpassungsverhalten kann in privaten Beziehungen nur ins Desaster führen und wird im beruflichen Umfeld eine massive Erfolgsbremse darstellen. Im Falle von Stefan erfolgte der tiefe Fall sehr früh, als die Beziehung zu Kathrin scheiterte. Seine Therapie wird ihm langfristig helfen, endlich Bekanntschaft mit Stefan zu schließen, seinen eigenen Kern zu erkennen und sich selber lieben und schätzen zu lernen.

Ja, auch das sind Seelenprügel, zwar von der extrem subtilen Sorte, aber nicht minder effizient, nicht minder schmerzhaft und vor allem bis ins Erwachsenenalter hochwirksam. Bei Stefan erfolgten die Seelenprügel in der Form, dass sein näheres Umfeld es unterlassen hat, einen wichtigen Lernprozess zu unterstützen – nämlich dass Stefan Abgrenzungsmöglichkeiten hat. Zuerst haben das die Eltern versäumt, die ihn in ihre Dramen zogen, ohne an die katastrophalen Auswirkungen dieses Verhaltens auf ihren kleinen Sohn zu denken. Danach unsensible und achtlose Erzieherinnen und Lehrer, die dafür bezahlt werden, sich um das Wohl jedes ihnen anvertrauten Kindes zu kümmern. Ja, auch die stillen Kinder brauchen Zuwendung und Ansprache! Stefan wurde nie herausgefordert, für sich einzustehen, sich und seine Grenzen zu spüren und für sich zu fixieren. Dadurch wurde seine Anpassungsfähigkeit derart perfektioniert, dass er zwar das ideale Puzzleteil im Puzzle war, aber nie als eigenständiges, unabhängiges Gesamtbild wahrgenommen wurde.

Seelensauerstoff dringend erwünscht – Exit den schwarzen Schafen

Man muss nicht unbedingt hellsichtig veranlagt sein, um auf den ersten Blick den Teufelskreis zu erkennen, in den ein emotional misshandeltes Kind geworfen wird. Gewaltsame, kritische und ungelöste Lebensereignisse in der frühen Kindheit wirken zerstörerisch auf das gesamte zukünftige Leben eines jeden Menschen und damit für ganze Gesellschaften. Und es darf einfach nicht mehr sein, dass diese Zerstörung in unseren Bildungseinrichtungen stattfindet! Die schwarzen Schafe der Branche müssen dringend das Feld räumen, denn schwarze Pädagogik hat keinen Platz in unserer Welt. Wir brauchen empathische Mitmenschlichkeit und kein Gegeneinander, davon haben und hatten wir genug!

Psychische Gewalt ist mittlerweile ein Thema der Gewaltforschung. Da die moderne Hirnforschung die realen Schädigungen psychischer Gewalt immer besser aufzeigen kann, die Spuren der Gewalt also immer klarer erkennbar werden, besteht begründete Hoffnung, dass es zukünftig noch wesentlich mehr Forschung geben wird. Zielführend wären in diesem Zusammenhang großangelegte Langzeitstudien, die eindeutig belegen und deutlich aufzeigen könnten, dass Seelenprügel tatsächlich die volle Zerstörungskraft eines Orkans haben.

Verlässlichkeit, Verfügbarkeit und Zuverlässigkeit sind für junge Kinder Seelensauerstoff. Bekommen sie diesen nicht, werden sie krank und geraten in Gefahr, emotional zu ersticken. Denn die zur Verfügung stehende Seelenluft reicht nicht mehr aus. Entspannt atmen kann man nur dann, wenn genug Luft vorhanden ist – in diesem Zustand befinden sich Kinder, die eine sichere Bindung haben. Das bedeutet, diejenigen, die erfahren haben und immer wieder erfahren, dass sie gut und richtig sind, wie sie sind, dass sie geliebt und umsorgt werden, weil sie existieren dürfen, ohne speziell etwas dafür tun zu müssen, das sind die Glückskinder. Ihr Dasein baut auf einem stabilen Fundament auf, ihre Wurzeln finden starken Halt, deshalb können sie selbst stark werden und das Leben mit allen seinen Herausforderungen meistern. Denn wir dürfen nie vergessen: Je mehr und je öfter Kinder Stress, also den direkten Folgen von Seelenprügeln ausgesetzt sind, desto größer und weitreichender sind die Verletzungen und desto desaströser sind die Folgen für die Betroffenen und für unsere Gesellschaft.

3. Arbeit am offenen Herzen – der demütigende Alltag in Kinderkrippen

Kinder können nur das lernen, was in ihrer Umwelt existiert.
Fahrradfahren kann man nicht ohne Fahrrad lernen.
Lieben nicht, ohne geliebt zu werden.

Es ist Montag morgen, kurz vor sieben Uhr. Frieda sitzt im Buggy und nuckelt verschlafen an ihrem Tigerentenschnuller. Müde reibt sie ihre blauen Augen. Was Wunder, denn der Tag des kleinen Mädchens hat bereits um fünf Uhr dreißig begonnen, da der Weg in die Kinderkrippe weit ist und durch die ganze Stadt führt. Friedas Mutter Andrea biegt mit dem Buggy in die Straße ein, in der sich Friedas Kinderkrippe befindet und galoppiert atemlos auf den Eingang zu. Sie muss um 7.30 Uhr an ihrer Arbeitsstelle eintreffen und ist besorgt, zu spät zu kommen.

Gestresst betritt Andrea mit einer unwilligen Frieda die Kinderkrippe. Nachdem der Buggy untergestellt ist, trippelt Frieda an der Hand ihrer Mama in die Garderobe. Die beiden sind ganz kurz vor dem Beginn der offiziellen Bringzeit eingetroffen und heute die ersten in der Krippe Moby Dick. Andrea wird das Herz schwer, so wie jeden Tag, wenn sie ihrer Tochter hilft, sich umzuziehen. Denn so wie jeden Tag steigert sich in genau diesem Moment Friedas unglückliches Schniefen, das regelmäßig im letzten Drittel ihres morgendlichen Weges einsetzt. Wie immer kullern dicke Tränen über ihre pummeligen Wangen. Wie immer umklammert sie mit ihren Fingerchen verzweifelt die Hand ihrer Mutter und will sie nicht loslassen.

Gerade als Andrea Friedas Jacke und Mütze in der Garderobe verstaut, ertönen hastige Schritte. Die an diesem Morgen für den Frühdienst zuständige Fachkraft betritt den Garderobenbereich. Maria mustert die Neuankömmlinge und blickt ostentativ auf die Uhr. Für sie treffen Andrea und Frieda eindeutig zu früh ein. Ohne Gutenmorgengruß sagt sie kühl: »Ich helfe Frieda beim Umziehen. Gehen Sie ruhig, Sie haben es ja sicher wie immer so eilig.« Frieda krallt sich noch inniger an ihrer Mutter fest. Andrea drückt Frieda an sich und küsst ihre blonden Locken. Wie jeden Tag kämpft auch sie mit den Tränen, es trifft sie tief, ihre Tochter so verzweifelt zu sehen. Maria hat jetzt genug von diesem Abschiedsszenario. Sie zieht Frieda zu sich, biegt ihre Finger auf, mit denen diese sich jetzt am Schal ihrer Mutter festklammert und reißt sie grob los. »Jetzt gehen Sie schnell, Frau Großenbacher, sonst wird alles nur schlimmer! Ich bin ja da. Frieda wird sich bald beruhigen, wie jeden Tag. Gleich kommen die anderen Kinder und dann spielt sie sowieso. Gell Frieda, du bist schon ein großes Mädchen, du brauchst die Mama gar nicht mehr!«, lächelt Maria das kleine Mädchen an. Andrea Großenbacher kommt der bestimmt geäußerten Aufforderung der Erzieherin nach und eilt zum Ausgang der Kita.

Während sie raschen Schritts in Richtung Straßenbahnhaltestellte strebt, ist sie in Gedanken noch immer bei der herzzerreißenden Szene von eben, die sich auf ähnliche Weise jeden Morgen abspielt. »Wie albern ich bin, immer noch so emotional zu reagieren«, denkt sie auf der Fahrt zu dem

Innenstadt-Kaufhaus, in dem sie als Verkäuferin im Textilbereich arbeitet. »Alle sagen mir, wie dankbar ich sein muss, in gerade dieser bekannten Kinderkrippe mit exzellentem Ruf einen Platz für Frieda bekommen zu haben. Und das bin ich ja auch, sie ist dort ganz sicher in den besten Händen«, spricht sie sich selbst Mut zu und lässt damit die Stimme ihres Verstandes zu. »Aber warum weint Frieda dann jeden Tag so sehr? Müsste sie sich nicht immer wieder auf einen neuen Tag mit so vielen anderen Kindern freuen?«, flüstert eine innere Stimme. Auf der anderen Seite geht Frieda erst seit drei Monaten in diese Krippe. Andrea erinnert sich, dass Erzieherin Maria und ihre Kollegen ihr berichtet haben, dass die Eingewöhnungsphase positiv verlaufen ist, Frieda ihre Tage in der Krippe genießt und sie sehr gerne mit den anderen Kindern spielt. Dass sie beim Verabschieden weint, sei ganz normal und habe weiter nichts zu bedeuten – Abschiede seien einfach schwierig. Wie so oft in den letzten Wochen verdrängt Andrea ihren nagenden Zweifel. »Das passt schon dort. Das sind alles hochqualifizierte Erzieherinnen, die wissen, was sie tun. Und damit mein Schatz die ideale Basis für ihren weiteren schulischen Weg bekommt, würde ich jeden Tag noch viel mehr Kilometer zurücklegen und auch noch mehr investieren, denn sie soll es später besser haben als ich und jeder weiß doch, die ersten Jahre sind die wichtigsten, das kann man überall lesen«, schließt Andrea ihre Überlegungen ab und verlässt beruhigt die Straßenbahn. Nun ist Konzentration auf ihren eigenen Arbeitstag angesagt.

Dichtung und Wahrheit – der demütigende Alltag in Kinderkrippen

Andrea täte gut daran, auf ihre innere Stimme zu hören. Was sie nicht weiß, ja gar nicht wissen kann: Frieda spielt mit ihren eineinhalb Jahren ganz sicher noch nicht viel mit den anderen Kindern, weil Kinder in diesem Alter schlicht und ergreifend nicht viel miteinander, sondern mehr nebeneinander spielen. Die Mutter braucht das auch gar nicht zu wissen, denn sie ist Mutter und Verkäuferin – keine ausgebildete Frühpädagogin. Deswegen glaubt sie der staatlich geprüften Erzieherin jedes Wort, das diese von sich gibt. Dass die vermeintliche Expertin der Kindererziehung sie schamlos belügen könnte, kommt ihr nicht eine Minute in den Sinn. Denn Frieda beruhigt sich nicht. Sie weint den ganzen Tag. Jeden Tag.

Eltern bringen ihre Babys – das Liebste, das sie haben – aus verschiedenen Gründen in Kinderkrippen. Manche müssen arbeiten, manche wollen arbeiten, mache erhoffen sich intellektuelle Förderung und frühe Bildung, manche wollen ihre Ruhe, manche wollen sich mit voller Aufmerksamkeit um das Geschwisterbaby kümmern. Und manche glauben, dass ihr Kind den Anschluss verpasst, wenn es nicht in einer Krippe war. Alle Eltern – und das mit gutem Recht – gehen davon aus, dass es ihren Lieblingen dort gut geht und die noch so jungen Kinder alles bekommen, was sie brauchen. Und dass vor allem ein liebevoller Umgang eine Selbstverständlichkeit ist! Ich weiß: Das trifft sehr oft nicht zu. Die Gewöhnung an neue Menschen, die fremde Umgebung und das ungewohnte Leben in der Kita verläuft oft viel zu schnell, fast alle Kinder bräuchten mehr Zeit. Diese Phase der sogenannten Eingewöhnung erfolgt meist stur nach bestimmten Modellen, wie z. B. dem

Münchener oder dem Berliner Eingewöhnungsmodell, und orientiert sich leider viel zu selten am einzelnen Kind und dessen Entwicklungsstand und individuellen Bedürfnissen. Abgesehen von diesen Eingewöhnungen – die zwar nicht immer ideal sind, aber immerhin stattfinden –, gibt es immer noch Krippen, in denen Kinder einfach von den Eltern übernommen und ohne weitere Aufmerksamkeit oder Zeichen von Zuneigung in den Krippen-Alltag eingegliedert werden. Etwas Schlimmeres kann man einem Kind kaum antun – es ist der emotionale Super-GAU und kann lebenslang traumatisierend wirken. In diesem Zusammenhang gibt es einige Untersuchungen, die bekanntesten sind die Wiener Krippenstudie, die NICHD-Studie und die NUBBEK-Studie – deren erschreckende Ergebnisse aufzeigen, dass die meisten Krippen in pädagogischer Hinsicht als schlecht bis mangelhaft einzustufen sind. Wissenschaftler wie die Entwicklungspsychologin Lieselotte Ahnert und der Hirnforscher Michael Spreng sind sich außerdem einig: Unglückliche Kinder, die sich durch das Fehlen einer speziellen Eingewöhnungsphase in ihrer Einrichtung nicht zugehörig fühlen, profitieren weder vom Austausch mit den anderen Kindern noch von den Bildungsangeboten in den Krippen.

Sie ist kein großes Mädchen

Während Andrea in der Straßenbahn ihren zweifelnden Gedanken nachhängt, nimmt, einige Straßenzüge entfernt, das alltägliche Drama seinen Verlauf. Frieda weint ohne Unterlass. Denn sie ist kein großes Mädchen, sie ist ein kleines Kind, sie braucht ihre Mama. Oder eine andere Person, die sie liebevoll tröstet und es gut mit ihr meint. Eine solche Person ist im

Moment jedoch nicht im Angebot. Es gibt nur Maria, die nun ihr wahres Gesicht zeigt. Das kurze Lächeln, das sie für Frieda übrighatte, als deren Mutter noch zugegen war, hat längst streng zusammengepressten Lippen Platz gemacht. Unsanft und lieblos stopft sie Friedas Füßchen in die kleinen Hausschuhe und zischt: »Ja, natürlich, du schon wieder. Jeden Tag dasselbe Theater mit dir. Wenn ich dich schon sehe, habe ich für den ganzen Tag genug. Jetzt ist sofort Schluss mit der Heulerei, oder du musst ins Bett, und zwar solange, bis du keinen Ton mehr von dir gibst.« Dieser harte Ton bahnt sich seinen schmerzhaften Weg direkt in Friedas Seele. Dort schlägt er tiefe Wunden auf verschiedenen Ebenen: Sie ist verlassen, sie ist nicht erwünscht, sie stört, sie ist einsam, sie wird nicht geliebt. Was kann in dieser Situation die einzige Antwort einer Eineinhalbjährigen sein? Aufgeben und immer stiller werden oder um Hilfe rufen! Frieda fleht um Hilfe, sie schluchzt nun noch lauter und verzweifelter. Maria merkt, dass ihre keifende Tirade nichts bringt und wird jetzt richtig wütend. Sie packt Frieda grob an beiden Armen und verfrachtet sie unsanft in ein Gitterbett. »So, da bleibst du jetzt, bis du verstanden hat, dass das Geheule nichts bringt!«, schreit sie sie an und verlässt den Raum. Die morgendliche Ration an schmerzhaften, wenn auch unsichtbaren Seelenprügeln ist somit verteilt worden.

Es gibt keinen Grund, aber …

Frieda ist das erste Kind, das an diesem Tag in der Einrichtung eingetroffen ist – der Fachkraftschlüssel ist zu diesem Zeitpunkt 1:1 –, der allseits beklagte Personalmangel ist also sicher nicht die Ursache Marias frühmorgendlicher Bösartigkeit! Es wäre sinnlos, an dieser Stelle in die Tiefe erörtern zu wollen, weshalb eine sogenannte Fachkraft wie Maria dermaßen agiert. Stellen wir einfach einmal fest: Maria und eine etwas später eingetroffene Praktikantin sind zu diesem Zeitpunkt allein in der Kinderkrippe, Maria hat die volle Freiheit, sich aufzuführen, wie es ihr gerade in den Kram passt, und deswegen tut sie es auch. Es gibt sie, diese Menschen, die die Grenzen der ihnen gegebenen Macht immer überschreiten müssen.

Eine andere Betrachtungsweise ist viel wichtiger: Was bewirkt dieses verantwortungslose, grausame Gebaren in der kleinen Frieda? Sie ist noch so jung und ist deshalb vollkommen abhängig von den Menschen, die sie umgeben. Diese Menschen werden dafür bezahlt, verständnisvoll, feinfühlig, behutsam und beschützend mit ihr umzugehen, sie zu trösten und ihr Zuneigung und Wertschätzung zu zeigen. All das hat Frieda immer dann nicht, wenn Maria Dienst hat. Stattdessen sieht sich das kleine Mädchen einer keifenden »Hyäne« ausgesetzt, die verbal auf sie einpeitscht. Dieses Kind ist schon am frühen Morgen in größter emotionaler Not – und mit dieser vollkommen alleine gelassen, denn eine Praktikantin legt sich sicher nicht mit einer Erzieherin wie Maria an.

Alles nach Plan in der Kinderkrippe Moby Dick

Inzwischen ist es acht Uhr. Fast alle Erzieherinnen sind eingetroffen. Jetzt beginnt der Tag erst richtig – und Frieda weint noch immer. Marias Gruppenkollegin Gundi kennt dieses sich immer wiederholende Szenario schon, sie hat sich sofort nach Dienstbeginn um Frieda gekümmert und versucht, sie zu trösten. Vergeblich, Frieda schluchzt leise weiter, ihre vom Weinen verschwollenen Augen blicken ängstlich in den Raum. Friedas Vertrauen in die sie umgebenden Menschen ist nachhaltig gestört. Da kann auch Gundis Tröstungsversuch nicht mehr helfen, zu ambivalent sind die Botschaften, die Frieda in dieser Kinderkrippe erhält. Abseits des persönlichen Dramas, das Frieda erlebt, bahnt sich der Kinderkrippen-Alltag seinen geplanten Weg. Heute werden in der dreigruppigen Krippe für insgesamt 32 Kinder sechs Erwachsene präsent sein, der Rest des Teams ist entweder krank oder hat Urlaub – das ist Alltag in den meisten Kinderkrippen. Der Vorgabe entsprechende Betreuungsschlüssel, das bedeutet das erklärte Verhältnis von Erzieherinnen und Kindern, gibt es leider fast nur in Konzeptionen, auf den Unterlagen, die den Aufsichtsbehörden weitergeleitet werden und auf idyllisch gestalteten, werbewirksamen Websites der Kita-Unternehmen, aber äußerst selten in der Realität, denn die meisten der Kitas in Deutschland leiden unter chronischem Personalmangel!

Jetzt beginnt in jeder der drei Kinderkrippen-Gruppen der Morgenkreis, pünktlich und exakt choreographiert, weil der Träger es in all seinen 35 Einrichtungen so verlangt. Der Morgenkreis ist sakrosankt – nicht nur bei Moby Dick. Alle müssen ausnahmslos teilnehmen. Kinder, die zu spät kommen, sogar vor der Tür warten, bis diese wichtige Zeremonie zu Ende ist. Maria ist in ihrem Element. Vehement schlägt sie den Gong und verkündet laut: »Morgenkreis! Aber erst wird aufgeräumt und zwar zackig!« Nun sollen zehn Kinder im Alter von neun Monaten bis knapp drei Jahren all das Spielzeug aufräumen, das sie in der letzten Stunde verwendet haben – und das auch noch schnell. Oh Wunder, es klappt nicht – und schon gar nicht zackig. Marias Kollegin rennt hin und her und füllt die Boxen und Körbchen mit den Spielsachen. Manche Kinder machen mit, andere räumen sofort wieder alles aus und wieder andere sitzen schon still auf dem Boden und bilden den Anfang des heiligen Kreises. Die weiterhin leise schluchzende Frieda sitzt auf Befehl von Maria – »Frieda, du kommst an meine goldene Seite und hörst jetzt endlich mit dem Theater auf, sonst kommt deine Mama überhaupt nicht wieder – wer will schon eine Heulsuse haben!« – direkt neben Maria auf einem der in einen runden Teppich gewebten Kreise. Als sie das Wort »Mama« hört, wird aus dem Schluchzen wieder lautes Weinen. Maria schlägt mit der Hand auf den Boden und schreit sie an: »Ende! Und zwar sofort. Ich kann dieses Gebrüll nicht mehr ertragen.« Gundi eilt herbei, nimmt Frieda auf den Schoß und zieht sich dadurch Marias Zorn zu. »Das wird noch ein Nachspiel haben!«, fährt sie die Kollegin an.

UNFASSBARES AUS DER ERZIEHERISCHEN PRAXIS

Sie werden sich nun vielleicht denken, dass ich diese Szenarien übertreibe. Nein, ganz und gar nicht. All dies und noch mehr ist gelebter und fest etablierter Alltag in sehr vielen Krippen. Starre Programme finden überall auf ähnliche Art und Weise statt und verbreiten Drill und Zwang, anstatt Freude am Spielen und kindlichem Tun zu erzeugen. Es wird – wie hier geschildert – in fast allen Kinderkrippen landauf und landab den Kindern erlaubt, Spielzeug herauszuholen und zu nutzen. Um es ihnen dann, oft genau in dem Moment, in dem sie in einen köstlichen Spielflow gefunden haben, zu befehlen, alles wieder wegzuräumen, weil genau jetzt die Bildungsangebote starten müssen. Ja, müssen! Programmpunkte, die das Personal wie auch die Kinder meist zutiefst stressen und sehr oft jegliche Leichtigkeit, die ein spontan gelebter Kita-Alltag bringen könnte, zerstören. Es ist makaber. Und doch ist es Realität. Machen wir uns nichts vor: Seelenprügel äußern sich nicht immer nur in harschen Worten. Sie kommen auch auf subtilen, leisen Sohlen daher, zum

Beispiel, wenn Kindern der Zwang angetan wird, Dinge, die sie gerade tun wollen, nicht zu tun oder sinnlose Dinge zu tun, die sie nicht tun wollen. Zur Erinnerung – diese Kinder sind alle unter drei Jahre alt!

Freie Entfaltung? – keine Rede davon

Die morgendliche Zeremonie, durch die Maria nun führt, beginnt mit einem süßlichen: »Guten Morgen liebe Kinder!« Gefolgt von ein paar Zurechtweisungen: »Marvin, sei leise, jetzt ist Morgenkreis! Mia, du sollst sitzen bleiben! Die Frieda setzt sich jetzt auch auf den Boden, man kann ja schließlich nicht den ganzen Tag auf Gundis Schoß sitzen – los, runter mit ihr, Schluss mit der Sonderbehandlung, wo kommen wir denn da hin, wenn jeder auf den Schoß will!« Maria stimmt monoton das Gutenmorgenlied an: »Hallo, schön, dass du da bist ... die Frieda die ist da, hurra, hurra, hurra.« Man kann der »guten Maria« eine Portion Zynismus nicht absprechen. Die meisten Kinder singen gerne, sie lachen und klatschen und fangen an, sich in der Mitte des Kreises zu kugeln, zwei Kinder tanzen. Maria kann diesen Ausbrüchen an kreativer Entfaltungskraft nichts abgewinnen, außerdem wird es ihr zu laut. »Ruhe! Ruhe! Ihr setzt euch sofort wieder hin, jetzt ist Morgenkreis«, ruft sie ärgerlich und zieht weiter ihr geplantes Programm durch. Sie will, dass ein Kind die anderen Kinder durchzählt, anschließend fragt sie ab, welcher Tag denn heute sei. Dann sollen die Kinder noch das Wetter beschreiben. Maria hat für heute etwas zum Thema Herbst vorbereitet – sie zeigt den Kindern bunte Gräser und Blätter, die Kinder wollen sie anfassen, doch das ist nicht gestattet, denn in Marias Welt schaut man mit den Augen und nicht mit den Händen. Es wird schematisch ein weiteres Lied gesungen: »Hurra, hurra, der Herbst ist da, er bringt uns Wind hei hussassa … « Aber dieses Mal bitte ohne Klatschen, das war zu laut und zu lustig und sowieso viel zu freigeistig für Marias Geschmack. Mit einem Fingerspiel endet der Morgenkreis – kein Kind ist glücklicher oder schlauer. Aber – und nur das zählt – Maria kann nun auf den Tagesrückblick für die Eltern schreiben, dass zwei Lieder, ein Fingerspiel, Naturbeobachtungen und mathematische Grundlagen Thema waren. So viel Bildung, und das schon am frühen Morgen! Die Kinderkrippe Moby Dick weiß schließlich, wie Kinder gebildet werden und was sie den Eltern für ihre Beitragszahlungen schuldig ist. Den offiziellen Auflagen des Trägers wurde auch heute Genüge getan. Die Eltern sind zufrieden, denn sie erfahren ja nie, wie wenig gefördert und individuell eingebunden ihre Kinder im festgesetzten Rahmen dieses Bildungswahnsinns sind. Und dass ein kleines Mädchen namens Frieda den gesamten Morgenkreis hindurch geschluchzt hat, weiß »da draußen« ja auch niemand. Es ist alles in schönster Ordnung in der Einrichtung Moby Dick.

Bedürfnisse und Entwicklungsaufgaben – wozu?

Mit aktueller Krippenpädagogik hat all das nichts zu tun, denn die Bedürfnisse der Kinder werden nicht beachtet. Von Entwicklungsaufgaben wie Beziehungsaufbau und Emotionsregulation, die Welt erforschen und selbstständig handeln und denken lernen, davon hat Maria noch nie etwas gehört. Gehen wir doch einmal näher auf die Person Maria ein. Sie ist staatlich geprüfte Erzieherin mit über dreißig Berufsjahren, doch keiner Erfahrung in Kinderkrippen oder betreffend die Arbeit mit Kindern unter drei Jahren. Denn sie hat bisher nur im Kindergarten gearbeitet und hat keine Ahnung von aktueller Entwicklungspsychologie, von Bindungs- und Lerntheorien. Sie werden sich nun vielleicht fragen, wie es dazu kommen kann, dass eine Person wie Maria in diese Position kommt, ohne über eine zusätzliche Qualifikation für Kinderkrippen zu verfügen. Die Antwort ist ganz einfach: Es gibt keine spezifische, bundesweit vorgegebene Ausbildung für Kinderkrippen, sondern nur freiwillige Weiterbildungen! Jede Person, die vor Urzeiten einmal den Beruf der Kindergärtnerin erlernt hat, darf in Kinderkrippen arbeiten. Das ist der eigentliche Skandal, und genau hier sollten Politik und Gesellschaft ansetzen, um nachhaltige Verbesserungen zu erzielen.

Menschen, die in Krippen arbeiten, sollten gefühlsklug sein und die verschiedenen hochemotionalen Situationen, die rund um Kinder immer wieder entstehen, empathisch, sprachlich und mimisch begleiten können. Zum Beispiel so: »Oh, du bist traurig, weil deine Mama gerade gegangen ist. Weißt du, deine Mama geht jetzt arbeiten und wenn sie dich später wieder abholt, freut ihr euch beide. Komm Frieda, wir winken der Mama noch zum Abschied, und dann zeige ich dir was ganz Tolles und wir spielen zusammen. Bald kommt die Mama wieder, ganz sicher. Jetzt bin ich für dich da, und wir machen uns einen schönen Tag.« Das wäre ein echter, liebevoller Trost für Frieda gewesen.

Das entspricht aber nicht Marias Ton, nicht ihrer Art und schon gar nicht ihrer Kompetenz. Maria ist 54 Jahre alt und hat selbst zwei erwachsene Kinder. Sie ist für ihre eigenen Kinder selbstverständlich zehn Jahre zu Hause geblieben und arbeitet nun, da ihre Kinder aus dem Haus sind, in Teilzeit. Ohne es selber zu erkennen, hat sie ein inneres Denkmuster entwickelt.

Sie findet es absolut nicht in Ordnung, dass Eltern ihre Kinder, wenn sie noch so jung sind, in Krippen geben. Sie nennt diese Mütter bei sich »Rabenmütter« und unterstellt ihnen, nur deswegen arbeiten zu gehen, um sich schicke Urlaube leisten zu können. Man sollte in ihren Augen keine Kinder in die Welt setzen, wenn man sich nicht selbst um sie kümmern will! Meine Theorie ist: Sie hat gegen diese Mütter einen hohen Aggressionspegel aufgebaut, den sie jedoch an den Kindern auslässt. Friedas Mutter kann sie nicht anschreien, also schreit sie ihre Tochter an und quält diese quasi stellvertretend. Ich finde, Menschen wie Maria sind ein Fall für Psychotherapeuten – wenn sich jemand nur die Mühe machen würde, hinter die Vorhänge der Geschehnisse bei Moby Dick zu schauen.

Maria spult ihren Dienst nach Vorschrift ab. Moderne frühpädagogische Konzepte erwecken nicht einmal im Ansatz ihre Aufmerksamkeit, das ganze »Gedöns« um die Kinder heutzutage ist ihr ohnehin zu viel, das tat man früher ja auch nicht. Maria steht in diesem Fall als Platzhalterin für alle jene Erzieherinnen, die in ihrem Geist agieren. Natürlich sind die meisten Erzieherinnen anders – sie sind liebevoll, empathisch, kompetent und fürsorglich. Um diese geht es in diesem Buch nicht. Es geht um die »faulen« Äpfel in den Obstkörben. Jene, die ganz unten liegen, deren zunehmenden Fäulnisprozess man oft erst dann erkennt, wenn sie den gesamten Korb kontaminiert und vergiftet haben. Obst kann man wegschmeißen. Kinderseelen, die auf diese Weise angegriffen und verletzt wurden, müssen mit diesen Auswirkungen weiterleben.

Nach dem Morgenkreis ist vor der nächsten Demütigung

Nach dem heiligen Morgenkreis ist Frühstückzeit. Es gibt Einrichtungen, da dürfen Kinder dann essen, wenn sie Hunger haben, es ist immer ein Erwachsener da, der ihnen hilft und sie begleitet, das ist perfekt und lädt rechtzeitig zur Selbstfürsorge ein. Es gibt aber auch Krippen, da finden die Essenszeiten dann statt, wenn die dortige »Maria« es sagt, es wird gegessen, was Maria sagt und auch soviel, wie Maria sagt!

Schmerzpunkt

Essenssituationen in der Krippe sind ein heikles und spezielles Thema – und in Krippen wird sehr oft gegessen. Da ist zunächst das Frühstück, dann folgt oft noch ein kleiner Zwischenimbiss, meist ein Obstsnack. Danach kommen das Mittagessen, wieder ein Obstsnack und die Nachmittagsbrotzeit und ein Snack für die Kinder, die spät abgeholt werden. Man sollte davon ausgehen, dass Essenssituationen in Deutschland im 21. Jahrhundert in Einrichtungen, die für Kinder geschaffen wurden, mit Menschen, die sich auf die Betreuung von Kindern spezialisiert haben, liebevoll, unterstützend, ruhig, ästhetisch, harmonisch und friedlich verlaufen und Kinder in jedem Alter selbstverständlich selbst entscheiden können, was sie essen, was sie probieren und was sie nicht essen wollen. Leider ist das in der Praxis nicht so, dadurch bekommen Essenssituationen oft einen »gefährlichen« Beigeschmack … Wie war oder ist es bei Ihnen? Essen Sie nur dann, wenn Sie hungrig sind? Belohnen Sie sich mit Essen? Was essen Sie, wenn es Ihnen schlecht geht – Nudeln und Schokolade oder Brokkoli und Fisch? Essen Sie gesund? Ekeln Sie sich vor Speisen, die Sie als Kind essen mussten? Schaffen Sie es, Ihren Teller nicht leer zu essen?

Leider nein, denn es gibt viel zu viele Marias – einige hundert Kilometer entfernt, in einer anderen Kinderkrippe, führt ein weiteres Exemplar dieses Genres ein Schreckensregiment. Melanie hat erst vor einem Jahr die Ausbildung zur staatlich geprüften Erzieherin abgeschlossen und arbeitet seitdem in der Kinderkrippe Moby Dünn. Man sollte davon ausgehen können, dass Melanie so kurz nach ihren bestandenen Prüfungen theoretisch und praktisch topfit und auf dem aktuellen Stand der Kleinkindpädagogik sein müsste. Vielleicht ist sie das auch, doch umsetzen kann sie ihr Wissen nicht. Melanie zwingt Kinder zum Essen und fixiert sie am Tisch, sie beschämt sie und ignoriert alle erdenklichen Kommunikationsversuche der ihr anvertrauen »Mäuse«, wie Melanie »ihre« Kinder übergriffig nennt. Im Detail sieht das so aus: Melanie zieht den Kindern große Frotteelätzchen an, nicht die, die bis etwa zur Bauchmitte eines Kindes gehen, sondern die extra großen, die es auch in Altenheimen gibt und die den Kindern bis über die Taille reichen. Diese Lätzchen legt Melanie zuerst um den Hals der Kinder, macht dann eine Schleife und das untere Ende des Latzes legt sie auf den Tisch. Auf das Stück des Latzes, das auf dem Tisch liegt, stellt Melanie den Teller, den sie vorher mit Essen gefüllt hat. Nun kann sich kein Kind mehr bewegen, sonst fällt der Teller hinunter, was natürlich immer wieder passiert. Die Kinder müssen auch alles essen, was auf den Tisch kommt – so ist Melanie aufgewachsen, und es hat ihr ja auch nicht geschadet. Beim Mittagessen sitzt Melanie mit vier Kindern am Tisch, ihre Kollegin Laura mit fünf Kindern am Nebentisch. Laura lässt den Kindern Freiraum, sie dürfen entscheiden, was sie essen, sie dürfen sich bewegen. Wenn ein Kind aufsteht, bittet sie es freundlich, es möge sich wieder setzen, um weiterzuessen. Die Kinder an Lauras Tisch essen, lachen, patschen mit den Händen auch mal in den Teller, Laura wischt die Soße wieder ab, es fällt ein Glas um, Laura sagt: »Das macht nichts, schau, das wischen wir einfach weg.« Dann reicht sie diesem Kind ein neues Glas. Einige Kinder essen mit dem Löffel, andere wollten eine Gabel. Die Kinder freuen sich schon auf den Mandarinenquark, den es zum Nachtisch gibt. Es läuft gut an diesem Tisch, und doch ist Laura unglücklich und denkt seit Wochen über eine Kündigung nach. Der Grund ist Melanie und ihre Arbeitsweise. Laura hält es kaum mehr aus, ihr zusehen zu müssen. Sie hat schon mehrmals mit Melanie gesprochen, und sie hat auch schon zusammen mit Melanie und der Krippenleitung ein Gespräch geführt. Vergeblich, es hat sich nichts geändert. Es wird nur geredet, keiner handelt – also wird Laura handeln und sich zum Selbstschutz, und um die Freude an der Arbeit nicht zu verlieren, aus der Situation nehmen. Und genau so spielt es sich in vielen Einrichtungen ab. Wenn sich trotz eines zivilcouragierten Aufzeigens durch mutige Erzieherinnen nichts und nichts ändert, verlagern diese ihr positives Wirken an andere, freundlichere Orte. Und die »faulen Äpfel« führen ihr Regiment ungehindert weiter fort. Wollen wir da wirklich noch länger zusehen?

Stopfen als tägliche Essenspraxis

An Melanies Tisch bekommt kein Kind eine Gabel, alle müssen mit Löffeln essen – damit suggeriert sie den Kindern, dass sie alle noch Babys seien. Für ein dreijähriges Kind ist das eine Beleidigung, denn mit drei ist man stolz, schon so groß zu sein! Melanie zwingt die Kinder alles aufzuessen, was sie ihnen auf den Teller gepackt hat. Manchen Kindern schmeckt es gut, sie löffeln fröhlich vor sich hin und sind entspannt. Doch Gregor mag keine Nudeln, wenn Soße darüber ist, er spuckt sie wieder auf den Teller und deutet auf die Schüssel mit den Nudeln. Jedem Menschen, der nur ein klein wenig Einfühlungsvermögen hat, wäre sofort klar, Gregor will nackte Nudeln. Viele Kinder mögen es nicht, wenn ihr Essen vermischt wird, und viele Kinder mögen gerne nackte Nudeln essen – das ist legitim. Leider hat Gregor Pech, denn er sitzt am falschen Tisch. Melanie erklärt ihm unmissverständlich: »Du isst das jetzt und zwar alles, hörst du?« Sie packt sein Gesicht und drückt Zeigefinger und Daumen so fest in seine Wangen, dass er seinen Mund aufmachen muss, dann schiebt sie den Löffel mit Nudeln, Fleisch und Soße in seinen Mund und schüttet sofort Wasser aus seinem Becher nach. Etwas Wasser-Soßen-Gemisch läuft aus Gregors Mund. Gregor würgt, doch sein Schluckreflex ist stärker. Nach dem dritten Löffel ist der kleine Junge vollkommen fertig, er weint, und Melanie lässt endlich von ihm ab. Die meisten anderen Kinder essen gelassen weiter, solche Szenen sind ihnen nicht fremd. Es trifft jeden einmal, heute war eben Gregor dran. Morgen gibt es Fischstäbchen mit Kartoffelpüree und Erbsen. Nelli mag keine Erbsen, doch Nelli wird morgen Erbsen essen müssen. Laura beobachtet die Geschehnisse in ohnmächtiger Stille vom Nebentisch. Sie erträgt Melanie und ihre Kinderstopferei nicht mehr, sie hat Wut im Bauch und Tränen in den Augen und überlegt, ob sie noch eine Briefmarke für ihre Kündigung zu Hause hat.

Angebot oder Pflichtveranstaltung?

Richten wir unseren Blick wieder den Aktivitäten der Kinderkrippe Moby Dick zu. Hier wäre nach dem Frühstück an sich Freispielzeit für die Kinder angesagt. Kinder finden immer Möglichkeiten, sich zu beschäftigen, denn sie sind an der faszinierenden Welt interessiert – außer, man hindert sie daran, und das ist in meinen Augen fast schon ein Verbrechen. Maria hält nichts von freien Entscheidungen der Kinder. Maria entscheidet, dass nun gemalt werden muss. Ausnahmslos.

Die Aufgabe der Menschen, die in einer Kinderkrippe arbeiten, ist die Gestaltung der Umwelt und zwar so, dass sich die Kinder sicher und voller Wohlgefühl diese Welt zu erobern trauen. Ist das der Fall, dann entwickeln Kinder Selbstvertrauen, neue Kompetenzen, Selbstwirksamkeit und noch so einiges mehr. Dann trauen sie sich später auch mutig in die große Welt, die auf sie wartet, und zwar voller Vertrauen in sich selbst und andere Menschen! Kinder sind von Geburt an neugierig, eigeninitiativ, und ihre Sinne sind offen für alle Wahrnehmungen. Kinder wissen genau, was sie selbst zum jeweiligen Zeitpunkt brauchen – und was nicht. Das bedeutet gleichzeitig, dass man gerade den ganz jungen Kindern nichts beibringen kann, soll und braucht, denn sie können das ganz alleine und zwar einzig und allein dadurch, indem sie spielen. Alles, was sie dafür brauchen, sind Zeit, Geduld, noch mehr Zeit und Menschen, die sie empathisch und liebevoll auf ihrem Weg begleiten. Was Kinder nicht brauchen und Krippenkinder dreimal nicht, sind Menschen vom Genre Marias, die mit ihrer vollkommen veralteten Kindergartenpädagogik Kindern jegliche Entdeckerfreude nehmen und sie in vorgefertigte Programme und pädagogisch ausgeklügelte Angebote pressen.

Maria hat viele Angebote auf Lager – leider sind es keine Angebote per se, es sind Pflichtveranstaltungen! Nun setzt sie sich sechs Kinder an den Tisch. Maria packt ein Kind nach dem anderen, stülpt ihnen die Malkittel über, setzt sie auf den Stuhl und schiebt den Stuhl nah an den Tisch. So nahe, dass jedes Kind zwischen Tischkante und Stuhllehne eingequetscht wird und sich kaum noch bewegen kann. Die Kinder müssen jetzt malen. Vor jedem Kind liegt ein Blatt, und in der Mitte stehen die guten Wachsmalstifte. »Kinder, ihr nehmt euch jetzt einen Stift und malt ein Herbstblatt, so wie ich es heute im Morgenkreis gezeigt habe. Nein, Leonie, nur einen Stift habe ich gesagt!« Sie nimmt der verdutzten Leonie den zweiten Stift ab, wirft ihn mit Schwung in die gelbe Plastikschale zurück. Leonie wird angeschnauzt: »Das sind nicht alles deine, jeder nur einen Stift habe ich gesagt, du bist eine kleine verzogene Zicke, kein Wunder, deine Mutter erfüllt dir ja jeden Wunsch sofort. Bei mir wirst du lernen, dass du nicht machen kannst, was du willst. Du machst was ich sage!« Sie singt, um Leonie zu ärgern: »Leonieee, Leonieee, Leonieee, so heiß ich nie!«, und sagt: »Was ist das eigentlich für ein doofer Name, hört sich an wie eine Margarinesorte.« Leonie versteht vielleicht den Inhalt dieser Worte nicht, aber sie erkennt, dass sie gerade abgelehnt wird. Abgelehnt von einem Menschen, der eine liebevolle Beziehung zu ihr haben sollte.

Carla, die neben Leonie sitzt, hat sich inzwischen auch eine zweite Wachsmalkreide genommen, aber Maria sieht alles und reagiert unmittelbar: »Ach, du auch, mein Fräulein? Ich habe doch gerade gesagt, jeder nur einen Stift, und das gilt auch für dich!« Sie nimmt Carla beide Stifte ab. »So, jetzt hast du eben gar keinen Stift mehr, jetzt kannst du ja mit den Fingern malen – das hast du jetzt davon!« Maria lacht und schaut ihre

Kollegin an, die dreht sich weg und traut sich nicht, ihrer Gruppenleitung zu widersprechen, denn auch sie weiß, es wird sich nichts ändern. Weil Maria sich nicht ändern will. Auch in diesem Fall haben alle bisher geführten Gespräche nichts gebracht. Denn Maria findet ihr Verhalten in Ordnung. Maria weiß, sie hat in dieser Krippe eine Art Narrenfreiheit, bei dem eklatanten Personalmangel kein Wunder – der Fachkräftemarkt ist leer gefegt, da trennt sich ein Träger nicht so schnell von einer Erzieherin! Dann soll sie halt mal ruppig sein, Hauptsache, sie ist da, und der Laden läuft weiter.

Wickelhektik und sonstige Routinen ohne Achtsamkeit

Maria sieht auf die Uhr und wird hektisch. Das Pflichtangebot Malen hat doch länger gedauert als geplant. Nun ist es an der Zeit, die Kinder für das Mittagessen vorzubereiten. Maria schnappt sich das kleinste Kind und klemmt es wie einen Sack unter ihren Arm, mit der freien Hand packt sie ein anderes Kind ums Handgelenk und ruft: »Alle kommen mit, wir gehen jetzt ins Bad und holen uns neue Windeln! Sie treibt die Kinder wie eine kleine Kuhherde vor sich her und dirigiert sie dabei mit den Füßen. Ihrer Kollegin trägt sie noch schnell auf, den Tisch zu decken, den Essenswagen zu holen und schon mal das Essen auf die Teller zu verteilen. Maria tritt in militärisch angehauchte Aktion. Die beiden großen der kleineren Kinder werden auf das Töpfchen gesetzt, sechs Kinder sitzen nebeneinander mit dem Rücken an der Wand auf dem Boden und warten, während Maria ein Kind nach dem anderen schweigend, lieblos und schnell wickelt. Nach jedem Kind sprüht sie Desinfektionsmittel auf die rote Kunstlederunterlage und wischt mit der

Hand drüber, die Handschuhe, die sie trägt, wechselt sie nicht, dafür ist keine Zeit. Und es ist auch keine Zeit, die von den Eltern mitgebrachten Wickelauflagen auszulegen, die Kinder liegen blank und bloß auf der frisch desinfizierten, klebrignassen Kunstlederauflage. Als Joshua dran ist, dauert es etwas länger, denn er hat einen wunden Po, und er ahnt schon, dass er jetzt gleich Schmerzen haben wird. Er schreit »Nein!«, macht sich erst steif und strampelt dann wild und voller Angst. Maria fackelt nicht lange, sie schleudert ihn seitlich auf den Wickeltisch, legt ihren Oberkörper über seinen Oberkörper, drückt ihn so nach unten und zieht ihm seine Jogginghose und die Unterhose aus. Joshuas Windel ist voll. Maria wird noch wütender: »Scheiße, das hat noch gefehlt, boah, du stinkst so abartig, was geben die dir nur zu Essen zu Hause? Das ist ja widerlich.«

Das Mittagessen verläuft ohne besondere Vorkommnisse. Maria führt auch hier ihr strenges Regiment. Wer nicht alles isst, bekommt keinen Nachtisch. Einige Kinder weinen, Becher fallen um, drei Kinder werden von Maria als dämlich tituliert, ein Kind muss sich alleine an einen Tisch setzen, ein anderes wird ohne Essen ins Bett geschickt. Die Stimmung ist grauenvoll, nur das Klappern des Geschirrs und das Schluchzen einiger Kinder ist zu hören. Sprechen ist verboten, denn Kinder sollen essen und nicht reden. Sprachförderung findet erst nach dem Mittagessen statt, Maria hat dazu ein pädagogisch wertvolles Angebot vorbereitet. In den Tagesrückblick schreibt sie schon mal: Förderung der Sprechfreude anhand einer Klanggeschichte mit Orff-Instrumenten. Nun ist Mittagsschlaf angesagt. Maria hätte eigentlich jetzt Feierabend, aber durch den kurzfristigen Ausfall einer Kollegin muss sie auch am Nachmittag Dienst tun. Missmutig bringt sie die Kinder ins Bett. Vorher macht sie ein paar Waschlappen nass und wäscht noch Gesichter und Hände der Kinder ab – auch das geht zackig und ohne überflüssige Worte. Sie erspart sich das zeitaufwendige Aus- und Umziehen und legt die Kinder mit ihrer Kleidung in die Gitterbettchen. Es sind immer zwei Betten, die aufeinanderstehen. Ein Kind liegt unten, eines oben – aus Sicherheitsgründen müssen die Gitter geschlossen werden, und so sieht es im Schlafraum ein wenig aus wie in einer Kaninchenzuchtanlage. Sie verteilt den Kindern ihre Schnuller und Kuscheltiere und erklärt der ohne Unterlass schluchzenden Frieda: »Wenn du nicht endlich leise bist, nehme ich dir den Schnuller wieder weg und deinem Hasen schneide ich die Ohren ab!« Frieda hat wie meist kaum etwas gegessen, ihre Trauer schnürt ihren Magen zu und schniefend schläft sie vor Erschöpfung ein. Nicht so Moritz, er kann nicht einschlafen und setzt sich immer wieder auf. Maria sieht es, packt ihn an den Schultern und drückt ihn auf die Matratze. Sie zieht ihm die Decke bis übers Kinn und stopft sie seitlich so unter seinen Körper, dass er sich nicht mehr bewegen kann. Unmutig flüstert sie: »Du bleibst jetzt endlich liegen, du Sauhund, sonst schläfst du alleine im Keller bei den Ratten und Spinnen!« Ja, Sie haben richtig gelesen, dies ist eine Originalaussage einer Erzieherin. Es klingt unglaublich – und doch ist es wahr, wie alle Geschichten, die ich in diesem Buch beschreibe. Ich habe sie in den vergangenen Jahren entweder selbst beobachtet, oder sie wurden mir in Fortbildungen oder Einzelgesprächen berichtet. Selbstverständlich habe ich Namen und Orte frei erfunden, etwaige Ähnlichkeiten mit existierenden Personen oder Einrichtungen sowie Namen von Einrichtungen sind rein zufällig.

Ich weiß aus persönlichen Beobachtungen und Erzählungen: Gerade in Schlafsituationen, wenn die schwarzen Schafe der Kita-Welt sich unbeobachtet und noch machtvoller fühlen, kommen die fiesesten Charakterzüge zum Vorschein. Und anstatt die Kinder liebevoll zu beruhigen und für sie eine Umgebung der Geborgenheit zu gestalten, werden sie oft sadistisch gequält. Oder es wird ihnen leise und auf fiese Art und Weise Angst gemacht. Während der CD-Player ein idyllisches Schlafliedchen singt, wird aus vermeintlich schönen Träumen ein kalter, krasser Albtraum! Aber es ist ja alles in bester Ordnung in der Einrichtung Moby Dick.

Zwei Stunden später werden einige Kinder langsam wieder wach und die, die noch schlafen wollen, werden von Maria unsanft geweckt. Nach einem kleinen Obstsnack folgt das vorbereitete Sprachförderangebot, bei dem die Kinder wieder im Kreis und exakt auf den in den Teppich eingewebten Punkten sitzen müssen. Maria liest monoton ein Lied vor, danach singt sie es gelangweilt. Die Kinder dürfen dazu Klanghölzer aufeinander hämmern. Wirklich aufregend und anregend, nicht wahr?

Abholzeit – hurra

Nun tritt der Kinderkrippen-Tag in eine heiße Phase ein, denn die Abholzeit naht. Es gilt, einen perfekten Eindruck zu erwecken. Der Brotzeittisch wird hübsch gedeckt – alles so drapiert, dass die Eltern den Frieden in der Krippe und die Freude ihrer Kinder sofort wahrnehmen können, denn jetzt endlich dürfen die Kinder spielen – bis sie abgeholt werden. Nach und nach kommen die Eltern, lassen sich zwischen Tür und Angel die leider oft unwahren Geschichten zum Tag erzählen und hören Sätze wie »Jakob hat den ganzen Tag nicht geweint, ich weiß auch nicht, was er jetzt hat!« Oder: »Sie hat mit viel Appetit gegessen und hatte viel Spaß, gell, Leonie, schön war es heute wieder – tschüss, bis morgen, Schatzi!«

Auch Friedas Mutter trifft ein. Als Frieda sie sieht, brechen alle Dämme, sie weint erleichtert laut auf. Endlich ist die Mama wieder da! Friedas Mutter sieht die rot geschwollenen Augen ihrer Tochter und ahnt, dass es nicht stimmt, als Maria ihr versichert: »Sie müssen sich keine Sorgen machen, sie hat den ganzen Tag ruhig und lieb gespielt, sie weint erst jetzt wieder – sie ist einfach müde, es war ein langer Tag!« Andreas Zweifel, ob Frieda hier richtig ist, überschwemmen sie aufs Neue. Ob sie entsprechend handeln wird? Und, vor allem, hat sie eine Alternative? Krippen-Plätze sind rar.

Warum?

Melanie, Maria, alt, jung, erfahren oder frisch von der Schule – es gibt keine typischen Täterinnen. Aber solche Vertreterinnen des erzieherischen Grauens existieren in unterschiedlich starken Ausprägungen in fast jeder Einrichtung. Dies ist weder alters- noch ausbildungsabhängig, es existieren andere Gründe, warum Menschen sich so verhalten, wie sie sich verhalten. Dazu erfahren Sie im zweiten Teil dieses Buches mehr. Ohne Zweifel: Die Arbeit in einer Krippe ist schwer, psychisch wie körperlich. Unzählige Male setzt man sich auf den Boden und steht wieder auf, unzählige Male hebt man Kinder auf den Arm und setzt sie wieder ab und ebenso unzählige Male trägt man weinende Kinder umher, hebt sie auf die Wickelablage und wieder hinunter. Wenn man all das nicht will oder kann, aus welchen Gründen auch immer, ist man in einer Krippe schlicht und ergreifend falsch. Eines ist mir an dieser Stelle noch wichtig: Schlechte Rahmenbedingungen und Personalmangel sind mit Sicherheit kein Grund für gemeines, sadistisches und menschenverachtendes Verhalten – da steckt mehr dahinter, viel mehr! Und ja, überall herrscht eklatanter Personalmangel, und alle haben Stress. Die Rahmenbedingungen sind oft eine mittelschwere Katastrophe, und es muss sich dringend und zwingend sehr viel ändern – aber: Die Bedingungen in einer Kita sind für alle Mitarbeiterinnen die gleichen – es kann also nicht an den Bedingungen liegen, wenn so manche »Fachkraft« grausam, kalt, würdelos und ohne jegliches Mitgefühl mit Kindern umgeht. Während es viele andere schaffen, unter den gleichen Umständen liebevoll und einfühlsam ihren Beruf auszuüben.

Arbeit am offenen Herzen braucht Qualifikation und Fingerspitzengefühl

Stellen Sie sich einmal vor, wie ein Chirurg vorgeht, der eine neue Herzklappe einsetzt und dabei am offenen Herzen operiert. Er braucht dazu eine stete, ruhige Hand, absolute Konzentration auf seine Aufgabe sowie hohe Expertise und Fachwissen auf dem neuesten Stand. Arbeit am offenen Herzen erfordert höchste Präzision. Liebe zum Beruf, zur Berufung ist dabei ebenso eine Grundvoraussetzung. Ein Chirurg muss die absolute Überzeugung in sich tragen, Menschen retten zu wollen. Chirurgen sind sich bewusst, wie delikat ihre Interventionen sind. Eine falsche Bewegung, eine Unachtsamkeit kann ein Leben auslöschen. Ich bin überzeugt, dass die Arbeit mit Kindern, mit ihren Herzen und Seelen, genau dasselbe Fingerspitzengefühl und hohe Fachwissen erfordert! Um sich um Kinder in diesen so jungen Jahren fachgerecht und liebevoll zu kümmern, braucht es echte Zuwendung, Empathie und viel Liebe. Wer nicht über diese Fähigkeiten verfügt, darf diesen Beruf nicht ausüben und sollte durch entsprechende Tests im Vorfeld nicht einmal zu einer Ausbildung zugelassen werden.

Stellen Sie sich vor, Sie liegen auf dem OP-Tisch und Erzieherin Maria ist jene Ärztin, die Sie jetzt gleich am offenen Herzen operieren wird. Maria macht ihren Job nur wegen des Geldes und findet das ganze neumodische medizinische Zeug, alle Erkenntnisse der letzten 30 Jahre, seit sie ihr Studium abgeschlossen hat, vollkommen überflüssig. »Denn das gab es ja früher auch nicht und trotzdem haben die Menschen überlebt ...« Ganz ehrlich: Möchten Sie von Ärztin Maria operiert werden? Ich definitiv nicht. Sie ist eindeutig nicht qualifiziert.

Warum, frage ich Sie, warum um alles in der Welt darf Maria, die Erzieherin, die genauso denkt und sich nicht auf dem neuesten pädagogischen Stand befindet, mit jungen Kindern arbeiten – denn auch diese haben ein offenes Herz? Ein offenes Herz, das durch unbedachte Worte und Grobheiten so leicht verletzt wird. Wir alle sollten darüber einmal intensiv nachdenken.

4. Und täglich grüßt … – der erniedrigende Alltag im Kindergarten

Das Seelenheil der Kinder ist die Grundlage für eine friedliche und gesunde Welt – es entsteht, wenn sich Kinder geliebt, gebraucht und gewürdigt fühlen.

Der Pisa-Schock ist schuld! Seit der ersten Veröffentlichung der Studienergebnisse im Jahre 2001 zieht der Bildungspanikdrache durch das Land und verschont auch die Kitas nicht. Mehr und mehr Eltern haben Angst, dass ihre Kinder später in schulischer und beruflicher Hinsicht nicht mithalten können, da sie nicht früh genug ausreichend Bildung erfahren. Diese Eltern sorgen sich um die Zukunft ihrer Kinder. Und das mit Recht, wenn auch aus den falschen Gründen – denn unseren Kindern wird durch diesen ganzen Bildungswahnsinn die Kindheit genommen! Frühzeitig stattfindende Bildung unserer Kinder wurde in den letzten Jahren mehr und mehr auf rein formale und messbare Bildung reduziert, wie etwa der Kindheitsforscher Michael Hüter beobachtet. Das traurige Resultat daraus: Kindern wird ihr wichtigstes Lebenselixier, das Spielen, vergällt oder ganz verboten. Das Bildungssystem gibt ihnen kaum noch Zeit für das, was Kindheit ausmachen soll. Unbeschwertheit, Leichtigkeit, die Freude am kreativen Spielen, die Möglichkeit, sich ganz dem Moment hinzugeben und sich frei zu entfalten. Fixe und oft viel zu starre Bildungsprogramme haben Einzug in die Kitas gehalten, Kindergärten werden zunehmend verschult. Kindergarten-Kinder fühlen sich mehr und mehr gestresst, denn ihr Alltag orientiert sich kaum noch an ihren Bedürfnissen, dafür aber an trockenen Bildungsplänen und starren Lernprogrammen. In vielen Kindergärten ist der Tag genau durchgeplant. Oft beginnt er für die Kinder schon um sieben Uhr und endet erst um 17 Uhr – oder sogar noch später. Sehen wir uns doch einmal näher an, wie sich diese für Kinder belastenden, da viel zu stark überfrachteten und nicht immer in wertschätzender Umgebung verbrachten Tage im Kindergarten abspielen können.

Kindergarten – kein Garten Eden?

Es ist Donnerstag, kurz vor sieben Uhr morgens. Schon stehen die ersten Eltern mit ihren Kindern wartend vor der Tür des Kindergartens Peter Pan. Amelie, eine Erzieherin, zwängt ihren Golf in eine Parklücke. »Uff, können sich die nicht Zeit lassen«, denkt sie genervt, nimmt ihren Rucksack vom Beifahrersitz und geht schnellen Schrittes auf die Eingangstür des in einem idyllischen Vorortviertel gelegenen Kindergartens zu. Sie fühlt sich von den ungeduldig wartenden Eltern gestresst, wollte sie doch noch in Ruhe alles für den vor ihr liegenden Tag vorbereiten. Sie murmelt ein kaum verständliches »Guten Morgen«, sperrt die Tür auf und knipst die Lichter an. Während die Eltern mit ihren Sprösslingen in den Kindergarten strömen, setzt Amelie hektisch Teewasser auf und stellt die Stühle auf den Boden. Die Fenster kann sie aus Sicherheitsgründen nicht mehr öffnen, denn es sind ja schon Kinder da – und so bleiben die Räume ungelüftet. »Egal«, denkt Amelie, »die Luft wird ohnehin gleich noch dicker werden.« Einige Eltern schieben ihre Kinder nur schnell in die Garderobe, verabschieden sich mit einem Luftkuss und sind auch schon wieder weg. Andere wollen noch kurz mit Amelie sprechen, doch sie hat weder Lust noch Zeit, sich die Geschichten über Butterbrezen, die unbedingt gegessen werden sollen, anzuhören, oder zu erfahren, warum Miriam schon wieder erkältet ist und besondere Aufmerksamkeit braucht. Mit missmutigem Gesicht geht Amelie ihren morgendlichen Routinetätigkeiten nach und hört sich mit arrogant hochgezogenen Augenbrauen die Frage an, ob Jakob heute erst später abgeholt werden kann. Ausgerechnet Jakob, der nervt sowieso den ganzen Tag ohne Ende.

Ein ganz normaler Tag in einem ganz normalen Kindergarten

Nach und nach kommen mehr und mehr Kinder, und die restlichen Kolleginnen treffen ein. Wie so oft ist auch an diesem Tag das Pädagogen-Team nicht vollständig. Eine Kollegin ist krank, eine andere hat Urlaub, eine ist auf einer Fortbildung. Die Leiterin des Kindergartens ist bis zum frühen Nachmittag auf einer Konferenz und danach in ihrem Büro, eine Stelle für eine weitere Fachkraft ist seit mehreren Monaten unbesetzt, und der Praktikant hat donnerstags immer Unterricht – ein ganz normaler, niemals leichter Tag in einem ganz normalen Kindergarten hat begonnen. Morgens haben die Kinder gleitende Brotzeit, was bedeutet, sie können bis 9.30 Uhr frühstücken oder auch nicht, wenn sie es nicht wollen. So steht es zumindest in der Konzeption über die Aktivitäten dieses Kindergartens, so werden die täglichen Abläufe auch den Eltern erklärt. Es ist ein moderner Kindergarten, deswegen wird größter Wert auf die aktive Beteiligung der Kinder gelegt – Partizipation, eines der zehn Kinderrechte, steht in dieser Institution hoch im Kurs. Wie so oft bewahrheitet sich: Grau ist jede Theorie. Was die Eltern nicht wissen: Gleich nach dem Ende der Bringzeit um 8.30 Uhr beginnt pünktlich um 8.45 Uhr der »heilige« Morgenkreis und wird bis 9.15 Uhr andauern. Es müssen ausnahmslos alle Kinder mitmachen. Eine entspannte Frühstückszeit ist somit schon einmal zu vergessen. Die Zeit läuft, und die Kinder werden gedrängt, vor dem Morgenkreis noch schnell, schnell, wenigstens ein paar Happen zu essen. Manche Kinder haben jedoch nicht einmal dafür Zeit, denn noch vor dem Morgenkreis gibt es für die Vorschulkinder ein Sprachförderprogramm – das macht man heutzutage so, es findet in fast allen Kindergärten statt, weil es sich so gehört. Das Programm dauert auch nur zehn Minuten. Die Eltern wollen es, der Träger will es, und die Schulen wollen es – die Kinder wollen es nicht wirklich, sie finden das höchst langweilig, da sie spüren, dass es sehr oft leidenschaftslos abgespult wird, doch wen kümmert das? Verstehen Sie mich nicht falsch, ein solches Sprachförderprogramm kann sinnvoll sein. Aber nicht an dieser Stelle, gehetzt am Morgen, wenn die Kinder noch nicht richtig angekommen sind oder vorher keine Zeit zum Frühstücken hatten. Ein Programm um des Programms willen, zwecks Gewissensberuhigung, durchgeführt als tägliche Routine, damit »es eben gemacht wurde«, bringt gar nichts. Man könnte es sogar als eine milde Form von »Seelenprügeln« bezeichnen, da das etablierte Kinderrecht »auf Spiel, Freizeit und Ruhe« – Artikel 31, Absatz 1 der UN-Kinderrechtskonvention – schon am frühen Morgen arg in Mitleidenschaft gezogen wird.

Wie viele Silben hat die Ananas?

Amelie sind diese Überlegungen fremd. Sie denkt über Kinderrechte nicht weiter nach, sondern spult ihre vom Träger und der Leitung vorgegebenen Tagesaktivitäten automatisch ab. Nun holt sie sich noch vor dem Morgenkreis schnell die Vorschulkinder aus den vier Gruppen und setzt sie in einen Kreis. Bald klatschen alle zusammen A-na-nas und überlegen dabei, wie viele Silben das Wort Ananas hat. Phonologie will schließlich trainiert werden, damit es später dann auch mit dem Lesen und Schreiben klappt. Wen interessiert da schon, was die Hirnforschung über Freude beim Lernen sagt, wen interessiert, dass es tausend andere Möglichkeiten für sprachliche Bildung gibt, die viel mehr Spaß machen und garantiert zu besseren Erfolgen führen als Sprachförderprogramme dieser automatisierten Art. Amelie schätzt die Sprachfördermomente auch nicht. Grundsätzlich nicht – sie empfindet sie als Zeitverschwendung: »Früher hat es so etwas ja auch nicht gegeben.« Aber auch persönlich lehnt sie diese Momente ab, denn Kindergartenrebell Jakob wählt meist diesen Zeitpunkt, um seinen Unmut in die Welt zu posaunen. Auch heute macht er keinen Hehl aus seiner Abneigung für Reimklatschen, er wetzt lärmend auf seinem Stuhl umher und piesackt seinen Sitznachbarn. Amelie hat es schon erwartet und fährt ihn an: »Jakob, hör endlich auf, Bernd zu ärgern und mach hier mit, du bleibst sonst genauso dumm, wie du jetzt bist! Bleib endlich sitzen, sonst klebe ich dich mit der Heißklebepistole am Stuhl fest!« Ironie, Sarkasmus und Doppeldeutigkeiten versteht Jakob mit fünf Jahren noch nicht. Er bekommt Angst, denn er hat sich schon mal den Finger an der Heißklebepistole verbrannt und weiß, wie weh das tut. Er bleibt also dementsprechend eingeschüchtert ruhig sitzen und reimt gelangweilt mit. Haus-Maus-Laus und aus. Gelernt hat Jakob bei dieser Übung nichts. Spaß macht es ihm und den anderen Kindern auch nicht, doch Spaß beim Lernen wird von den renommiertesten Hirnforschern bestimmt überschätzt. Amelie ist sich da ganz sicher – deshalb führt sie weiter sehr autoritär durch das straffe Tagesprogramm. Es kann schließlich nicht alles Spaß machen im Leben, sie selbst hat ja auch keinen Spaß.

Und täglich grüßt das Murmeltier

Nachdem die nun »bestens« sprachgeförderten Vorschulkinder wieder in ihre Gruppe zurückgekehrt sind, ruft Amelie mit autoritärer Stimme »Morgenkreis« in den Raum. Im morgendlichen Stuhlkreis wird gesungen, erzählt, ein Bilderbuch vorgelesen, ein Fingerspiel gespielt, über das Wetter und die Jahreszeit geredet. Die Kinder werden gezählt, man überlegt gemeinsam, wer fehlt und warum, und es wird »Bello, Bello, dein Knochen ist weg« gespielt. Amelie begleitet das Geschehen auf ihrer Gitarre und hat auch feierlich eine LED-Kerze aufgestellt. Zugegeben, das klingt auf diese Weise beschrieben, gar nicht so schlecht. Wenn wir jedoch überlegen, dass es sich dabei um ein Programm handelt, das Amelie jeden Tag stereotyp abspult, sieht die Sache schon wieder anders aus. Denn diese Erzieherin achtet nicht darauf, ob die Kinder die gebotenen Aktivitäten spannend finden oder ob diese ihrem Wissensstand entsprechen. Für Amelie läuft jeder Vormittag gleich ab, sie handelt in erstarrter Routine und liebt das Murmeltier, das regelmäßig grüßend vorbeiläuft. Das Murmeltier ist ihr bester Freund, es steht für Routine und bietet ihr jenen roten Faden, auf den sie sich jeden Tag stützen kann, ohne viel überlegen zu müssen. Achtsamkeit in Richtung der ihr anvertrauten Kinder ist ein Fremdwort für sie. Sie achtet nur auf die Kinder, die sich unerwünscht verhalten – sie ermahnt, sie maßregelt, sie schickt ein Kind, das partout nicht ruhig auf dem Stuhl sitzen bleibt, in den Flur zum »Strafe-Sitzen«, oder moderner ausgedrückt ins »Time-out«. Kinder brauchen schließlich Konsequenzen, sonst lernen sie sich nicht zu fügen, und in der Schule müssen sie schließlich auch alle sitzen bleiben. Punkt.

Mal müssen ist nicht

Nicola mit ihren dunklen, glatten Haaren und wunderschönen, fast schwarzen Augen blickt starr in den Morgenkreis. Nicola hat Angst vor Amelie. Sie muss ganz dringend auf die Toilette und traut sich nicht, sich zu melden, denn sie weiß, während des Morgenkreises darf man nicht auf die Toilette. Und es passiert, was passieren darf, auch wenn man schon fünf Jahre alt ist, aber nicht passieren sollte, wenn Amelie in der Nähe ist. Nicola sitzt jetzt mit nassem Höschen auf ihrem Stuhl und weint. Amelie fragt barsch: »Was heulst du denn schon wieder? Was ist los?« Sie sieht, dass Nicola ihr Röckchen über die Knie zieht und legt vor der ganzen Kindergruppe los: »Sag bloß nicht, du hast in die Hose gepieselt. Das darf doch nicht wahr sein, du bist ein Vorschulkind und kein Baby, was soll denn das? Na warte, jetzt wirst du was fürs Leben lernen. Geh, hol deine Sporthose aus deiner Tasche und komm sofort wieder, du ziehst dich hier vor uns allen um!« Weinend tut Nicola, was ihr aufgetragen wurde und steht kurz darauf entblößt, nass und zutiefst beschämt in der Kreismitte, gleich neben der LED-Kerze, und versucht mit zitternden Händchen ihre rosapink gestreifte Sportleggings so schnell wie möglich anzuziehen, um ihre Blöße zu bedecken. Die Leggings bleibt natürlich an der nassen Haut kleben und will nicht nach oben rutschen. Unterhöschen war keins in der Tasche, weil Fünfjährige keine Wechselwäsche mehr brauchen dürfen. Die anderen Kinder sitzen staunend im Morgenkreis, manche kichern, als Nicola sich abmüht, die meisten Kinder sind eingeschüchtert, weil Amelie so laut geschrien hat. Nicola schluchzt leise vor sich hin, und endlich gelingt es ihr, sich die Hose korrekt anzuziehen. Mit dem Daumen im Mund will sie auf ihren Platz zurückschleichen. Aber ihre Tortur ist noch nicht zu Ende. Amelie fordert sie brüsk auf, ihre nassen Sachen in einen Müllbeutel zu packen und diesen auf ihren Garderobenplatz zu legen. Alle Kinderaugen auf sich gerichtet, kommt Nicola, immer noch still weinend, auch diesen Forderungen der Erzieherin nach. Als Nicola zurück in den Gruppenraum kommt, sieht Amelie sie an: »Na, dann werden wir mal sehen, was deine Mutter, wenn sie dich abholt, zu diesem unmöglichen Betragen sagt. Sie wird nicht stolz auf dich sein und dich vielleicht gar nicht mehr lieb haben. So wie wir dich hier heute nicht mögen. Mach so etwas nie, nie wieder! Hast du verstanden?« Nicola nickt verzweifelt und hält den Kopf für den Rest des Tages gesenkt. Als Nicolas Mutter am Abend eintrifft, hat Amelie nichts anderes zu tun, als ihr die Geschichte sofort genussvoll zu erzählen. Sie agiert, als ob Nicola gar nicht präsent wäre und beschwert sich noch einmal lautstark über das unverschämte, babyhafte Betragen von Nicola. Ohne Rücksicht darauf, dass auch andere abholende Eltern jedes Wort hören können. Nicolas Mutter, die ihr kleines Mädchen über alles liebt, erklärt ihr zwar auf dem Heimweg, dass dieses Vorkommnis nicht so schlimm ist und tröstet sie. Aber es ist schon zu spät.

UNFASSBARES AUS DER ERZIEHERISCHEN PRAXIS

Nicola wird diesen Tag nie mehr vergessen. Noch Jahrzehnte später wird sie sich verraten fühlen – von den Menschen, denen sie vertraut hat. Von ihrer Erzieherin, die sich öffentlich gegen sie gewendet und sie gedemütigt hat, vor den anderen Kindern, vor ihrer Mutter, vor den abholenden Eltern. Verraten auch von ihren Kindergartenkameraden, die gelacht haben. Ihre Integrität ist nachhaltig verletzt, und das wird nachwirken – ein ganzes Leben lang. Das Thema mangelndes Vertrauen und Liebesentzug wird Nicola auf ihrem gesamten privaten wie beruflichen Weg begleiten. Wie auch die Furcht, sich lächerlich zu machen. Ihre Karriere wird durch die Tatsache, dass sie lähmende Angst davor haben wird, vor Publikum zu sprechen, nie so erfolgreich verlaufen, wie sie es aufgrund von Nicolas Intelligenz sein könnte. An einem einzigen Vormittag hat eine sogenannte Erzieherin den Lebensweg eines ihr anvertrauten Kindes auf denkbar negative Art und Weise beeinflusst und dabei vorhandenes Potenzial für immer zerstört.

So manche Leser mögen jetzt vielleicht meinen, dies sei zu sehr schwarzgemalt, das alles könne doch durch ein einziges Erlebnis nicht ausgelöst werden. Ich sage Ihnen aus meiner eigenen Erfahrung und im Rückblick auf meine persönlichen kindlichen Erlebnisse, wie auch aus dem Blickwinkel meiner gesamten pädagogischen Erfahrung: doch. Es reicht ein einziges, kurzes, aber zutiefst traumatisierendes Erlebnis, um diese schmerzvollen Wunden zu erzeugen. Wunden, die nur langsam heilen und tiefe Narben hinterlassen. Narben, die unsichtbar sind. Wie Seelenprügel ja auch.

Erzieherinnen wie Amelie gibt es in fast allen Kitas. Nicht überall, aber sie sind zahlreich genug, um Ereignisse wie das eben geschilderte nicht als Ausnahme, sondern als traurige Regel einzuordnen. Erzieherinnen wie Amelie sind der Meinung, dass man zu drastischen Maßnahmen greifen muss, um bei Kindern etwas zu bewirken. Erzieherinnen wie Amelie haben anscheinend alles vergessen, was sie jemals gelernt haben. Sofern sie es jemals richtig gelernt haben. Selbst die grundlegenden Regeln der Höflichkeit und des Respekts scheint diesen kalten und harten Erzieherinnen abhandengekommen zu sein. Vom wertschätzenden Umgang mit Kindern gar nicht erst zu reden. Es ist noch immer Vormittag im Kindergarten Peter Pan. Und dabei sind schon so viele Dinge passiert. Dringen wir weiter in den Alltag dieser Kita ein und verfolgen wir, wie die kommenden Stunden verlaufen.

Improvisation und Kontrolle ja – Erniedrigung nein

An diesem Donnerstag im Frühling scheint die Sonne und Amelie, die sonst immer friert und deshalb selten mit den Kindern draußen ist, erlaubt ihrer Gruppe, in den Garten zu gehen. Der Kindergarten hat einen traumhaft schönen, alteingewachsenen Garten mit mächtigen, gerade blühenden Kastanienbäumen. Die Sonne hat schon Kraft, deshalb sollen die Kinder ihre Kappen aufsetzen und sich die Gesichter mit Sonnencreme einschmieren. Benni aus Amelies Gruppe hat Schwierigkeiten, seine Schuhe alleine anzuziehen. Seine Jacke liegt vor ihm auf dem Boden, er sucht verzweifelt nach seiner Kappe. Alle anderen Kinder sind fertig umgezogen und sitzen ungeduldig auf der Bank in der Garderobe. Wegen des schönen Wetters gehen auch die anderen drei Gruppen nach draußen, und es ist laut und eng im Flur. Die Nerven der Erzieherinnen werden arg strapaziert, denn kaum sind alle Kinder angezogen und draußen, müssen die ersten schon wieder auf die Toilette. Es wird gestritten und gelacht, die Kinder machen Quatsch, sind voller Energie und Bewegungsdrang – Kinder eben. Wer Erzieherin als berufliche Zukunft wählt, muss so etwas aushalten. Amelies Kolleginnen können das, sie lachen und scherzen mit den Kindern und lassen sich auch durch die ungeplanten Toilettengänge nicht aus der Fassung bringen.

Bennis Gruppe ist noch immer nicht im Garten, er konnte seine Kappe nicht finden. Amelie platzt der Kragen: »Jetzt reicht es mir – wie lange sollen wir noch auf dich warten, gnädiger Herr? Los, komm her, ich zieh dich jetzt an.« Amelie schaut in die Stofftasche an Bennis Garderobenplatz und findet keine Kappe, aber dafür eine hellblaue Unterhose. »Deine Mütze ist mir jetzt egal, kümmere dich gefälligst selbst darum, dass dein Zeug da ist, wo es hingehört. Hier, das schützt dein Hirn auch, und wage ja nicht, das auszuziehen – so, fertig!« Mit diesen Worten zieht sie ihm die Unterhose über den Kopf und ruft: »So Kinder, los geht es – aber nicht rennen!« Benni rennt nicht, er sitzt weiterhin auf der Garderobenbank und hat nicht die Absicht, den Garten mit einer Unterhose auf dem Kopf zu betreten. Auch in seinen jungen Jahren versteht er den Unterschied zwischen gelungener Improvisation und eindeutiger Erniedrigung. Er verfügt zweifellos über jenes Gespür, das Amelie in ihrem gewählten Beruf so eindeutig abgeht.

Nach einer Viertelstunde Spaß beim Schaukeln, im Sandkasten und auf dem Klettergerüst müssen vier Mädchen auf die Toilette. Amelie begleitet sie. Die Kinder können schon alles alleine, und sie wollen auch alleine sein. Amelie interessiert das nicht, sie will rasch wieder zu ihrer Gruppe zurück, die sie ihrer Kollegin Gerlinde anvertraut hat. Sie blickt über die Trennwände, schaut von oben in die Toilettenabteile und treibt die Mädchen zur Eile an. Diese fühlen sich bedrängt, bitten sie, wegzugehen und brauchen ob dieser ungewollten Beobachtung noch länger. Amelie bleibt dreist stehen und schreit die Mädchen an, sie sollen jetzt endlich machen, denn sie habe keine Lust, den ganzen sonnigen Tag über auf dem Klo rumzustehen. Auf dem Weg zurück in den Garten bemerkt sie Benni auf seiner Bank im Flur, er hat die Unterhose abgenommen. Amelie stülpt ihm die Hose wieder über den Kopf, packt ihn beim Arm und zerrt ihn in den Garten. »Alle gehen in den Garten, habe ich gesagt. Alle. Das gilt auch für dich!«, zischt sie mit zusammengebissenen Zähnen. Hektisch huscht ihr Blick über ihre Gruppe und checkt, ob alle sich entsprechend benehmen.

Das Programm muss weitergehen

Den Kindern gefällt es im Garten, sie haben Spaß, sie lachen und machen das, was Kinder am liebsten machen – sie spielen! Nur leider dürfen sie das nicht lange tun. Nach nur 45 Minuten müssen alle trotz strahlenden Wetters wieder hinein, denn es ist Angebotszeit. Nun bedeutet Angebot in vielen Kindergärten nicht, dass man sich frei entscheiden kann, was man tun will, sondern Angebot bedeutet Pflicht! Je nach Alter gibt es Angebote für die kleinen, die mittleren und die großen Kinder. Bei diesen Angeboten geht es auch selten um die spezifischen Interessen der Kinder, sondern um das, was die Erzieherinnen für die Kinder vorbereitet haben. Das wiederum richtet sich nach dem jeweiligen Bildungsplan des Trägers oder des Bundeslandes und nach den Bildungsbereichen, die gefördert werden sollen, bis ein Kind in die Schule kommt. In einigen Kindergärten gibt es zu fast jedem Bildungsbereich spezielle Förderprogramme und so kann es sein, dass die jungen Kinder spielerisch ins Matheland reisen, das speziell für Kinder ab zweieinhalb Jahren entwickelt wurde und das kein Kind wirklich braucht, dass die 4-Jährigen sich ganzheitliche mathematische Förderung ersingen und erhüpfen und die Vorschulkinder zuschauen, wie eine Erzieherin ihnen ein harmloses chemisches Experiment vorführt – all das, weil Kinder kleine Forscher sind und man das eben heute so macht. Man könnte die Kinder auch selbst forschen lassen, auf die Idee kommen leider noch viel zu wenige.

So nimmt der Tag im Kindergarten Peter Pan weiterhin genau nach Plan seinen Lauf. Leider gehen alle diese Maßnahmen vollkommen an der kindlichen Experimentierfreude und dem immensen Wissensdurst von Kindern vorbei. Das Resultat: Die Kinder sind entweder überfordert oder unterfordert, fast alle sind fehlgefördert, die Erzieherinnen sind gestresst, und die Eltern werden scheinbar zufriedengestellt – aber oft auch belogen.

Frühkindliche Bildung ja, aber nicht um den Preis der Freude

Von diesen Angeboten, die eigentlich keine sind, gibt es in den meisten Kindergärten vormittags und nachmittags eine »Einheit«. Ich finde, auch das ist wiederum Zeit, die den Kindern unter dem Deckmantel der frühen Bildung genommen wird. Hinzu kommt für die älteren Kinder meist noch ein differenziert ausgeklügeltes Vorschulprogramm, das sie für die Schule trainieren und fit machen soll. Wenn man nun noch die Essenszeiten und die Ruhezeit nach dem Mittagessen abzieht, muss man kein Rechengenie sein, um sich auszurechnen, dass in einem Haus, das für Kinder gebaut wurde, in dem Menschen arbeiten, die speziell für die Arbeit mit Kindern ausgebildet wurden, es um vieles geht, aber nicht in erster Linie um die Bedürfnisse der Kinder. Und das widerspricht allen Rechten, die Kinder haben – Seelenprügel müssen nicht immer individuell sein, sie finden auch eine kollektive Anwendung durch absolute Ignoranz der Kinderrechte. Ich bin eine Verfechterin des frühen Lernens bei Kindern, aber nicht um den Preis, dass Spaß und Freude und eigener Antrieb dabei durch Drill und zu strikt getaktete Stundenpläne verloren gehen.

Ein Nachmittag mit weiteren Erniedrigungen

Halbzeit im Kindergarten Peter Pan. Und schon wieder sind so viele unfassbare Dinge – speziell in Amelies Gruppe – passiert. Beim Mittagessen ist Amelie alleine mit 20 Kindern. Der blonde Jakob mit dem Engelsgesicht, noch immer rebellisch unterwegs, beschwert sich, dass auf seinem Platz nur ein Löffel liegt und er schon groß ist und mit der Gabel essen will. Jakob hat nicht gesehen, dass auf allen Plätzen nur ein Löffel liegt. Amelie wird stinksauer, nimmt ihm den Löffel weg, knallt ihm mit den Worten »Ganz wie du willst!« eine Gabel auf den Tisch und lacht triumphierend, als sie eine Terrine mit Tomatensuppe auf den Tisch stellt. Jakob sitzt erschrocken da und starrt seine Erzieherin an. Er wollte doch nur schon wie ein Großer handeln und mit der Gabel essen. Alle starren ihn an und warten darauf, wie er wohl die Suppe mit der Gabel bewältigen wird. Amelie kostet die Situation richtig aus. Gerade Jakob, der immer so lästig ist, total ausgebremst zu sehen, erfreut sie zutiefst. »Na, Herr Gescheit, so klug war das wohl nicht von dir. Und was machst du jetzt?« Sie macht keine Anstalten, ihm den verschmähten Löffel zurückzugeben. Mit puterrotem Gesicht und unter allgemeinem Gelächter sitzt Jakob verunsichert da. Aber das Essen muss sowieso noch warten. Alle Kinder sollen sich nun die Hand geben, damit der Tischspruch gesprochen werden kann. Charlotte sitzt neben Simon, sie will ihm nicht die Hand geben, weil er sich gerade einen Popel aus der Nase geholt hat, sie sieht noch Schleim an seiner Hand kleben – »Das ist so ekelig, ich gebe dem aber nicht die Hand, da ist Rotze dran!«. Alle Kinder lachen. Amelie lacht nicht, sondern erklärt streng: »Wenn ich sage, alle geben sich die Hand, dann meine ich alle – auch dich Madame, stell dich nicht so an!« Charlotte ist ein sehr gefälliges Mädchen, sie macht, was man ihr sagt und so streckt sie Simon ihre Finger hin und versucht, eine Berührung mit dem Nasenschleim zu vermeiden. Muss das sein? Ich frage mich wirklich, warum werden Kindern ständig Dinge aufgedrängt, die man sich selbst oder einem anderen Erwachsenen niemals zumuten würde – wo bleibt dabei die Würde der Kinder? Wir dürfen nie vergessen, Seelenprügel finden vor allem immer dann statt, wenn die Würde eines Menschen verletzt wird.

Endlich beginnt das Mittagessen. Jakob hat Hunger, er liebt Tomatensuppe, und da Jakob ein pfiffiger Junge ist, nimmt er den Teller in beide Hände, setzt ihn an die Lippen und trinkt die Suppe. An sich ein Zeichen von hoher Pragmatik und der Fähigkeit, für sich zu sorgen und kreative Lösungen zu finden, aber leider nicht in der Welt der gar nicht so fabulösen Amelie. Sie stürzt auf Jakob zu und drückt seinen Kopf samt Teller auf den Tisch. Jakobs Gesicht landet in der Suppe und Amelie keift ihn an: »Hier wird anständig gegessen, der Teller bleibt auf dem Tisch stehen! So, nun kannst du ihn von mir aus auslecken!« Im Gruppenraum ist es mucksmäuschenstill, man würde eine Stecknadel fallen hören. Jakob sitzt mit Tomatensuppe im Gesicht am Tisch und weint dicke Tränen. Amelie erträgt das nicht lange und schickt ihn ins Bad, dort soll er sein Gesicht waschen und danach sofort in den Schlafraum gehen. Zur Strafe muss er heute ausnahmsweise schlafen, und selbstverständlich bekommt er keinen Nachtisch. Kinderrechte und Kinderwürde interessieren Amelie nicht und auch, dass Jakobs Eltern das Essen, inklusive Nachtisch, bezahlt haben, ist ihr egal – sie zieht ihr Ding durch, ohne Rücksicht auf Verluste. Sie ist schließlich die Gruppenleitung und wie immer muss sie das alles alleine regeln, auf ihre Kollegin kann sie sich nicht verlassen, die ist viel zu nett, der tanzen die Kinder sowieso nur auf der Nase herum!

Nachmittagsroutine am laufenden Band

Nach dem Mittagessen räumen die Kinder auf und stellen sich in einer Reihe an der Tür an. Die Kinder kennen den Ablauf und sie wissen, Amelie ist Zucht und Ordnung wichtig. Sie möchte, dass die Kinder gemeinsam, in einer ordentlichen Zweierreihe, auf die Toilette gehen, sich Hände und Gesicht waschen und ihre Zähne putzen. Anschließend sollen die jungen Kinder in den Schlafraum, die mittleren und die älteren Kinder zur Stillarbeit gehen. Niemand wird gefragt, ob er müde ist, oder vielleicht nicht schlafen will. Schlafen ist, ähnlich wie Essen, eine Schlüsselsituation in vielen Kindergärten, leider geht es auch hier nicht um die Bedürfnisse der Kinder, sondern um die Meinung der Erzieherinnen dazu und manchmal auch um die Wünsche einiger Eltern. Es gibt Kinder, die gerne schlafen würden und nicht dürfen, oder früher aufgeweckt werden, weil sie sonst abends nicht müde genug sind. Schade, wenn man bedenkt, dass völlig überreizte und überdrehte Kinder viel schlechter einschlafen als entspannte Kinder. Vor allem, wenn man weiß, wie wichtig Schlaf für Kinder ist, grenzt Schlafentzug an Folter. Wieder wird ein Kinderrecht nicht umgesetzt, dabei wäre es doch so einfach – wer müde ist und sich ausruhen will, tut es und wer spielen will, der spielt. Spielen wäre also eine Option. Aber Spielen ist auch während der stillen Mittagszeit nicht möglich, denn nun liegen schon Blumenmandalas und Stifte zum Ausmalen auf den Tischen bereit. Die meisten Kinder wollen keine Mandalas ausmalen, aber mittags ist das in diesem Kindergarten nun einmal so, und es gibt Amelie die Möglichkeit, eine Pause einzulegen, während ihre Kollegin die malenden Kinder beaufsichtigt.

Nach 45 Minuten kommt Amelie aus ihrer Mittagspause zurück, ihre Lust zu arbeiten macht allerdings weiter Pause. Es ist jetzt 14 Uhr – der anstrengendste Teil des Tages beginnt. Auf Grund des ständigen Personalmangels soll Amelie heute eine weitere Überstunde machen, wie schon die ganze Woche lang. Amelie fühlt sich überfordert, es sind immerhin 45 Arbeitsstunden pro Woche. 45 Stunden sind hart, wenn man etwas machen muss, was man eigentlich nicht machen will, bzw. nicht kann. Amelies Ton wird immer ruppiger, ihre Laune immer schlechter und sie denkt nur noch daran, dass sie nach Hause will.

Was vorgeschrieben ist, wird durchgezogen

Doch soweit ist es noch nicht, erst muss sie den Mittagskreis hinter sich bringen und noch ein Angebot machen, das will die Leitung so. Jeden Tag zwei Angebote sind Pflicht für alle Erzieherinnen im Kindergarten Peter Pan. Der Mittagskreis beginnt. Jedes Kind soll erzählen, was es am liebsten spielt, und jedes Kind muss reden, auch wenn es lieber schweigen würde. Amelie nimmt diese Übungen sehr ernst, und dazu gehört es nun einmal, dass man vor einer Gruppe reden können muss – auch dann, wenn man erst drei Jahre alt ist. Aaron will nichts erzählen, er versteckt sich hinter seinem Freund Sebastian, der ihn beschützt und für ihn eintritt: »Amelie, ich glaube, der Aaron traut sich nicht, er mag halt nichts erzählen. Darf er nicht, wie er will?« Mehr braucht Amelie nicht: »Ganz sicher nicht – wo kommen wir hin, wenn hier jeder macht, was er will? Wenn ich sage, dass alle Kinder was erzählen, dann soll er gefälligst auch was erzählen. Aaron, los jetzt, sag schon – was ist dein Lieblingsspielzeug? Wir machen erst weiter, wenn du auch was sagst. Wir warten ... Aaron ... Na gut, wenn du bei uns nicht mitmachen willst, dann kannst du auch gehen. Setz dich hinaus in den Flur, ich hole dich, wenn wir hier fertig sind und mach ja keinen Quatsch! Und du, Sebastian kümmere dich gefälligst um dich, damit hast du genug zu tun. Heute Morgen hast du nicht mal richtig Ananas klatschen können und du willst ein Vorschulkind sein!« Mit dieser rhetorischen Meisterleistung beendet Amelie den Mittagskreis und geht zum nächsten Tagesordnungspunkt über. Das Mittagsangebot ist ein Bewegungsangebot, dafür will Amelie mit allen Kindern in die Turnhalle gehen und »Feuer, Wasser, Blitz« spielen. Amelie liebt dieses Spiel, denn dafür muss sie nur auf eine

Handtrommel klopfen und Kommandos geben, und im Kommandieren ist Amelie ausgezeichnet! Das Problem ist nur, die Kinder wollen nicht in die Turnhalle.

UNFASSBARES AUS DER ERZIEHERISCHEN PRAXIS

Seit Wochen will kein Kind mehr die Turnhalle betreten. Sie weigern sich vehement, denn sie sind davon überzeugt, dass dort ein gefährlicher Drache wohnt, der aus dem Mattenstapel hervorbricht und alle auffrisst. Kinder haben viel Fantasie und oft auch imaginäre Freunde, sie sehen Monster und füttern Krokodile, die unter ihren Betten wohnen. Klar, dass es da auch mal sein kann, dass sich Drachen in der Turnhalle einquartiert haben. Kinder sehen so einiges, und während der magischen Phase in ihrem Leben und im Alter von vier Jahren mischt sich die Realität oft mit der Fantasie. Mit dem Drachen in der Turnhalle ist das irgendwie anders, denn ihn haben fast alle Kinder gesehen, aber fast alle haben sicher nicht dieselben Fantasien. Woher kommt dann diese kollektive Angst vor dem Drachen? Das ist leicht erklärt. Der Drache ist tatsächlich real und befindet sich auf dem Handy von Erzieherin Marina. Es ist unglaublich, aber Amelies Kollegin hat mittels einer Video-App, mit der sich verschiedene Fantasiegestalten in realen Räumen darstellen lassen, tatsächlich dieses Schreckensmonster für die Kinder kreiert und es ihnen gezeigt. Was hat sie sich nur dabei gedacht? Hat sie sich überhaupt etwas gedacht, oder meinte sie, es sei ein Scherz? Ist sie eine Sadistin, macht es ihr Spaß, wenn Kinder sich fürchten? Es scheint so zu sein, denn vor einiger Zeit hat genau diese Erzieherin den Kindern ein Bild von Chucky, der Mörderpuppe, an die Innenseite der Toiletten geklebt und ihnen erklärt, dass, wenn sie nicht ordentlich runterspülen, Chucky sie holt. Chucky ist eine irre grinsende Puppe aus einem Horrorfilm mit blutigen Narben im Gesicht und einem Messer in der Hand. Klar, dass Kinder Angst vor ihr haben. Wie auch vor dem Drachen in der Turnhalle. Das Bild von Chucky war echt und bewachte die Toilette. Wieso sollte also der Drache aus dem Video nicht auch die Turnhalle in seine Gewalt gebracht haben?

Amelie sind diese Befindlichkeiten egal. Sie treibt die Kinder gnadenlos durch die Turnhalle und nimmt auf ihre Ängste keine Rücksicht. Selbstverständlich geht es nicht an, dass ganze Kindergartengruppen einen bestimmten Ort der Einrichtung nicht aufsuchen wollen. Aber für ein behutsames Erkunden der Gründe und einen liebevollen, erklärenden Lokalaugenschein – »Schaut mal, hier ist kein Drache!« – muss Zeit sein. Vor allem, wenn dieser Angstpegel durch das verantwortungslose Verhalten einer Erzieherin erst ausgelöst wurde.

Endlich ist der Tag für Amelie fast zu Ende. Ab jetzt wird sie die Kinder nur noch beaufsichtigen und verteilt sie im Raum. Sie deckt einen Brotzeittisch, sie schickt einige Mädchen in die Puppenecke, fünf kleine Jungs dürfen sich die Autos holen und in der Bauecke spielen, die vier lebhaftesten Kinder setzt sie an einen Tisch, dort sollen sie ein Tischspiel spielen, sie legt noch zwei runde Teppiche auf den Boden und kippt auf den einen die Kiste mit den Magnetbauteilen aus, auf den anderen schüttet sie LEGO-Steine. An den Maltisch sollen sich die großen Mädchen setzen, die kleinen Kinder holt Amelie zu sich, sie müssen jetzt essen. Nachdem sie sich selbst noch einen wohlverdienten Kaffee geholt hat, setzt sie sich mit dem Rücken zur Wand an den Brotzeittisch – so hat sie einen guten Überblick über den Raum. Sie ist stolz auf ihr Organisationstalent, denn immerhin schafft sie es, 20 Kinder in einem Raum frei spielen zu lassen – na ja, freies Spiel ist es nicht, aber sie schafft es tatsächlich, alle Kinder und eine Hilfskraft zu beschäftigen. Die meisten Kinder machen immer das, was Amelie ihnen sagt, denn sie wissen, wenn sie es nicht tun, wird sie wütend und gemein. Die Kinder kennen das und versuchen alles, um ihren Zorn nicht zu entfachen. Sie erkennen noch nicht bewusst, was Seelenprügel sind, aber wissen bereits, dass sie sie auf jeden Fall vermeiden wollen. Amelie schreckt aus ihrer Kaffeepause hoch. Plötzlich fällt ihr ein, dass Aaron noch im Flur sitzt – ihn hat sie ganz vergessen. Sie ruft: »Aaron, du kannst wieder zu uns kommen!«, und Aaron kommt, wie befohlen. Er ist ein bisschen kleiner geworden, nur leider nicht mutiger und noch immer kann er nicht vor einer Gruppe reden. Eine Schande – immerhin ist er schon drei Jahre alt! Er wird in Gnaden wieder aufgenommen und darf die letzten Runden noch mitspielen. Wie diese Stunde alleine am Flur verlief, was diese Verbannung in ihm ausgelöst hat, danach fragen wir lieber nicht. Seelenprügel können auch auf einer einsamen Bank im Flur stattfinden.

Es war so ein wunderbarer Tag, es war alles in Ordnung

Als um 15.30 Uhr die ersten Eltern zum Abholen ihrer Kinder kommen, begrüßt Amelie sie strahlend. Das Lächeln gilt dem Ende ihrer Arbeitszeit, aber das ist für die Eltern ja nicht erkennbar. Amelie erzählt den Eltern all das, was besorgte Eltern gerne hören. »Ja, es war heute alles in perfekter Ordnung, ja, Ihr Kind – natürlich auch Jakob – habe brav gegessen, habe sich schön integriert und hatte ja so viel Spaß.« Spaß? Wirklich? Das, was Kindern Freude macht, das, wobei sie am meisten lernen, dafür ist in vielen Kindergärten keine Zeit. Viel zu viele Erzieherinnen nutzen den Freiraum, den ihnen die Bildungspläne lassen, nicht aus. Nur die wenigsten übernehmen die Verantwortung für das, was sie Kindern anbieten. Die meisten verzichten auf echte Pädagogik, sie arbeiten nicht von Mensch zu Mensch, stattdessen benutzen sie zur Eltern- und Gewissensberuhigung vorgefertigte Programme, die sie halbherzig oder im schlimmsten Fall herzlos durchziehen. Der Bildungspanikdrache wird tapfer gefüttert, leider ernährt er sich von der Zeit, die Kinder an sich zum Spielen brauchen.

Wir müssen uns als Gesellschaft gut überlegen, ob wir das tatsächlich wollen – wir könnten es ändern, es kostet nur Mut. Spaß hatten die Kinder des Kindergartens Peter Pan nur einen ausgesucht kleinen Teil des Tages, die meiste Zeit mussten die Kinder in Amelies Gruppe strikte Anweisungen befolgen, gehorchen und wie Roboter funktionieren. Einige von ihnen, wie Nicola, Benni und Jakob, wurden vor allen anderen Kindern erniedrigt, vier Mädchen wurden sogar auf der Toilette nicht in Ruhe gelassen, Aaron wurde in seinem »Exil« auf dem Flur vergessen. Diese Kinder haben heute Seelenprügel der übelsten Sorte in Form von harschen Worten und Erniedrigungen einstecken müssen. Die Wunden sind da, sie bluten noch. Da sie unsichtbar sind, werden sie von den Eltern unbemerkt im Inneren und in der Seele ihrer Kinder aus dem Kindergarten und am nächsten Tag wieder zurückgetragen. An dem sich eventuell neue Wunden hinzugesellen. Aber, vermutlich trifft es am nächsten Tag ja andere Kinder.

Wer immer eine Erzieherin wie Amelie hat, kommt an dieser Art von seelischen Verletzungen mit Sicherheit nicht vorbei. Es ist mir besonders wichtig, zum Ende dieses Kapitels folgendes klarzustellen: Es gibt zahlreiche wunderbare, einfühlsame und begnadete Erzieherinnen, ich kenne viele davon persönlich und weiß, was sie leisten und wie begeistert und liebevoll sie ihrer Tätigkeit nachgehen. Diese sehr professionell agierenden Fachkräfte würden Kinder niemals erniedrigen, weder mit Taten noch mit Worten, sie respektieren die Würde der Kinder und beachten deren Grenzen und Rechte. Ich habe jedoch auch viele Erzieherinnen wie Amelie kennengelernt, und es wurde mir in den vergangenen fünfzehn Jahren diesbezüglich sehr viel berichtet. Dieses Kapitel soll speziell aufzeigen, wozu die Amelies dieser Welt in den Kindergärten fähig sind. Weil sie sich gestresst und überfordert fühlen, weil sie sich in Kinder nicht hineinversetzen können, weil ihnen alles zu viel wird. Oder, weil sie grundsätzliche sadistische Ansätze haben und diese an Schwächeren lustvoll ausleben. Was immer der Grund ist, es gibt keine Entschuldigung für ein solches Vorgehen.

Schmerzpunkt

Viele Erzieherinnen beklagen sich, dass sie keine Zeit für die Arbeit AM Kind hätten. Ja, um Himmels willen, wer will denn schon, dass AN seinem Kind gearbeitet wird? Kinder sind keine Tonklumpen, die man nach eigenen oder nach gesellschaftlichen Vorstellungen formt. Sie sind ebenso keine unbehandelten Steinbrocken, aus denen man, nach Steinmetzart, Skulpturen heraushämmert, um sie anschließend auf Hochglanz zu polieren. Kinder sind Menschen und niemand muss AN ihnen arbeiten! Sie sind keine grundsätzlich defizitären Wesen, an denen man arbeiten muss. Kinder sind keine unfertigen Erwachsenen, die Kindheit ist eine eigenständige Lebensphase, und es ist definitiv nicht unser Recht und auch nicht unsere Aufgabe, AM Kind zu arbeiten. Kinder müssen nicht belehrt werden, sie sind von Natur aus klug und motiviert genug, um Fragen zu stellen.

Wie war es für Sie, als eventuell AN Ihnen gearbeitet wurde? Welche Ihrer Ecken und Kanten wurde abgeschliffen und wie viel Mühe hat es Sie gekostet oder kostet es Sie noch immer, so zu sein, wie Sie »eigentlich« sind? Wer hat Ihnen gesagt, wie Sie sein sollen und was Sie wollen dürfen? Wo passen Sie sich an und leiden Anpassungsqualen, weil Sie vielleicht anders sind? Wo verläuft Ihr persönlicher schmaler Grat zwischen Höflichkeit und Selbstverleugnung? Was glauben Sie, wie weit und wie hoch könnten Sie fliegen, wenn nicht jemand AN Ihnen gearbeitet und Ihre Flügel gestutzt hätte?

5. Mit schlechtem Beispiel voran – Geballter Wahnsinn im »Team« der Erwachsenen

Die größte Gefahr für Kinder sind
unreife und psychisch instabile Erwachsene.

Sven ist sechs Jahre alt. Er besucht die Vorschule. Dort kommt man nicht mit ihm zurecht. Svens Sozialverhalten ist laut seiner Erzieherin gestört. Er provoziert, schlägt die anderen Kinder, zerstört deren Sachen und macht prinzipiell nie, was man ihm sagt. Sven muss also irgendwie »krank« sein. So eine Störung kommt ja nicht von alleine. Ein medizinischer Grund muss der Auslöser sein! Seine Eltern haben Sven einem Ärztemarathon ausgesetzt. Kürzlich hat ein Kinderarzt den vermeintlichen Grund für Svens eigenwilliges Gebaren identifiziert. Er hat bei Sven ADHS diagnostiziert, also ein Aufmerksamkeitsdefizit mit einer Hyperaktivitätsstörung. Eine Tatsache, die in den Augen seines Umfeldes Svens Umstieg von der Vor- in die Grundschule und seine weitere Bildungskarriere massiv gefährdet. Der Arzt hat auch sofort die Lösung parat. Er verschreibt Sven die Kinderzauberdroge Ritalin. Dieses Mittel wird bei ADHS-Patienten eingesetzt, um den gestörten Dopamin-Haushalt im Gehirn anzupassen. Das Ziel ist es, die Fähigkeit, sich über einen längeren Zeitraum auf eine Sache zu konzentrieren, zu verbessern. Das erachten der Arzt wie auch die Eltern als dringend notwendig, denn wenn

Sven sich nicht ändert, wird er nie Freunde finden. Und wenn er sich nicht besser konzentrieren kann, bleibt der Besuch des Gymnasiums nur ein Wunschtraum seiner Eltern. Und ohne Abitur hat man heutzutage ja überhaupt keine Chance, das hat Svens Mutter in den Gesprächen mit der Erzieherin mehrmals betont. Svens zukünftiger Abitur-Schulabschluss hat seit seiner Geburt oberste Priorität. Die Erwachsenen haben das schon vor langer Zeit so entschieden.

Des Übels Wurzel – wirklich?

Die Wurzel des Übels ist gefunden. Hurra! Und es gibt sogar ein Medikament dagegen. Sven bekommt also Ritalin verschrieben. Ausgerechnet Ritalin, das einen dubitativen Ruf genießt. In Ritalin steckt Methylphenidat, das, nach Konova (2013), bei einer Überdosierung eine ähnliche Wirkung wie Kokain haben könnte. Es kann in gewissen Fällen sicher ein Teil einer Lösung sein. Aber hier sollten wir doch hinterfragen: Wurde im Falle von Sven tief genug nach dem wahren Quell seines Betragens gesucht? Abseits aller medizinischen Pfade, vielleicht auch auf einer zutiefst menschlichen Ebene? Einer Ebene, die ja vielleicht in Schieflage geraten sein könnte und die der wahre Auslöser ist, der diesen 6-Jährigen zu einem krassen Außenseiter macht? In welcher Welt leben wir, in der Kinder mit Medikamenten vollgestopft werden, die sie vielleicht gar nicht brauchen? Weil das, was sie benötigen, in Apotheken nicht erhältlich ist. Nun stellt sich folgende Frage: Was hat Sven in seinem bisherigen Leben kennengelernt? Und was braucht Sven vielleicht, was er noch nicht hat?

Das Leben des Sven

Sven wurde schon in der Kinderkrippe als ein Problemkind angesehen, weil er als sehr intelligenter Junge lauter und unruhiger war als die anderen. Sven wurde schon als Kleinstkind von seinen Betreuerinnen viel ausgeschimpft, seine Mutter zu zahlreichen Gesprächen vorgeladen. Im Kindergarten wurde es nicht besser, denn Sven machte scheinbar alles falsch, er aß nicht, wann und was er sollte, er spielte nicht mit wem und wo er sollte, er schlief nicht, er bastelte nicht – mit einem Wort: Er passte nicht ins System. Sven wurde auch im Kindergarten andauernd angeschrien, er musste oft alleine an einem Tisch sitzen und »was Ruhiges« machen. Er durfte oft nicht an Geburtstagsfesten teilnehmen, weil er sich über die Maßen auffällig benommen hatte. Wenn die anderen Kinder in den Garten gingen, musste er oft zur Strafe in eine andere Gruppe. Alle Kinder zeigten mit dem Finger auf ihn. »Das ist Sven, der ist gestört, der gehört nicht zu uns.« Im Mittelalter hat man so etwas Pranger genannt. Sven leidet. Und er zeigt mit seinem gesamten Verhalten, dass es ihm schlecht geht – doch niemand erkennt, was wirklich los ist.

Alle sehen nur den ungezogenen, rebellischen Jungen, der er im Inneren ja gar nicht ist. Alle – Eltern wie Erzieher – versuchen, ihn in die Form zu pressen, in der sie ihn gerne hätten. Doch Sven passt nicht in diese Wunschkindform. Sven ist hochintelligent und langweilt sich schnell. Er ist seinen Kameraden weit voraus. Erkennt das jemand? Mitnichten. Mit aller Macht und allem, was den Erwachsenen einfällt, versuchen sie, Sven zu zügeln, ihn zu erziehen, ihn zu bändigen – mit roher und rauer psychischer Gewalt. Sie schreien ihn an, sie schließen ihn aus, sie beschämen ihn. Nichts hilft, als Antwort auf diese psychischen Attacken eskaliert Svens Verhalten noch mehr. Ich finde, dass das nur logisch ist. Wie sonst sollte Sven reagieren? Sven ist schon seit langer Zeit psychischer Gewalt ausgesetzt. Man suggeriert ihm ständig, dass er so, wie er ist, nicht richtig ist. Seine Seele schmerzt und schreit, und deshalb schreit Sven und schlägt um sich. Und nun bekommt er Ritalin. Großartig, von psychischer Gewalt direkt zur Psychodroge. Ich finde, dass es genügend Gründe gibt, sich um Svens Zukunft große Sorgen zu machen, das hat mit seiner Fähigkeit, Abitur zu machen, jedoch absolut nichts zu tun. Völlig unsichtbar für alle Beteiligten wütet ein zerstörerischer Orkan in Svens Leben. Der Wahnsinn der Erwachsenen – seine Eltern, Ärzte und Betreuer als komplizenhaftes Gesamtpaket – ergießt sich in tragischem Schwall auf Sven.

Der Wahnsinn hat viele Facetten

Der Wahnsinn im »Team« Erwachsene, wie ich das nenne, hat viele verschiedene Gesichter und Erscheinungsformen. Einige sind harmloser als andere. Insgesamt ergeben sie jedoch ein unattraktives Gesamtpaket, das die Erziehungswelt definitiv nicht braucht.

In meinen Seminaren erzähle ich immer, dass ich die Stimmung – und ich wage zu sagen – dadurch auch die Qualität einer Einrichtung – bereits beim Betreten der Räumlichkeiten spüren kann. Nicht, weil ich hellsichtig bin, sondern weil ich Augen und Ohren habe, sehen und hören kann und ich genau weiß, worauf ich achten muss. Ich brauche gar nicht lange anwesend zu sein, ich spüre schon nach den ersten Minuten, welchen Geistes Wind durch eine Einrichtung weht.

Das meist im Eingangsbereich hängende schwarze Brett spricht schon Bände. Ist es gepflegt, geordnet, übersichtlich? Oder überfüllt, chaotisch und vollgehängt mit mehr oder weniger aktuellen Informationen? Wurde vielleicht das Räuber-Hotzenplotz-Theaterplakat von 2017 vergessen und vergilbt nun traurig vor sich hin? Ein eindeutiger Indikator betreffend die Achtsamkeit, die die dortigen Erwachsenen einer Einrichtung angedeihen lassen, ist der Zustand der dort wohnenden Grünpflanzen. Meist sind es klassische Büropflanzen der Sorte unzerstörbar, und wenn diese dann mehr braun als grün sind und nur noch ein paar letzte Triebe ums Überleben kämpfen, weiß ich schon viel – um nicht zu sagen alles. Wie will ein Team sich gut und liebevoll um junge Menschen kümmern, wenn es ihm nicht einmal gelingt, die anspruchslosesten Pflanzen einigermaßen am Leben zu halten? Ja, ich weiß, da kommt wieder einmal der Faktor wenig Zeit und Personalmangel in den meisten Einrichtungen ins Spiel. Trotzdem, wer sich um Kinder mit allen ihren Herausforderungen kümmern will, muss auch für ein ansprechendes, lebendiges Umfeld sorgen, und dazu gehört nun einmal eine positive, gesunde Atmosphäre. Und eine solche stellen absterbende Grünpflanzen eindeutig nicht dar. Aus meiner langen Erfahrung weiß ich, warum die »Botanik« der Kinderkrippen und Kindergärten sich oft in einem beklagenswerten Zustand befindet. Das passiert mit schöner Regelmäßigkeit immer dann, wenn das Team sich untereinander bekriegt. Dann ist kein Raum für Pflanzen oder andere Verschönerungsaktionen vorgesehen, denn man ist schließlich gerade dabei, sich auf die diversen Probleme atmosphärischer Natur innerhalb der Kita zu konzentrieren. Es ist gar nicht der Zeitmangel per se. Zeit kann man sich ja nehmen. Und tut es auch. Um zum Beispiel gegen die

Kollegin zu intrigieren. Ich weiß, es klingt krass, aber genau so sieht die Realität in sehr vielen Einrichtungen aus. Trete ich im Gegenzug in eine Institution ein, in der mich liebevoll gepflegte Informationstafeln und vor prallem Leben strotzende Pflanzen empfangen, hüpft mein Herz, denn dann weiß ich, dass hier mit hoher Wahrscheinlichkeit eine Atmosphäre herrscht, in der Seelenprügel keinen allzu fruchtbaren Boden vorfinden werden.

UNFASSBARES AUS DER ERZIEHERISCHEN PRAXIS

Ein Nachmittag in der Kinderkrippe Bärenhorst. »Ich bin mal gespannt, wer heute die Spülmaschine ausräumt, ich ahne schon, dass es wieder an mir hängen bleibt, es bleibt sowieso immer alles für mich über!«, denkt Erzieherin Franziska verärgert. Ihr Unmut hat sich schon seit längerer Zeit aufgebaut und angestaut. Bis zur Explosion kann es nun nicht mehr lange dauern. Franziska läuft auf dem Weg zu einem der Spielzimmer an der Küche vorbei und wirft einen vorwurfsvollen Blick in Richtung Spülmaschine. Deren Tür ist offen, das frisch gewaschene Geschirr winkt der Erzieherin neckisch zu. »Also wieder ich, wer sonst«, denkt Franziska. Ihre Laune sinkt in Kellerregionen. Mit hektischen Gesten beginnt sie, unter lautem Klirren das Geschirr auszuräumen und schichtet es wenig sorgsam in die Schränke. »Ohne mich würde hier nichts laufen, das ist klar. Die brauchen mich und wissen mich gar nicht zu schätzen«, denkt sie missmutig.

Franziska ist der Typ »märtyrerhafte Missmutige« par excellence. Sie beschwert sich aber nicht, denn sie will die »Harmonie« im Team nicht stören, und es tut ja auch irgendwie gut, so sehr gebraucht zu werden. Franziska gehört zum alten Schlag, da wird nicht gejammert, da gibt es den ganzen Überlastungskram nicht, da packt man an, wenn angepackt werden muss. Man beklagt sich nicht, man tut etwas. So denkt Franziska. Was sie nicht erkennt: dass sie zwar nicht verbal, aber stumm anklagt. Durch ihre Blicke, ihre Seufzer, durch die miese Stimmung, die sie verbreitet. Täglich beißt sie in das Gewissen der anderen, stellt sich im Geiste arbeitsethisch über ihre Kolleginnen – und merkt es nicht.

Nach beendeter Ausräumaktion stößt Franziska wieder zu ihrer Gruppe. Ihr Ton ist frostig, als sie sich bei ihrer Kollegin Lina erkundigt, ob deren Kopfschmerzen schon besser geworden sind. Lina verneint und fragt, ob es okay ist, wenn sie heute früher nach Hause geht. Franziska starrt Lina mit durchdringendem Blick an. Der Blick sagt »Nein«. Ihr Mund spricht: »Ja, geh ruhig, ich schaff das alleine.« Lina spürt sofort, dass Franziska nicht wirklich meint, was sie sagt. Sie fühlt sich unsicher, unverstanden, und die Stimmung in der Gruppe verdüstert sich. Franziska wälzt weiter dunkle Gedanken: »Ach herrje, die jungen Leute sind überhaupt nicht belastbar, früher hätte es das nicht gegeben – ich arbeite, auch wenn ich Kopfschmerzen habe und wenn es gar nicht mehr geht, dann nehme ich eine Tablette.« Über die Kopfschmerzen sagt sie nichts zu Lina, sie wird nur immer stiller und die Stimmungstemperatur sinkt weiterhin rapide ab. Die Kinder in der Gruppe sehen die vorwurfsvollen Blicke, die die beiden austauschen und fühlen die Spannungen zwischen ihren Erzieherinnen. Für Kinder ist so etwas schlimm, weil sie etwas spüren, was sie verunsichert, es sind wieder einmal »Doublebinds« im Sinne von widersprüchlicher Kommunikation, die Menschen in jedem Alter verrückt machen können. Und definitiv kein gutes Beispiel für die ihnen anvertrauten Kinder abgeben. Als Lina einige Minuten später Franziska mit lieblicher Stimme, aber kaltem Blick um Hilfe bittet, weil Leo in die Hose gemacht hat und eine neue Windel braucht, gleichzeitig aber vier andere Kinder gerade ihre Hände in die Töpfchen mit den Fingerfarben getaucht haben, reagiert Franziska knallhart. »Das musst du alleine schaffen, ich bin hier beschäftigt, wie du siehst. Vielleicht solltest du den Kindern nicht immer alles erlauben, wenn du sie dann nicht im Griff hast!«, erklärt sie Lina süffisant und wirft Linas sich entfernendem Rücken einen giftigen Blick zu. Was für eine unterschwellig »angenehme« Atmosphäre. Auch das ist – wenn auch noch relativ subtiler – Wahnsinn im Team der Erwachsenen, die es eigentlich besser können sollten.

Wenn Kolleginnen sich seelenprügeln

Seelenprügel – auch zwischen Erwachsenen – schleichen sich oft unterschwellig an und breiten sich wie Bodennebel im Herbstwald aus. Die Stimmung im Bärenhorst an diesem Nachmittag ist zum Schneiden. Zwischen Franziska und Nina herrscht eisige Funkstille. Sie verrichten mürrisch ihre Arbeit und versuchen, sich aus dem Weg zu gehen. Eine sehr weibliche Art, mit Unstimmigkeiten umzugehen. Ich werde einige meiner Geschlechtsgenossinnen vermutlich ob dieser Bemerkung tief empören. Sie entspricht jedoch den Tatsachen, ich nehme mich da auch gar nicht aus und habe selber früher ab und an so reagiert. Es ist jedoch kein professioneller Weg, sich im Team zu verhalten und führt nur zu weiteren Befindlichkeiten unterschwelliger Natur. Sie sehen, auch das sind Seelenprügel, die in diesem Fall die Erwachsenen einander angedeihen lassen. Seelenprügel innerhalb eines Teams, die schmerzen und langfristig zu Vertrauensverlust führen.

In Kitas arbeiten vorrangig Frauen. Stutenbissigkeit ist mir heute fremd, und ich will nicht im Ansatz behaupten, dass alle Frauen Zicken sind, denn ich werde meine Geschlechtsgenossinnen und mich sicher nicht diskriminieren: Trotzdem ist es meiner Erfahrung nach in diesem Zusammenhang wichtig, sich die üblicherweise vorherrschende Kommunikation unter Frauen genauer anzusehen, um dem Wahnsinn im Team der Erwachsenen auf die Spur zu kommen und diese Befindlichkeiten in Zukunft zu verbessern. Weibliche Kommunikation ist, wie etwa der Experte für professionelle Gesprächsführung Christian-Rainer Weisbach beschreibt, oft überaus vorsichtig und sehr auf Harmonie bedacht – manche Frauen sind regelrecht harmoniesüchtig. Sie nehmen daher oft viel zu viel

Rücksicht auf andere und setzen ihre eigenen Bedürfnisse zu wenig durch. Konflikte werden selten offen angesprochen – das bedeutet natürlich nicht, dass es keine gibt. Im Gegenteil – in sehr vielen Teams gleicht die Stimmung einem Dauerschwelbrand, den der kleinste Funke in einen flächendeckenden Großbrand zu verwandeln droht. Da die Damen dies wissen und fürchten, kochen sie missmutig und griesgrämig ihr eigenes Süppchen und schweigen grimmig vor sich hin. Dabei gäbe es so oft so viel zu sagen, zu klären und zu regeln. Diese meist sehr guten Erzieherinnen haben es leider niemals gelernt klar, bedürfnisorientiert und persönlich zu argumentieren, sie scheuen sich vor Konflikten und bleiben stumm. Leider auch dann, wenn der Träger Geld in die Hand nimmt und Supervision bezahlt. Was selten genug der Fall ist. Es klingt dramatisch und ist es auch, aber sowohl in der Ausbildung als auch in der Kita-Praxis gelten Supervision und Coachings als Sonderleistungen und finden meist nur dann statt, wenn die Probleme bereits überhandgenommen haben und Team-Konflikte ihren hässlichen Kopf erheben. Um so wichtiger wäre es, im Falle einer raren Supervision Klartext zu reden und die aktuellen Herausforderungen auf den Tisch zu legen. Leider werden diese Chancen selten ergriffen. Schweigen ist schließlich einfacher. Aber nur eine gewisse Zeit lang.

Wenn die Flammen lodern

Wie die stumm vor sich hin schwelenden Konflikte langsam, aber sicher die Stimmung und dadurch auch das Arbeitsklima zerstören, hat etwa die Sozialpädagogin und systemische Familienberaterin Irene Beier in ihren praxisnahen Publikationen zu

Kommunikation in Teams herausgearbeitet. Es ist, wie bei einem echten Schwelbrand, nur eine Frage der Zeit, bis ein Flammenbrand entsteht, bis der Konflikt eskaliert. Es braucht dazu beim Schwelbrand nur ein bisschen Sauerstoff, im Team den letzten Tropfen, der das berühmte Fass zum Überlaufen bringt. Und PENG, das Team der Erwachsenen befindet sich inmitten einer Nahkampfzone im besten Sinne von »jeder gegen jeden«. Der Tropfen findet sich immer, denn es geht in Kitas oft sehr persönlich und über alle Maßen authentisch zu – so authentisch, dass man gelegentlich die Grundlagen von Professionalität vergisst. Viele Mitarbeiterinnen bringen ihre privaten Geschichten und Sorgen direkt mit in die Arbeit. Man ist ja schließlich im sozialen Bereich, und wenn man das da nicht machen kann, wo dann? »Kinder, mir geht es heute nicht gut, könnt ihr bitte leiser sein, ich habe keine Lust auf Lärm?« – »Also ich kann heute nicht das Elterngespräch mit der Pimpelhofer führen, ich bin so sauer, mein Sohn hat sich gestern wieder mit mir gestritten, was der sich erlaubt, wie der mit mir redet – schreckliche Pubertät, da sind sie einfach unmöglich! Wenn die Pimpelhofer mir heute auch noch quer kommt, dann kann ich mich nicht mehr beherrschen! Ich mag die sowieso nicht, sie mault nur rum!« So und ähnlich habe ich schon so manches Gespräch in so mancher Kita ablaufen gehört und mir jedes Mal überlegt, wie sich das in einem Cockpit in einem Gespräch zwischen Pilot und Co-Pilot wohl anhören würde: »Also, ich kann heute nicht gut fliegen, ich habe einfach keine Lust, meine Frau hat gestern auch nicht gut gekocht und überhaupt, Mallorca hängt mir zum Hals raus, lande du doch mal – wird schon irgendwie klappen!« Überzogen, meinen Sie vielleicht? Nein, der Wahnsinn des Teams der Erwachsenen kennt noch ganz andere Auswüchse. Das beweist die folgende Geschichte aus einer mir bekannten Einrichtung.

»Kolleginnen« unter sich – wenn der Hinterhalt anklopft

Es betrug sich an einem Nachmittag während der Abholsituation. Einige Kinder waren alleine im Garten – das dürfen Vorschulkinder –, und zehn Kinder befanden sich mit ihrer Erzieherin in einer Gruppe im Gebäude. Nennen wir sie Erzieherin A. Während A sich mit ein paar Kindern beschäftigte, die ihre Unterstützung brauchten, merkte sie nicht, dass ein kleines Mädchen unerlaubt und ohne sich abzumelden die Gruppe verließ und in den Garten schlich. Die Kinder müssen sich abmelden, doch die Jüngsten denken oft nicht daran, es zu tun. Als das Mädchen wieder zurückkam, schloss es sich – wieder ohne etwas verlauten zu lassen – der Gruppe der Erzieherin B an. Diese Erzieherin hat das Kind einfach mit in ihre Gruppe genommen und es allen anderen Kolleginnen – außer A – inklusive der Leitung, erzählt. Als Erzieherin A das Fehlen eines Kindes bemerkte, suchte sie das Mädchen fieberhaft und aufgeregt im ganzen Haus. Die Kolleginnen, die ja Bescheid wussten, klärten sie nicht auf, sondern lästerten böse herum: »Na, hast du ein Kind verloren? Das ist aber nicht karrierefördernd, da musst du schon besser achtgeben, dass so etwas nicht passiert!« Als Erzieherin A mit den Nerven fix und fertig war und schon die Polizei verständigen wollte, wurde das Mädchen von Erzieherin B aus ihrer Gruppe geholt und A hämisch lächelnd übergeben. »Da ist sie doch, hast du nicht intensiv genug gesucht?« Dem Kind war nichts passiert, es hatte einfach nur nebenan friedlich gespielt. In der Gruppe einer Kollegin. Dort hatte A natürlich nicht nachgesehen. Wie hätte sie eine solche Hinterhältigkeit auch vermuten können? Ich frage mich: Warum in aller Welt agieren Kolleginnen untereinander auf diese Weise? Wer mit solchen Menschen arbeitet, braucht keine Feinde. Das ist galoppierender Wahnsinn – mit gutem Beispiel vorangehen sieht anders aus.

Leistung zeigen und sich daran erfreuen – das darf nicht sein

So leid es mir tut, dies wieder einmal feststellen zu müssen, manche Frauen sind eindeutig noch immer nicht besonders gut darin, sich gegenseitig in ihrem Berufsalltag zu unterstützen und auf ihrem Berufsweg voranzubringen. Wie das vorige Beispiel zeigt, sind sie oft im Reigen echter Gehässigkeit unterwegs und machen sich gegenseitig das Leben schwer. Warum? Ist es Neid? Eifersucht auf die Kollegin, die bei den Kindern vielleicht beliebter ist? Oder erfolgreicher arbeitet? Bei den Vorgesetzten besser ankommt? Es ist allerorts noch immer ein heißes Eisen, wenn Frauen hohe Leistungen erbringen und diese Leistungen zeigen – Freundinnen macht man sich damit meist keine. Wenn besonders engagierte und kompetente Erzieherinnen in einem Team neue Ideen einbringen und alte Zöpfe abschneiden wollen, stoßen sie nach meinen Beobachtungen oft auf mehr Widerstand als sie ertragen können und langfristig ertragen wollen. Sogar, wenn sie dabei sehr behutsam vorgehen. Es gibt nach meiner Beobachtung leider selten Kolleginnen, die an anderen deren Können schätzen und das auch klar kommunizieren. Und über sich selbst zu sagen, was man alles kann, ist natürlich nicht schick. In sozialen Berufen kommt noch hinzu, dass eine Art fehlgeleiteter Gleichheitsgedanke über all der vorgetäuschten Harmonie schwebt. »Egal welche Ausbildung wir haben, wir sind hier alle gleich, wir machen alle dasselbe, und wir haben alle die gleichen Rechte.« Ein Satz, den ich in Kitas immer wieder höre und mit einer einzigen Frage ad absurdum führe – ich sage dann z. B. zu einer frisch gebackenen Kinderpflegerin, deren Ausbildung nur etwa halb so lange dauert wie die einer Erzieherin: »Aha, ich finde das spannend, Sie machen also all das, was Ihre Kollegin tut und haben dieselben Rechte und Pflichten, nur bekommen Sie deutlich weniger Geld?« Diese Frage schließt das Thema meist sofort ab. Nirgendwo sind alle gleich, das ist Unsinn. Nirgendwo verstehen sich alle immer gut. Selbstverständlich haben verschiedene Menschen verschiedene Talente und Potenziale – diese gilt es zu entdecken und zu fördern, bei den Kindern wie auch bei den Erwachsenen.

Erfolgsverhinderer Harmoniestreben – ein schlechtes Vorbild

Ich finde es tragisch, muss aber zugeben, dass diese Verhaltensweisen noch immer gang und gäbe sind: Schon bei jungen Mädchen kann man beobachten, dass sie ihre Leistungen nicht offen zeigen, sondern ihre Fähigkeiten herunterspielen – nach Krappmann haben sie einen wenig förderlichen Attributionsstil. Sie haben gelernt, dass man mit Understatement und einem leicht unterwürfigen, gefälligen Verhalten schneller Freundschaften schließen kann. Und Menschen wollen schließlich dazugehören – alle! Es ist mir in dem Zusammenhang sehr wichtig, zu erwähnen, dass es mir nicht um den Vergleich und den Wettbewerb mit anderen geht. Es geht mir vielmehr darum, dass sowohl Mädchen als auch erwachsene Frauen so oft ihr Potenzial nur deswegen nicht ausleben, damit andere sich nicht klein und unwohl fühlen. Man möchte eben Harmonie um jeden Preis und tappt dabei in Harmoniefallen, die im Endeffekt perfekte Erfolgsverhinderer sind. Auch das ist natürlich eine Frage der Sozialisation und der Vorbilder, und genau diese Vorbilder arbeiten in Kitas, denn Kinder im 21. Jahrhundert werden immer noch überwiegend durch Frauen sozialisiert. Es wäre für beide Geschlechter so wichtig, dass, wenn schon fast nur Frauen in Kitas arbeiten, diese einen Schritt weiter gehen würden und nicht so oft schwelbrandige Harmonie bis zur Selbstaufgabe vorleben würden. Aber das ist nicht einfach. Über Jahrhunderte antrainiertes Verhalten, das bleischwer im weiblichen Verhalten verankert ist, wird man so leicht nicht los. Mädchen mögen nicht so gerne als Angeberinnen gelten, das ist unsympathisch. Als Angeberin könnte man ja nicht geliebt werden. Das lernen sie schon früh von wohlmeinenden Großmüttern und leider auch noch immer von Müttern. Bei den Jungs sieht es natürlich ganz anders aus. Da sind die Angeber die Helden und dürfen es immer sein. Wir Frauen haben diese Disposition leider nicht mitbekommen. Und wenn es auch den heutigen kleinen Mädchen von ihren Müttern und Erzieherinnen von Anfang an nicht vorgelebt wird, dann sehe ich auch für die nächsten weiblichen Generationen schwarz, was die wahre Emanzipation und das echte Einstehen für sich und seine Leistungen betrifft. Und so schließt sich auch in dieser Form der Reigen des Wahnsinns ein weiteres Mal.

UNFASSBARES AUS DER ERZIEHERISCHEN PRAXIS

Daniela, eine mir bekannte Praktikantin im Anerkennungsjahr, hat es nicht leicht. Ihre Mutter hat sich das Leben genommen, als sie acht Jahre alt war. Ihr

Vater missbrauchte sie, und sie wurde sehr krank. Immer wieder hat sie schwere Depressionen und ist für einige Wochen in der Psychiatrie. Ihre Arme sind vom Ritzen mit Narben übersät, wie sicherlich auch ihre Seele. Daniela hat nur die besten Noten, sie ist extrem hilfsbereit und ein sehr liebevoller Mensch, leider aber psychisch extrem instabil. Ihre Verletzlichkeit ist immens, und es vergeht kein Tag, an dem sie nicht mindestens einmal weinend aus dem Raum läuft, weil irgendetwas oder irgendjemand sie getriggert hat. Keine Kollegin traut sich, Daniela zu kritisieren, und auch die Kinder haben schon verstanden, dass Daniela nur gut Bücher vorlesen kann. Sonst ist mit ihr nicht viel anzufangen. Daniela kennt ihre eigenen Grenzen nicht, deshalb kann sie ihre Grenzen nicht zeigen. Niemand nimmt Daniela ernst, alle haben nur Mitleid und Verständnis. Daniela wird nichts zugemutet, weil jeder Angst um sie hat. Für die Kinder ist sie Luft, außer, wenn sie vorliest. Daniela ist vollkommen präsenzlos.

Es ist eine Tragödie – Daniela ist ein lieber Mensch, ich kenne sie, aber für die Arbeit in der Kita ist sie nicht gemacht, auch wenn sie Kinder über alles liebt. Denn sie ist kein Vorbild und bis ihre eigene Seelenheilung abgeschlossen ist, kann sie auch keines sein. Menschen wie Daniela haben ein gutes Herz, gute Noten, aber sie sind nicht geeignet für die Arbeit in einer Kita – dort brauchen wir starke Persönlichkeiten, die im Idealfall psychisch gesund sind.

Die tägliche Dosis Gift

Unter all diesen mitgebrachten diversen Befindlichkeiten, psychischen Erkrankungen und Stimmungen leiden natürlich besonders die Kinder. Denn wie sollen Menschen, die in Harmoniefallen stecken, mit sich selbst nicht klarkommen, sich nicht zutrauen, Konflikte zu bearbeiten und nicht in der Lage sind, klar und deutlich zu kommunizieren, diese wichtigen Verhaltensweisen den ihnen anvertrauten Kindern vorleben? Die Tragik dabei: Kita-Teams vergiften sich oft selbst. Deren Mitarbeiterinnen definieren Zugehörigkeit nicht selten ausschließlich durch Zustimmung. Weil sie nicht wahrhaben, dass man auch unterschiedliche Ansichten und Meinungen vertreten kann und sich dennoch in einem harmonischen Arbeitsklima bewegt, in dem man gemeinsam etwas voranbringt. Aus diesem Grund entstehen innerhalb einer Einrichtung oft mehrere Lager – die Kita-Cliquen. Es gibt dabei diejenigen, die für etwas und die, die gegen etwas sind. Grautöne sind nicht akzeptiert, es gibt ausschließlich ein starres Schwarz- oder Weiß-Denken. Die Fronten sind oft knüppeldick verhärtet. Statt offener Diskussionen oder der gemeinsamen Suche nach Konsens, um für das Wohl der Kinder an einem Strang zu ziehen, geht es beinhart um Sieg oder Niederlage. Auf Kosten guter Arbeit, auf Kosten der eigenen Gesundheit und auf Kosten der Gesundheit der Kinder.

Viele Erzieherinnen sind privat miteinander befreundet. In den Teams finden sich auch immer wieder Leitungslieblinge, die in schönster Regelmäßigkeit bevorzugt werden, wenn es um kurzfristig gewünschte Urlaubstage oder um Vergünstigungen anderer Art geht. Nicht selten werden auch die Leitungen der Kitas in diese Strudel der Befindlichkeiten gezogen oder begeben sich aktiv hinein – besonders und gerade dann, wenn Leitungen ihre Führungsaufgaben nicht wahrnehmen wollen oder können. Um Seelenprügel im Team zu sehen und aufzuhalten, brauchen Leitungen viel Aufmerksamkeit und vor allem Mut. Sie müssen unausgesprochene Spielregeln erkennen und hinterfragen, gemeinsam mit dem Team neue Regeln etablieren und jede einzelne Mitarbeiterin individuell fördern. Leitungen, die um jeden Preis gemocht werden wollen, katapultieren sich selbst ins Aus, denn sie sind dadurch nicht in der Lage, auch unbequeme Entscheidungen zu treffen und Kündigungen beim Träger vorzuschlagen. Was eine weitere Facette des Wahnsinns im Team der Erwachsenen darstellt.

Ja, Sie können

Wenn Sie sich als Eltern jetzt fragen, kann ich mein Kind noch guten Gewissens in einer Kita abgeben, dann darf ich Ihnen aus voller Überzeugung antworten: Ja, das können Sie, und ja, das sollen Sie! Es gibt landauf, landab zahlreiche wunderbare Einrichtungen, in denen der Wahnsinn im Team der Erwachsenen gar nicht oder nur in minimalem Ausmaß zu Hause ist. Machen Sie beim Besuch einer Institution doch die Probe aufs Exempel, wie ich das auch tue: Wenn bei einer zufälligen Begegnung im Flur zwischen Kolleginnen gefährlich knisternde Funken fliegen oder andere sich mit Blicken fast schon peitschen, wenn Sie nirgends Lachen hören oder sogar einige insistent laute, genervte Stimmen vernehmen, bis hin zu rücksichtslos keifenden Erwachsenen, dann würde ich in dieser Einrichtung keine Nacktschnecke abgeben und schon gar nicht mein Kind. Wenn Sie es auch so halten, ist alles gut.

II. Neue Haltung, neues Handeln – weil es einen anderen Weg gibt

1. Hänschen hat es gelernt – Hans macht es immer noch

Wenn Erziehung funktionieren würde,
gäbe es weltweit nur friedliebende, erfolgreiche, gebildete,
wohlhabende, glückliche und gesunde Menschen,
die es besser hätten, als es ihre Vorfahren je gehabt haben.

Was die soziale Gesundheit betrifft, so ist sie ohne die seelische Gesundheit nicht denkbar, und gerade die soziale Gesundheit ist das, was die Welt braucht, wenn soziale Wesen – wie es Menschen nun einmal sind – in Frieden miteinander leben wollen. Wie kommt es also, dass Menschen, die für die Arbeit mit Kindern ausgebildet sind, sich seelisch ungesund verhalten und Kindern dabei Schaden zufügen?

Die Fragilität seelischer Gesundheit

Erzieherinnen sind mit durchschnittlich 18,9 Krankheitstagen sehr viel öfter krank als der Bundesdurchschnitt. Die Krankschreibungen wegen psychischer Erkrankungen steigen ständig an. Mit der seelischen Gesundheit sieht es also immer schlechter aus. Mittlerweile werden als Ursache für über 50 Prozent der Fehlzeiten am Arbeitsplatz Kita psychische Probleme diagnostiziert. Krankheiten, vor allem psychische, fallen bekanntlich nicht vom Himmel, sondern haben ihre Ursache meist in der Kindheit der Betroffenen. Psychische Erkrankungen wie Depressionen, Neurosen oder Psychosen sind selten eine direkte Folge aktueller Erlebnisse, sondern meist das Ergebnis früherer, aber verdrängter Traumata. Woher aber kommen diese? Mit großer Überzeugung antworte ich darauf: Es sind sehr oft die Auswirkungen und Spätfolgen einer als Kind »genossenen« oder »erlittenen« Erziehung. In der Erziehung ging und geht es oft noch immer darum, Kindern etwas »überzustülpen« und sie zu etwas zu machen, was sie eigentlich nicht sind. Heute wird das Ganze geschickt unter dem Deckmantel »spielerische Angebote« und »Bildungskonzepte« getarnt. Früher liefen diese Manöver direkter ab und wurden teilweise brachial erzwungen. Beide Varianten haben eines gemeinsam: Kinder lernen nicht, wer sie wirklich sind, was sie wirklich wollen und wo ihre Talente liegen. Ob behutsam oder brutal, der generelle Ansatz des Überstülpens ist genereller Usus.

Schon in den ersten Jahren ihres Lebens wurden und werden Kinder durch erzieherische Maßnahmen immer weiter von sich selbst, von ihrem Kern, entfernt. Sie hatten und haben keine Chance, es zu merken, weil diese Manipulationen der Erwachsenen von Kindern, die voller Vertrauen und noch ohne Lebenserfahrung sind, gar nicht bemerkt werden können. Die fatale Konsequenz daraus: Später, als Erwachsene, können sie nicht mehr unterscheiden, was ihre eigenen Wünsche und Bedürfnisse sind und welche sie von anderen übernommen haben. Um diesen anderen zu gefallen, um gemocht und geliebt zu werden, um Strafen zu vermeiden. Die Gründe sind vielfältig und alle falsch. Die Seele weiß das und zeigt – zeitversetzt – immer auf, wenn Menschen sich auf einem für sie nicht geeigneten Weg befinden. Unbeachtet kann diese Fragilität der seelischen Gesundheit der direkte Verursacher großer, auch gesundheitlicher, Probleme sein.

Ein gutes Kind ist nicht zornig

Es ist sehr wahrscheinlich, dass auch Sie, die Sie dieses Buch gerade in Händen halten, in Ihrer Kindheit keine Erlaubnis hatten, Ihre Gefühle wirklich leben zu dürfen. Wenn Sie zornig waren, wurden Sie gescholten, vielleicht auch gedemütigt und bestraft, weil zornig sein verboten war. Ein gutes Kind hat nicht zornig zu sein. Aber, wohin denn mit diesem lodernden Zorn, er kann sich doch nicht einfach in Luft auflösen? Wenn er sich nicht Bahn brechen darf, dann bleibt er zu lange im Inneren eingeschlossen. Dort verwandelt er sich langsam, aber sicher in destruktiven Hass. Und dieser Hass wartet nur darauf, endlich gewaltvoll hervorzubrechen. Eruptiven Schaden anzurichten und sowohl sich selbst als auch andere zu zerstören.

Lloyd deMause zeigt in seiner psychohistorischen Aufklärung über die Kindheit, dass die meisten der entsetzlichsten Gräueltaten der Geschichte auf der Basis dessen, was man Kindern angetan hat, beruhen. Aktuell beschreibt der Autor Herbert Renz-Polster, dass Erziehung rechtsradikale Gesinnungen prägt, und Michael Hüter belegt anhand zahlreicher Beispiele, dass die Kindheit weltweit politisch ist und wir uns gut überlegen müssen, wie wir mit Kindern umgehen, wenn wir in einer gesunden und friedlichen Welt leben wollen.

Alle sind sich einig, dass nur, wenn wir es schaffen, bewussten und unbewussten Machtmissbrauch aufzudecken und zu verhindern, wir eine gute Chance haben, Empathielosigkeit, Härte und Zwang auszulöschen. Dazu brauchen wir Menschen, die fühlen wollen und fühlen dürfen. Wir brauchen mutige Menschen, die sich mit ihrer Vergangenheit auseinandersetzen und sie nicht länger verherrlichen oder ignorieren. Es ist keine Heldentat, das Leid der eigenen Kindheit totzuschweigen. Es ist jedoch eine eindeutige Heldentat, sich das eigene in der Kindheit erfahrene Leid anzuschauen und endlich alle jene Gefühle zu spüren, die damals nicht gefühlt werden durften. Erst dann sind Mitgefühl und empathischer Umgang mit anderen denkbar. Solange man selbst die Zähne zusammenbeißt und einfach immer weitermacht, solange beißt man auch bei anderen kräftig zu!

Gewalt als Fundament von Gewalt

Es ist mir in diesem Zusammenhang sehr wichtig, Menschen, die als Kind Seelenprügel bezogen, nicht automatisch als psychisch krank oder gar als Täter darzustellen. Das ist nicht der Fall. Die wissenschaftlich mehrfach bestätigte Grundthese sagt jedoch klar aus, dass Personen, die anderen Menschen Gewalt antun, sehr oft selbst als Kinder nicht genug geliebt, sondern gedemütigt, geringgeschätzt, abgeschoben und ausgegrenzt wurden. Das Fundament, auf dem Gewalt wachsen kann, ist immer Gewalt. Ich behaupte, wenn Kinder geliebt, wertgeschätzt und umsorgt werden, sowie gewaltfrei aufwachsen, dann ist es diesen Menschen als Erwachsene nur schwer möglich, andere schlecht oder gar sadistisch zu behandeln. Denn wertgeschätzte Kinder haben von Grund auf entschieden bessere Chancen auf seelische Gesundheit.

In diesem Kapitel kläre ich darüber auf, warum verbal gewalttätige Erzieherinnen in der Lage sind, Kinder psychisch zu misshandeln. Sie alle mögen glauben, aufgrund dessen, was sie als seelischen Ballast mitbringen, Gründe zu haben für das, was sie bei Kindern anrichten. Ich verstehe zwar, woher diese Verhaltensweisen kommen und warum sie ablaufen. Aber ich werde ein solches Verhalten niemals entschuldigen oder gar Nachsicht zeigen. Mein Mitleid gehört ausnahmslos den darunter leidenden Kindern. Denn was auch immer die Ursache für eine bestimmte Vorgehensweise ist – als denkende, erwachsene Menschen haben wir immer und jederzeit unseren freien Willen. Wir sind für unser Tun und unser Unterlassen vollinhaltlich verantwortlich, denn wir sind keine Marionetten im Theater des Lebens. Unsere eigenen, schmerzvollen Erfahrungen sind kein Freibrief, ähnlich oder noch schlimmer zu handeln. Wir haben in jedem Moment und in jeder Situation nicht nur das Recht, sondern sogar die Verpflichtung, immer wieder abzuwägen, welche Aktion angebracht oder nicht angebracht ist. Das gilt speziell für jene Personenkreise, die in pädagogischen Berufen arbeiten.

Zahlreiche Kindheitsforscher, Psychologen und Soziologen haben belegt, dass unsere Kindheitserfahrungen zentralen Einfluss auf unser gesamtes Leben haben und beispielsweise selbst erlebte Demütigungen später an andere weitergegeben werden. Die Psychoanalytikerin Alice Miller ist der Ansicht, dass das Erkennen und Verstehen der in der Kindheit selbst gemachten Erfahrungen Bedingung dafür ist, dass ähnliche Wiederholungen durch die eigene Person ausgeschlossen werden können. Das klare Bewusstsein von Erzieherinnen über ihre eigenen Kindheitserfahrungen ist ein wichtiger Anker dafür, dass sie nicht unbewusst und gedankenlos die Muster der eigenen Erziehung an die ihnen anvertrauten Kinder weitergeben.

UNFASSBARES AUS DER ERZIEHERISCHEN PRAXIS

Mit unserem »gesunden Menschenverstand« gehen wir zu Recht davon aus, dass Menschen, die sich beruflich mit jungen Kindern beschäftigen, Kinder auch mögen und sie liebevoll umsorgen. Der Gedanke, dass die größten Gefahren für Kinder gerade von jenen Menschen ausgehen könnten, deren Schutz sie unterstellt sind, scheint insgesamt ein aberwitziger zu sein. Ist es doch die angestammte Aufgabe von Erziehenden, für die ihnen anvertrauten Kinder die Basis für ein positives, selbstbestimmtes und verantwortliches Leben zu schaffen.

Betrachtet man jedoch die Geschichte der Kindheit und damit verbunden die Geschichte der Erziehung, wird schnell klar, dass all das, was Menschen zu empathischen und mitfühlenden Erwachsenen macht, erst seit ein paar Jahren in einigen Teilen der Bevölkerung – längst noch nicht in allen – Beachtung findet und erstrebenswert erscheint. Die Attribute bedingungsloses Angenommen-Werden, Willkommen-Sein, Achtsamkeit, Fürsorge, Zärtlichkeit, Partizipation, Loyalität, Empathie und Liebe befinden sich erst seit kurzer Zeit im Fokus dieses neuen Bewusstseins.

Je härter, desto besser – wirklich?

In vielen Familien und in viel zu hohem Ausmaß bei Pädagogen sämtlicher Couleur haben sich autoritäre Sichtweisen auf kindliche Entwicklung und Erziehung erhalten. Sie stammen teilweise aus dem späten 19. Jahrhundert oder gar aus der Zeit des Nationalsozialismus. Diese antiquierte Haltung und Sichtweise zeigt sich leider auch heute noch in vielen Familien und bedauerlicherweise in viel zu hohem Ausmaß bei Pädagogen. Die Zeiten, in denen man der Meinung war, je härter man Kinder behandele, desto besser würden sie im Leben bestehen, sind noch nicht überall Geschichte. Die allgemeine Einstellung über einen langen Zeitraum hinweg lautete: Kindern möglichst früh Gehorsam einbläuen, indem man ihren Willen bricht. Erziehungsratgeber aus lange vergangenen Tagen erteilen detailgetreue Anweisungen, wie hart und konsequent schon Säuglinge zu bestrafen seien, damit »Halsstarrigkeit«

gar nicht erst aufkommen könne. Diese brachialen Methoden waren nach dem Kindheitsforscher Hüter gesellschaftlich erwünscht und familiär gefordert, um Kinder schon vor dem dritten Lebensjahr gefügig zu machen. Der pragmatische Hintergrund dieser »wertvollen« Ratgeberlektüre: Den kindlichen Eigensinn möglichst frühzeitig auszuschalten, um Kinder in den folgenden Jahren geschmeidig nach den eigenen Vorstellungen und Wünschen formen zu können.

Einer der Gründe für die damals übliche frühe Gewaltanwendung war nach den Analysen der Frankfurter Soziologin Sigrid Chamberlain jener, dass man in ignoranter Unwissenheit der Meinung war, dass Kinder sich später sowieso nicht an diese Zeit erinnern könnten und im weiteren Verlauf ihres Lebens nur an die schönen, idyllischen Aspekte ihrer Kindheit zurückdenken würden. Was für ein fataler Irrtum. Das Erschreckende dabei: Ich kenne tatsächlich viele Menschen, die mit verklärten Augen von ihrer wunderschönen Kindheit schwärmen und dennoch in der Lage sind, Kindern Gewalt in dieser und jener Hinsicht anzutun. Diese Menschen haben die Horroraspekte ihrer eigenen Kindheit in die tiefsten Untiefen ihres Bewusstseins verdrängt. Verdrängt, nicht vergessen. Später, als Erwachsene, kommen gerade genug Erinnerungen ans Tageslicht, um sich derselben Verhaltensweisen zu bedienen, aber nicht so viele, um auch den massiven Schmerz wieder zu fühlen, der damals Teil des eigenen Lebens war. Dazu ist dieser zu tief im persönlichen Seelenkerker vergraben. Und so beginnt der gefährliche Kreislauf von Gewalt von neuem. Und Hans wiederholt, woran Hänschen so sehr gelitten hat.

Eines steht fest: Die Sicht auf Kindererziehung unterliegt einem ständigen Wandel. Lassen Sie uns jetzt gemeinsam einen Schritt in die Vergangenheit der Erziehung und Bildung machen, um dadurch das Heute besser zu verstehen.

Erziehung und Bildung im Laufe der Jahrhunderte

»Die Kinder von heute sind Tyrannen. Sie widersprechen ihren Eltern, kleckern mit dem Essen und ärgern ihre Lehrer!« Dieser Satz könnte einer aktuellen Tageszeitung entnommen sein, doch angeblich stammt er von Sokrates. Bereits in der Antike – also zu Sokrates' Zeiten – formte sich die für uns heute noch wesentliche Grundlage von Bildung und Erziehung. Die Basis für öffentliches Lernen von Lesen, Schreiben, Sport, Lyrik und Rechnen wurde im antiken Griechenland gelegt und von den alten Römern übernommen. Jungen bekamen erstmals Zugang zu einer umfassenden Bildung. Mädchen und die Kinder von Sklaven waren im Unterricht unerwünscht. Es war auch legal, ungewollte oder missgestaltete Kinder auszusetzen. Die bekanntesten ausgesetzten Waisenkinder sind wohl Romulus und Remus. Die Tötung der eigenen Kinder wurde bereits im Jahr 374 verboten, jedoch, wie so viele Gesetze, damals noch nicht beachtet. Betreffend die Einhaltung von Kindergesetzen gibt es übrigens auch heute noch keinen Grund, zu jubilieren.

Im Mittelalter wurde mit dem Aufkommen des christlichen Glaubens das Töten von Kindern endgültig untersagt. Sonstige Kinderrechte gab es nicht. Kinder mussten etwa ab dem siebten Lebensjahr genauso hart arbeiten wie Erwachsene. Die Kindersterblichkeit war hoch. Im Mittelalter und in der Renaissance fand dann Erziehung hauptsächlich in Klosterschulen statt, sie waren die Zentren des Wissens. Die höhere Bildung blieb zunächst vor allem dem Klerus, bis ins Mittelalter auch den Adligen, vorbehalten. Das Volk bildete die Handwerkszünfte – die Differenzierung zwischen arm und reich, zwischen geistiger und handwerklicher Arbeit ist also eine altbekannte Tradition. Das Ziel der Erziehung lag vorrangig darin, aus Kindern fromme und gottesfürchtige Menschen zu machen. Ungezogenen, lauten und vermeintlich triebhaften Kindern wurde durch Prügel mit der Rute der Teufel ausgetrieben.

Erst in der Renaissance entstanden die ersten Schulen für Bürger, und zwar für die Handelstreibenden, die dort Lesen, Schreiben und Rechnen lernten. Der größte Teil der Menschen ging, wenn überhaupt, in die wenig angesehenen sogenannten Winkelschulen, in denen oft Lehrer arbeiteten, die eine schlechte Ausbildung hatten oder gar keine Lehrer waren. Mitte des 17. Jahrhunderts, während der Aufklärung, verlor die Kirche zunehmend an Einfluss – die Wissenschaft wurde mächtiger. Immer mehr Menschen wollten mehr wissen und wurden zu Forschern in eigener Sache – es wurde zunehmend wichtiger, individuelle Fähigkeiten zu entwickeln.

Es entstand, geprägt durch den englischen Philosophen John Locke (1632–1704), das Bild vom Kind als »Tabula rasa«: Locke stellte die These auf, jeder Mensch sei bei seiner Geburt ein leeres Blatt, das erst durch Erziehung beschrieben werde. Wenn man es nur richtig mache, dann könne aus jedem Menschen alles werden. Locke empfahl, Kinder schon früh im Lesen zu unterrichten und rief dazu auf, ihnen keine Gewalt anzutun. Seine Theorie verbreitete sich bald in ganz Europa, es entstand eine neue Sicht auf die Kindheit, die zum ersten Mal als Reifeprozess zum Erwachsenwerden angesehen wurde.

Jetzt begannen die Jahrhunderte, in denen die Kindheit als eigener Lebensabschnitt galt – ein Lebensabschnitt, der sorgenfrei verlaufen und der freien Entfaltung dienen sollte, bevor das harte Leben als Erwachsener einsetzen würde. Fürsorge ersetzte die bisher herrschende Disziplinierung. Jean-Jacques Rousseau (1712–1778) reformierte alles bisher Dagewesene, indem er Erziehung aus der Sicht des Kindes betrachtete und zum Wohle des Kindes einordnete. Die Kindheit soll die schönste Zeit des Lebens sein, und nur in einer glücklichen Kindheit können die Grundlagen für ein glückliches Leben gelegt werden. Dieses Gedankengut zieht sich durch die Arbeit aller bekannten Philosophen und Pädagogen. Auch der Schweizer Pädagoge Johann Heinrich Pestalozzi (1746–1827) dachte neu. Er wollte die ganzheitliche Entwicklung von Kindern fördern. Man kann ihn guten Gewissens als Wegbereiter der Reformpädagogik bezeichnen.

Wer sein Kind liebt, züchtigt es?

In Deutschland folgte eine Zeit, in der Zucht und Ordnung den Ton angaben. Im Wilhelminischen Zeitalter (1890–1914) galt Gehorsam als selbstverständlich. Es gehörte zum Alltag der Kinder, dass sie bei Vergehen geprügelt wurden. Rohrstock und Teppichklopfer waren beliebte Gegenstände bei der Züchtigung von Nachkommen. »Wer sein Kind liebt, züchtigt es«, stand auf einer Postkarte, die ich schaudernd im Nachlass meiner Großmutter fand. Sie hatte sie einst meinem Vater geschrieben. Den Rest brauche ich, denke ich, nicht zu erklären, oder?

Ab Mitte des 19. Jahrhunderts wurde in Deutschland die Kinderarbeit Schritt für Schritt abgeschafft. Zeitgleich wurden in weiten Teilen Europas verpflichtende Schulen eingeführt, um Kindern den Zugang zu Bildung zu ermöglichen. Nicht deswegen, weil die Kinderfreundlichkeit sich plötzlich durchsetzte, sondern weil man beim preußischen Militär bemerkt hatte, dass Kinder, die zu früh zu hart gearbeitet hatten, sowohl körperlich als auch geistig zurückgeblieben waren.

Kinder – übrigens auch Frauen – waren in Teilen des Bürgertums gefühlt das Eigentum ihrer Männer, die sich allerdings selten an der Erziehung der Kinder beteiligten. Gewalt gegen Kinder wurde hauptsächlich von Frauen ausgeübt! Väter wurden, wie Sigrid Chamberlain zeigt, als zusätzliche, ultimative Bestrafungsmacht in besonders »schweren« Fällen herangezogen und prügelten auf Anweisung der Mutter am Abend eventuell noch einmal zur Bestärkung nach. So entstand in eben diesen Teilen des Bürgertums eine obrigkeitshörige Gesellschaft. Kinder übernahmen bewusst und unbewusst – garantiert aber ohne jegliches Hinterfragen, weil Widerworte unerwünscht waren – das Verhalten und die Gebräuche und Gepflogenheiten ihrer Eltern und der damaligen Gesellschaft. Kritisches Denken bezüglich dieser Form der Erziehung entstand erst ab Ende des 19. Jahrhunderts, als die ersten Reformpädagogen sich gegen das autoritäre und unreflektierte Denken in den Schulen auflehnten.

Das Ziel der Reformpädagogik – berühmte Vertreter sind: Maria Montessori, Friedrich Fröbel, Célestin Freinet, Janusz Korczak – war, wie Silke Pfeiffer in ihrer Geschichte der Frühpädagogik herausarbeitet, dass Kinder als Individuen betrachtet und geachtet werden. Diese Pädagogen förderten und forderten die Selbsttätigkeit bei Kindern und dadurch die Entfaltung deren kreativer Kräfte, das freie Gespräch und die Selbststeuerung. Sie vertraten schon damals die Ansicht, dass

Kinder Rechte haben und waren damit die ersten Vertreter für Partizipation, Gleichwürdigkeit und das Ernstnehmen von Kindern.

Wenn nur blinder Gehorsam zählt

Doch der neue Friede an der Erziehungsfront währte nicht allzu lange. In der Zeit des Nationalsozialismus wurde blinder und bedingungsloser Gehorsam die grauenvolle Basis von Vernichtung und Elend. Im »Dritten Reich« wurden Kinder aller Altersstufen gedemütigt und gequält, damit sie sich an Schmerz gewöhnten. Hart wie Kruppstahl und zäh wie Leder sollten sie werden, unverwundbar und stark. Das totalitäre Regime beherrschte alle Lebensbereiche, eigenständiges Denken wurde, ebenso wie selbstverantwortliches Handeln, bestraft. Erzieher und Lehrer, die sich nicht unterordneten, die das rassistische Menschenbild und das nationalistische Rollenbild nicht kritiklos lehren wollten, durften nicht mehr unterrichten.

Die extrem negativen Bilder von Kindern als äußerst gefährliche, durchtriebene, manipulative und von Natur aus bösartige kleine Wesen, die nichts anderes wollen als dominieren und wahrscheinlich sogar die Weltherrschaft übernehmen, wurden in der nationalsozialistischen Literatur stark propagiert. Das berühmteste Bespiel ist das Buch *Die deutsche Mutter und ihr erstes Kind* von Johanna Haarer, das von Sigrid Chamberlain herausragend analysiert wurde. Hauptsächlich aus diesem schwärzesten Kapitel der deutschen Geschichte hängt auch in dritter Generation nach dem NS-Regime noch viel in zu vielen Köpfen fest. Auch das gehört nach der Historikerin Miriam Gebhardt zum bitteren Erbe der Kriegskinder, -enkel und -urenkel. Ist es nicht unfassbar, dass die Angst vor kindlicher Tyrannei sich noch immer großer Beliebtheit erfreut und Kinder aus diesen

Gründen zum Teil noch immer mit Gewalt dressiert bzw. erzogen werden? All das, weil alt-etablierte Meinungen immer noch mehr wiegen als heutige, aktuelle Forschungsergebnisse?

Als der Zweite Weltkrieg überstanden war, musste dringend eine erzieherische Alternative für die Indoktrination des nationalsozialistischen Regimes gefunden werden. Im Westen versuchten die Alliierten eine demokratische Gestaltung der Schulen, während die Deutschen, die in der sowjetischen Zone lebten, die marxistisch-leninistischen Grundsätze in sich aufnehmen durften. Nach der Teilung Deutschlands überwog in der DDR ein vorwiegend autoritäres Denken. In der Bundesrepublik wurde ein regelrechter Bildungsschock dadurch ausgelöst, dass es den Russen 1957 gelang, den Satelliten Sputnik ins All zu schießen. Einige Menschen waren nun der Ansicht, die BRD habe in der naturwissenschaftlichen Ausbildung versagt – der Sputnik-Schock sorgte laut Ulrich Woelk für die Infragestellung der deutschen Erziehungssysteme und für die Angst vor einer Bildungskatastrophe, und es entstand ein neuer Drill, bei dem Wert auf Faktenwissen, Schnelligkeit und Wissenschaftsförderung gelegt wurde. Auffallend ist: Immer geht es um Angst – damals wie heute: die Angst, dass ein Kind es nicht schafft im Leben, die Angst, dass Kinder nicht ausreichend gebildet sind, die Angst, dass Ziele nicht erreicht werden. Die German Angst – ein international geläufiger Begriff, der die Deutschen als Bedenkenträger und Sicherheitsfanatiker beschreibt, ist keine neue Erfindung.

Neues Denken – volle Freiheit

Für eine Gegenströmung sorgte die Studentenbewegung mit dem neuen Credo der antiautoritären Erziehung. In selbstverwalteten Kindergärten, den sogenannten Kinderläden, wurden

den Kindern alle Freiheiten gegeben. Als Folge entstand eine Art Antipädagogik als Kontrastprogramm zur noch immer sehr autoritären und gewaltbelasteten Erziehung der bürgerlichen Mitte. Angelehnt an die Reformpädagogik sollten Kinder zu kritisch denkenden, ja sogar zu ungehorsamen Menschen erzogen werden. Es schwirrten damals allerlei abenteuerliche Theorien durch die Gegend, zum Beispiel, dass man Kinder vollkommen sich selbst überlassen solle, um sie von der angeblichen Gehirnwäsche der bisher bekannten Erziehung endgültig zu befreien. Mittlerweile ist klar, dass dieses andere Extrem, nämlich der propagierte passive Laissez-faire-Erziehungsstil, genauso wenig für das Wohl von Kindern sorgt. Denn Vernachlässigung und die Überstülpung von zu viel Verantwortung in zu jungen Jahren stellen definitiv auch eine Art von Seelenprügel dar.

Wildfang braucht Zähmung – tatsächlich und immer noch?

In weiten Teilen unserer Gesellschaft herrscht, wenn auch oft unausgesprochen, noch immer ein gewisser Zähmungsgedanke.

- Kinder sind von Geburt an böse.
- Kinder sind wie wilde Tiere, sie müssen gezähmt werden.
- Man muss Kindern möglichst frühzeitig den Willen brechen.
- Babys sollte man schreien lassen, weil man sie nicht verwöhnen darf.
- Man muss Kindern Gehorsam und Disziplin beibringen.
- Kinder haben still zu sein, wenn Erwachsene reden.
- Kinder versuchen Erwachsene an der Nase herumzuführen, um anschließend auf ihren Köpfen Samba zu tanzen.

- Kinder zerstören alles.
- Kinder sind Meisterstrategen, sie denken sich hinterlistige Manöver aus, um Erwachsene zu besiegen.
- Kinder sind Tyrannen.
- Die meisten Kinder sind verhaltensauffällig.
- Die Kinder von heute sind verzogen, laut, unangenehm und egozentrisch.

Wow. Was für eine wilde Ansammlung von Stereotypen und Generalismen. Schlimmer noch, in den letzten Jahren sind einige Bücher zu genau diesen Thesen erschienen. Diese haben natürlich sofort jene Leserschaft gefunden, die nur auf die Bestätigung ihrer Ängste, Befürchtungen und Bedenken gewartet hatte. Es ist ja so schön, wenn Meinungen Meinungen bestätigen – es ist aber auch gefährlich, vor allem, wenn es um die Entwicklung von Kindern geht! Keine der Thesen in Sachen »Wildfang braucht Zähmung« beruht auf wissenschaftlichen Untersuchungen, wohingegen Erziehungsstile und nach Karl Heinz Brisch die Auswirkungen verschiedener Bindungsstile und Gewalterfahrungen in der Kindheit mittlerweile mehrfach erforscht wurden. Der Autor Sven Fuchs zeigt auf, dass hinter jedem Tyrannen, Amokläufer und Verbrecher eine extrem autoritäre und von Gewalterfahrung geprägte Kindheit steckt.

Der Beginn der Kindheitsforschung

Die eigentliche Kindheitsforschung und damit auch das Wissen über die Lebensphase Kindheit begann in den 1960er-Jahren des vorigen Jahrhunderts und erlebt seit einigen Jahren ihren bisherigen Höhepunkt. Außerdem liefert sie permanent neue und überraschende Ergebnisse. Verhältnismäßig neu, etwa 20 Jahre alt, ist nach Gerald Hüther und Manfred Spitzer die Erkenntnis, dass Kinder selbst wissen, was sie brauchen und sogar eigenständige Highpower-Lerner sind. Und das schon vor der Geburt. Kinder werden als Mensch geboren, man muss keine Menschen aus ihnen machen, weil sie schon Menschen sind. Sie sind Individuen und keine Tabula rasa, sie haben Talente, Ideen, und ihre Seelen sind so einzigartig wie ihr Fingerabdruck. Das ist auch der Grund dafür, dass sich heute mehr und mehr die demokratische Erziehung durchsetzt und sich die Stimmen, die Beziehung statt Erziehung fordern, mehren. Kinder sollen frei denken, selbst Entscheidungen treffen und gleichwertig mit Erwachsenen leben. Einige fordern noch Grenzen und Regeln, andere sind der Ansicht, dass Kinder, die geachtet und geliebt werden, genau diese nicht brauchen, weil sie von Natur aus sozial und auf Kooperation angelegt sind.

Wenn ich Vortragsanfragen für Elternabende in Kindergärten bekomme, ist das mit Abstand beliebteste Thema »Kinder brauchen Grenzen«. Noch nie habe ich einen solchen Vortrag gehalten, weil ich weiß, dass die Erwartungen in eine Richtung gehen, die ich aus voller Überzeugung nicht bedienen will und bedienen werde.

Außen Hans, innen Hänschen

Kinder brauchen keine Grenzen, sie entwickeln automatisch Grenzen, wenn Erwachsene ihre eigenen Grenzen kennen und auf deren Einhaltung achten. Genau hier hat das ganze Übel seinen Anfang! Viele Erwachsene haben selbst keine

Grenzen, bzw. kennen ihre Grenzen nicht, weil sie in ihrer eigenen Kindheit keine haben durften und sie dadurch keine entwickelt haben. Sie sind grenzenlos überfordert, weil sie nicht wissen, wer sie sind, was sie wollen und was sie können. Sie sind wie Marionetten, die unreflektiert all das nachleben, was sie selbst erinnern und erlebt haben. Sie leben wie Hans, sind aber im Innersten noch immer Hänschen. Und Hänschen ist schwach. Sie sind leicht zu manipulieren, und manipulieren ihrerseits Kinder, weil sie nie gelernt haben, sich mit einem Gegenüber in der Tiefe zu beschäftigen, geschweige denn, würdevoll miteinander umzugehen und zu leben. Anpassung, Friede, Freude und Eierkuchen um jeden Preis – vor allem um den Preis der Individualität und der Freiheit –, daran hat sich nichts geändert. So ist das eben in diesem Leben. Man muss Kinder schließlich erziehen, die müssen ja lernen, was »man« tut oder nicht tut. Hänschen hat es so gelernt. Und Hans gibt es in voller Überzeugung, das Richtige zu tun, eins zu eins weiter.

Gleichgültig ob Eltern oder Pädagogen, jeder von uns war Kind und musste vielleicht ertragen, wie die eigene Integrität und Würde immer wieder missachtet und verletzt wurde. So konnten keinerlei (Selbst-)Führungskompetenzen entstehen, denn wenn man jahrelang psychisch klein gehalten wird, kann man eben kein souveräner Anführer sein – auch nicht für die eigenen Kinder. Meist begann es schon im Säuglingsalter – bereits hier wurden Bedürfnisse nicht erkannt, bzw. es wurde nicht angemessen auf die Bedürfnisse reagiert. Kinder wurden nicht ernst genommen, es wurde ihnen viel zu wenig zugetraut und vertraut, sie mussten funktionieren, und das taten sie. Widerspruch wurde nicht geduldet, das Wort der Erwachsenen war Gesetz. Kinder durften keine oder kaum eigene

Entscheidungen treffen, sie mussten gehorchen, brave und gute Kinder sein. Zuneigung und Liebe waren und sind noch immer in viel zu vielen Kinderleben an Bedingungen geknüpft.

In Fortsetzung der Tradition – »Hans« macht weiter

Heutzutage sind Kinder ständiger Beobachtung und permanenter Kritik ausgesetzt. Derzeit herrscht zudem galoppierender Kinderoptimierungswahn. Manche Kinder müssen perfekt sein und werden in Korsetts gepresst, die ihnen nicht passen, manche gehen in Kitas, die sie kreativ verstümmeln, weil sie von Angebot zu Angebot gehetzt werden. Heute wie früher sind Kinder das Projekt ihrer Eltern und Pädagogen, sie werden geformt und gestaltet, als würde es sich um einen Tonklumpen handeln, den man beliebig verändern darf, soll und muss.

Dabei wäre es für diejenigen Erwachsenen, die heute stellvertretend für Hans stehen, so einfach. Kinder gehören sich selbst und alles, was sie brauchen, ist Begleitung durch verantwortliche Erwachsene, die ihr eigenes Leben auf der Reihe haben und volle Verantwortung für sich und ihre Umwelt übernehmen. Das wären Vorbilder, von denen Kinder lernen könnten. Vorbilder, die durch eine natürliche und echte Autorität die Begleitung von Kindern übernehmen. Kinder folgen starken Menschen durch die Hölle und zurück. Je schwächer ein Mensch in sich ist – und genau das ist oft das Ergebnis einer restriktiven Erziehung –, desto mehr ist er von Normierung und Regelungen abhängig. Denn es muss ja von außen kommen, was innen nicht existent ist. Dadurch entstehen Bedingungen, in denen Kinder nicht gesund heranwachsen können, weil sie immer wieder verletzt wurden. Und in letzter Konsequenz später dann in Fortsetzung der »Tradition« selbst wieder Kinder verletzen. Die meisten psychisch gewalttätigen Erzieherinnen haben in ihrer Kindheit selbst unter einer autoritären Erziehung gelitten. Gehorsam und Pflicht wurden ihnen sowohl zu Hause als auch im Kindergarten und in der Schule gepredigt und eingetrichtert.

Echte, liebevolle und aufrichtige Beziehungen werden weder gestaltet noch gelebt, weil sehr wahrscheinlich diese Erzieherinnen selbst Empathie und Wertschätzung nie erfahren haben. Einige sind richtig brutal, andere gedankenlos, manche sadistisch und wieder andere wissen nicht einmal, was sie tun – aber sie alle handeln extrem unprofessionell und vergiften damit sowohl Kinderseelen als auch die Teams in ihren Einrichtungen. Erzieherinnen, die so handeln, haben mit Sicherheit ihr eigenes Leben, ihre traumatischen Erlebnisse nicht reflektiert und geordnet und sind dadurch eine Gefahr für Kinder. Denn alles, was sie selbst belastet, belastet ihre Beziehung zu den Kindern. Die alten Lasten, die die Erziehenden bei sich selbst nicht ansehen wollen, weil sie vielleicht Angst davor haben, die Büchse der Pandora zu öffnen, werden zu neuen Lasten der Kinder, die sie eigentlich sorgsam und liebevoll begleiten sollen. Es ist die höchste Pflicht und Aufgabe von Erzieherinnen, zuerst sich selbst zu reflektieren und zu erziehen und dann erst die Kinder anderer. Niemand, absolut niemand darf hier wegsehen, auch wenn dieses Hinsehen noch so sehr schmerzt.

Wider den Teufelskreis

Mir geht es bei Seelenprügeln nicht um Kleinkram und um alltägliche Konflikte, jeder vergreift sich mal im Ton und wird ungeduldig und unwirsch. Das sind Fehler, für die man sich bei Kindern entschuldigen kann und sollte, und Kinder verstehen und verzeihen das auch sehr rasch und verständnisvoll. Worum es in diesem Buch geht, das sind Seelenprügel intensivster Natur, die sich nachweislich schädlich auf Kinder auswirken. Noch immer werden viel zu viele psychisch gewaltvolle Erziehungspraktiken von einer Generation an die nächste weitergegeben, es stehen fast alle Täterinnen in der Tradition ihrer Vorfahren. Unsere Aufgabe ist es, diesen Kreislauf der Gewalt zu durchbrechen und zu verhindern, eine neue Haltung einzunehmen und neue, andere Wege zu gehen.

Eine glückliche Kindheit ist weit mehr als die Abwesenheit psychischer Gewalt, wobei die Abwesenheit von Gewalt die Grundbedingung für eine glückliche Kindheit ist. Es ist ganz einfach – jeder Buchhalter wird bestätigen, dass man nur das geben kann, was man hat. Es sei denn, man lebt auf Kredit, und das geht langfristig selten gut aus, weder im finanziellen, noch im emotionalen Bereich. Es drohen Überschuldung, Burn-out und Zusammenbruch des gesamten Systems – ob bei Banken oder Seelen. Wie sollen Menschen, die nicht an sich glauben, sich selbst nicht lieben und das Leben als permanenten Kampf sehen, Glaube, Liebe und Hoffnung an Kinder weitergeben? Das kann und wird nicht funktionieren – der Teufelskreis wird sich immer weiterdrehen, wenn wir nicht endlich etwas dagegen tun.

Was autoritäre Erziehung anrichtet

Ich denke, um zu verstehen, was autoritäre Erziehung anrichtet, muss man noch mehr ins Detail gehen: Das Bild vom Kind in einer autoritären Erziehungsschleife ist nach Michael Hüter geprägt vom Denken, dass ein Kind Führung braucht, damit es diszipliniert wird und nicht verwahrlost. Freiheit wird vom dominanten Erzieher gegeben und genommen, und die Grenzen und Regeln bestimmt ausschließlich der Erwachsene. Kindliche Bedürfnisse werden kaum wahrgenommen, Meinungen von Kindern zählen nicht – Kinder haben zu gehorchen und werden dominiert. In streng hierarchischen Familien und Institutionen herrscht oft ein harter Ton und der Umgang miteinander ist distanziert und selten herzlich. Es gibt kaum Gespräche, dafür umso mehr Anweisungen, Drohungen und jede Menge Bestrafungen. Kinder werden permanent kritisiert und herabgesetzt. Dadurch befinden sie sich stets in einer schwachen Position und in einer Abhängigkeit, die sich negativ auf ihre Entwicklung auswirkt.

Die meisten Erwachsenen, die als Kinder dominiert wurden und andauernd Anweisungen befolgen mussten, haben es dem Psychologen Philip Zimbardo zufolge nie gelernt, eigene Entscheidungen aufgrund eigener Gedanken zu treffen. Sie leben ein unkritisches, und, ich wage zu sagen, gedankenloses Leben, sind abhängig von der Meinung anderer, und das, »was die Leute sagen«, ist der Maßstab ihres Lebens. Oft haben autoritär erzogene Menschen kaum Selbstbewusstsein, sie leiden unter diffusen Ängsten, sichern sich gegen alles und jedes ab und vertrauen weder sich noch anderen. Ich denke, für Versicherungsverkäufer sind sie Traumkunden, denn sie sehnen sich nach Sicherheit, weil ihnen die Welt voller Gefahren erscheint. Sie haben nie gelernt, Konflikte zu lösen und sich zu behaupten. Genau das können sie auch als Erwachsene nicht, und so bleiben ihnen, wenn sie sich nicht rechtzeitig reflektieren, nur wenige Wege und keine Auswege. Die einen ordnen sich ihr ganzes Leben lang unter und führen ein Leben, das von der Meinung »der Leute« abhängig ist. Die anderen rebellieren und erkennen keinerlei Autorität an.

Kindern gegenüber sind sie im Umkehrschluss wiederum höchst autoritär. Jene Menschen, die sich als Kinder unterordnen mussten und noch immer in diesen alten, ihnen aufgezwungenen hierarchischen Mustern denken, sind als Erwachsene nun in der Machtposition unterwegs und erwarten ebenso wie ihre Eltern, Erzieher und Lehrer von einst, dass man sich ihnen unterordnet – weil sich das ja so gehört! Sie haben nie gelernt, miteinander zu reden und sie kennen keine kreativen Lösungsfindungen. »Wenn ich es sage, dann ist es so, weil ich es sage!« ist ihr von früher übernommenes Credo!

Im Extremfall führt autoritäre Erziehung zu ernsten Erkrankungen wie Zwangsstörungen, Sadismus und Paranoia – mit Sicherheit resultiert sie in einer Haltung Kindern gegenüber, die im 21. Jahrhundert nicht angebracht ist und hoffentlich bald ein Ende hat. Sie erinnern sich an den virtuellen Drachen im Turnraum und an Chucky, die Mörderpuppe? Kein psychisch gesunder Mensch würde Kindern absichtlich auf diese grausame Art und Weise Angst einjagen – das ist meine tiefste Überzeugung und ein klarer Beweis aller hier geschilderten Auswirkungen.

Wenn Menschen ihre Macht im Erwachsenenalter missbrauchen und eigene Probleme auf Kosten von ihnen anvertrauten Kindern und Familien gehen, dann muss von außen eingegriffen werden, um das Wohl dieser Kinder zu gewährleisten. Es braucht – ich kann es nicht oft genug wiederholen – eine neue Haltung.

Schmerzpunkt

Wie soll das Leben eines Menschen gelingen, wenn er immer Angst verspürt, Befürchtungen hat und angespannt ist? Wie soll ein Mensch sein ganzes Potenzial leben, wenn er sich wenig zutraut und zu wenig wagt? Wie soll ein Mensch mit den Widrigkeiten des Lebens zurechtkommen, wenn er keine brauchbaren Strategien erlebt und gelernt hat? Kinder haben keine Wahl, sie sind abhängig von den Erwachsenen und deren Verhalten, denn sie lernen das, was ihnen vorgelebt wird, und wenn es Gewalt ist, dann lernen sie eben Gewalt. Kinder werden erwachsen und werden dann das Gelernte direkt an ihre Kinder weitergeben, und schon schließt er sich, der Teufelskreis. Der transgenerationale Wahnsinn geht weiter, denn so war es ja schon immer.

Außen Hans, innen Hans

Das Erzieherinnenverhalten in vielen Einrichtungen zeigt, dass es genau diesen Teufelskreis auch heute noch gibt. Obwohl die Welt im Außen inzwischen eine andere ist, hat sich einiges leider noch immer nicht verändert. Viel zu viele Erzieherinnen haben nur von ihren Vorfahren gelernt. Wiederholte Prügel an der eigenen Seele und am eigenen Leib haben sie gelehrt, hart zu sich und deshalb auch hart zu anderen zu sein.

Alice Miller beschreibt in *Am Anfang war Erziehung*, dass man in vergangenen Zeiten stets nur das Beste für das Kind wollte, es sollte sich in die jeweilige Gesellschaft kritiklos integrieren und dort bestehen können. Dahinter stand und steht scheinbar noch immer die Absicht, passende, angepasste Kinder zu erschaffen. Tatsächlich? Sind wir wirklich noch immer nicht weiter? Ich frage Sie: Haben wir diese Gedanken, dieses

Verhalten tatsächlich nicht hinter uns gelassen? Wir alle tragen das Erbe unserer Vorfahren in uns und zwar genauso lange, bis wir uns dazu entschließen, uns mit unserer Vergangenheit zu beschäftigen. Nur wenn wir diese im Detail kennen, uns mit ihr auseinandersetzen, ja, uns mit ihr arrangieren, können wir erkennen, was gut und weniger gut war, was wir behalten und was wir loslassen wollen. Dann erst beginnt unser eigentlicher Weg – der Weg in unser Leben. Unsere Kindheit lag nicht in unserer Hand – aber für unsere Gegenwart sind wir alleine verantwortlich! Es ist definitiv an der Zeit, dass Hänschen sich verabschiedet und Hans kraftvoll und mit neuem Handeln die Bühne betritt.

2. Von Generation zu Generation – bitte keine Schuldzuweisung

Veränderungen machen Angst und Arbeit,
deshalb sollten Mut, Tatkraft und Fehlerfreundlichkeit
ganz oben auf der Liste der Tugenden stehen.

Seelische Gewalt ist omnipräsent. In Kitas, in Schulen und in Familien. Woher kommt sie? Warum ist kein Ende in Sicht? Gibt es Schuldige? Wenn ja, wer sind sie? Hilft die Suche nach Schuldigen überhaupt? Ich denke, bloße Schuldzuweisungen bringen uns nicht weiter – wir müssen uns auf eine intensive Ursachensuche begeben und daraus resultierend versuchen, Lösungen zu finden, damit psychisch gewaltsame Erziehung endlich ein Ende haben kann.

Begleiten Sie mich auf den folgenden Seiten in Richtung Ursachenfindung. Machen wir zum Einstieg einen Ausflug zu kleinen süßen, weißen Tierchen – lassen Sie uns zusammen Labormäuse besuchen!

Von Mäusen und Mäusen

Die meisten Mäusemütter kümmern sich, wie in sämtlichen »Licking-and-Grooming«-Experimenten gezeigt werden konnte, liebevoll um ihre Mäusebabys. Sie schmusen mit ihnen und lecken ihnen zärtlich das Fell. Doch es gibt Ausnahmen. Manche Mäusemütter erledigen nur das Notwendigste – ein bisschen Pflege hier und da –, aber sie offerieren keine Extraportion Schmusen. Wenn man die Mäusekinder der verschiedenen Mäusemütter beobachtet und darauf achtet, wie sie bei Stress reagieren, kommen hochinteressante Resultate zutage. Diejenigen, die beschmust werden, reagieren stressresistenter. Die Beobachtungen der Wissenschaftler gingen sogar noch weiter. Sie untersuchten nämlich das Erbgut und die Gehirne von viel beschmusten und weniger beschmusten Mäusen und wurden fündig. Sie stellten bei den Mäusen, die sehr viel Aufmerksamkeit ihrer Mütter erhielten, fest, dass diese Erfahrungen in der frühen Mäusekindheit eine bestimmte Gehirnregion verändert hatten. Das bedeutet – sehr stark vereinfacht dargestellt –, die jeweiligen Umwelteinflüsse veränderten das Erbgut und damit das Gehirn. Sie verändern nicht die Gene direkt, sondern chemische Vorgänge schalten manche Gene an und andere aus, bzw. sie verhindern, dass manche Gene gelesen werden können.

Die brisanten Erkenntnisse sind damit noch nicht zu Ende! Die Kinder der Vielschmuser zeugten ihrerseits wiederum Vielschmuser und damit Mäusekinder, die in stressigen Situationen entspannter waren, schneller lernten und sich insgesamt mutiger zeigten. Das erfreulichste Ergebnis ist jedoch folgendes: Wenn man ein wenig beschmustes Mäusemädchen einer Vielschmusermäusemutter zuführt, und es ab dann regelmäßig abgeleckt wird, wird es erwiesenermaßen auch mutiger, lernt schneller und bleibt bei Stress gelassener. Und das Allerschönste: Wenn so ein Mäusemädchen selbst Mutter wird, entpuppt es sich eindeutig als Vielschmusemäusemutter! Und damit ist – ohne dass ich Menschen und Mäuse in den direkten Vergleich bringen will – eigentlich schon fast alles gesagt. Wer als Kind keine Liebe und Zuneigung bekommt, kann sie später als Erwachsener nicht weitergeben. Damit haben wir schon eine der Ursachen für das – gelinde ausgedrückt – lieblose Verhalten vieler Erzieherinnen aufgedeckt. Die Sache ist jedoch noch sehr viel komplexer.

Zurück zu unserer Mäusegeschichte. Das ist Epigenetik – diese vergleichsweise neue wissenschaftliche Disziplin untersucht den Einfluss von Umweltfaktoren auf Gene. Wir alle haben eine individuelle genetische Ausstattung von unseren Vorfahren mitbekommen, und lange dachte man, es gebe so etwas wie »gute« und »schlechte« Gene, die unveränderbar seien. Dass dem nicht so ist und wir alle Einfluss auf unsere Gene und auf die unserer Nachkommen haben, ist eine wunderbare Erkenntnis. Gleichzeitig impliziert dies, dass wir nun in sehr viel höherem Ausmaß verantwortlicher für unser Tun sind. Denn die Ausrede »die Gene sind ›schuld‹, ich kann nichts dafür« steht damit nicht mehr zur Verfügung.

Von Generation zu Generation

Unsere Träume, unser Selbstbild, unsere Fantasien und unser emotionales Leben kommen nicht nur aus uns selber. Wir tragen die Erlebnisse unserer Vorfahren tief in uns! Sie überschatten und beeinflussen unser heutiges Leben. Das ist, wie der Naturwissenschaftler Bernhard Kegel in seinem Buch über Epigenetik zeigt, definitiv kein esoterischer Schnickschnack, das ist seriöse Wissenschaft!

Die Ärztin Katharina Drexler belegt, dass traumatische Ereignisse, die von denen, die sie erlebt haben, nicht verarbeitet oder integriert wurden, bis in die dritte Generation eine lebenslange Bedrohung und Belastung darstellen können. Transgenerationale Übertragungsphänomene sind der Grund, warum es immer mehr psychische Erkrankungen gibt und auch die exakte Ursache, warum Gewalt so viele Chancen hat, weiter und weiter zu bestehen und sich quasi von Generation zu Generation zu »vererben«.

Auch bei Extremtraumatisierungen durch Kriegs- und Foltererlebnisse zeigen sich schwere Beeinträchtigungen der psychischen Gesundheit in allen folgenden Generationen. Epigenetische Untersuchungen bei Menschen finden, wie in den Forschungen der Trauma-Expertin Rachel Yehuda, vor allem in der psychotherapeutischen Arbeit mit Überlebenden der Shoah, ihren Kindern und Enkeln, wie auch bei Therapien mit den Tätern und deren Nachkommen statt.

In Deutschland gab es bis in die 1960er-Jahre nur wenig therapeutische Angebote für die breite Masse. Die wenigen, die zur Verfügung standen, wurden oft nicht genutzt, weil Menschen der Kriegsgeneration Vorbehalte und tief sitzende Ängste gegenüber Psychotherapien hatten. Diese Ängste sind unter anderem auch das Resultat der Gehirnwäsche aus der Zeit des nationalsozialistischen Regimes – alle Schwächen und Schwachen galten als lebensunwert. Menschen, die nicht der herrschenden Ideologie entsprachen, wurden systematisch vernichtet. Dazu zählten auch psychisch Kranke. Dementsprechend hat so mancher Mensch, der heute lebt, große Angst davor, mental krank zu sein. Krank sein würde ja bedeuten, schwach zu sein. Und schwach darf man nicht sein. Schwäche, sofern sie vorhanden ist, darf man auf keinen Fall zeigen. Denn Schwache wurden getötet. So schließt sich ein generationsübergreifender traumatischer Kreislauf.

Nichts wird je vergessen

Destruktive Familiengeheimnisse, frühe Prägungen von Angst und Gewalt, psychische und physische Traumata, festzementierte Glaubenssätze und familiärer Druck dominieren als generationsübergreifende Verstrickungen noch immer das Leben zu vieler Menschen und beeinflussen ihren Alltag.

Sicher, Eltern geben all das seit Generationen in ihnen steckende positive Erleben an ihre Kinder weiter, aber leider auch uralte Probleme und Blockaden. Schockierende Ereignisse, entsetzliche Schmerzen, herbe Verluste und tiefes Leid werden direkt weiter und weiter vererbt, darin sind sich so unterschiedliche Forscher und Experten wie Rachel Yehuda, Alice Miller, Bernhard Kegel und Ingrid Müller-Münch einig. Bis in die Moleküle unserer Körper hinein sind die Übertragungen von Umwelteinflüssen inzwischen nachweisbar, und es gibt zahlreiche Theorien darüber, auf welche Weise das stattfindet.

Wie funktioniert dieses fatale »Erben« der Gefühle im Detail? Wie kann es sein, dass Kinder bestimmte Symptome wie Ängste, Schuldgefühle, innere Leere, Bindungs- und Beziehungsstörungen, Albträume und sämtliche psychosomatische Erkrankungen entwickeln, die sie eigentlich nicht haben dürften? Ganz so, als hätten sie die Erfahrungen ihrer Vorfahren und Eltern selbst gemacht, all dieses Leid selbst erlebt?

Die tiefste mögliche Weitergabe ist eine epigenetische, man könnte es auch als die Vererbung von Stressregulation bezeichnen. Es gibt außerdem die Weitergabe von Stresskrankheiten, wie posttraumatische Belastungsstörungen von erkrankten Müttern an ihre Kinder. Ebenso existiert die Variante, dass Erziehungsideale unreflektiert an die nächsten Generationen weitergegeben werden. All das sind unbewusst ablaufende Übertragungsmechanismen.

Auch Missbrauchserfahrungen kommen in denselben Familien über Generationen immer wieder neu vor, sie pflanzen sich schleichend fort. Ein klassischer Mechanismus ist beispielsweise jener, dass sich in der Kindheit misshandelte Frauen – ob nun körperlich oder psychisch – unbewusst wieder einen Partner suchen, der sie auf diese Weise behandelt. Und dass in weiterer Folge, sofern die Frauen das Muster nicht rechtzeitig erkennen, durchbrechen und sich aus der Situation nehmen, ihr Partner dann auch wieder die eigenen Kinder misshandelt. Diese Frauen, sofern sie in der Beziehung verbleiben, haben nicht erkannt, in welch fatalem Kreislauf sie sich befinden. Daher haben sie auch nicht verstanden und gelernt, sich selbst zu schützen, und sie haben leider auch noch nicht gelernt, ihre Kinder zu schützen.

Traumatisierte Mütter – traumatisierte Kinder – traumatisierte Erzieherinnen?

Beobachtet man traumatisierte und nicht traumatisierte Mütter in Interaktionen mit ihren Kindern, zeigen sich höchst signifikante Unterschiede. In Stresssituationen überlegen traumatisierte Mütter viel mehr, was ihr Kind von ihnen erwartet und wie sie am besten reagieren sollten. Während nicht traumatisierte Mütter intuitiver aus ihrer eigenen Emotionalität heraus mit ihren Kindern umgehen. Im Gegensatz dazu beschrieb die Harvard-Psychologin Karlen Lyons-Ruth schon 1996, dass traumatisierte Mütter im Umgang mit ihren Kindern oft hilflos sind. Folgender Versuch, den ein Team um Sabine Herpertz von der Uniklinik in Heidelberg durchführte, verdeutlicht dies sehr klar: Kindern wurde eine Aufgabe gestellt, die sie ganz sicher nicht lösen konnten, da die Aufgabe bewusst als zu schwierig gewählt wurde. Das frustrierte diese Kinder zutiefst. In der Folge beobachtete man, wie die Mütter mit dem Frust der Kinder umgingen. Es stellte sich heraus, dass die nicht traumatisierten Mütter versuchten, ihren Kindern zu helfen und gemeinsam mit ihnen die Lösung zu finden. Traumatisierte Mütter hingegen haben das Kind nicht weiter unterstützt. Wenn wir uns nun vorstellen, dass sich ja auch mit großer Wahrscheinlichkeit unter den Erzieherinnen in vielen Kitas derartig traumatisierte Menschen befinden, entsteht sicher ein erstes Verständnis darüber, warum Kinder in diesen Einrichtungen mit ihren Nöten so oft alleine gelassen werden.

Im Computertomografen wurden die Gehirne der Versuchsmütter noch einmal untersucht, während sie verschiedene Situationen mit ihren Kindern erlebten. Der spezielle Fokus lag auf der Amygdala, der Gehirnregion, die für Gefühle zuständig ist. Bei den traumatisierten Müttern zeigte sich eine besondere Aktivität, wenn es um stressige und konflikthafte Situationen ging, während bei den nicht traumatisierten Müttern die leichten und positiven Situationen eine höhere Aktivität in der Gefühlsregion auslösten. Vereinfacht ausgedrückt – die einen sahen ein halb volles Glas, die anderen ein halb leeres!

Spannend ist, dass bei den traumatisierten Müttern auch die Gehirnregionen aktiv waren, in denen das Gedächtnis sitzt. Das ist ein Indikator dafür, dass sich die Mütter sehr wahrscheinlich jedes Mal an ihre eigenen traumatischen Erlebnisse aus früheren Zeiten erinnern, wenn es bei ihnen stressig wird. Diese Erlebnisse sind also extrem tief verwurzelt und omnipräsent in ihren Reaktionen.

Definitiv keine Frage der Schuld

Doch die Traumatisierungen gehen noch viel weiter zurück. Ganze Generationen sind noch immer durch Kriege traumatisiert. Auch jene Menschen, die mit einem Krieg eigentlich nichts zu tun hatten, die Kriegskinder und Kriegsenkel, leiden. Sven Fuchs, Ingrid Meyer-Legrand, die schon öfter erwähnte Ingrid Müller-Münch, Michael Schneider und Mark Wolynn haben in ihren Büchern sehr klar direkte Auswirkungen und generationsübergreifende Folgen des Zweiten Weltkrieges beschrieben. Ich denke, es ist jedem Leser hier vollkommen klar, dass die Soldaten vergangener Kriege massive Gewalt erlebten, selbst getötet haben und Todesängste ausstanden. Und dass genau das in allen Kriegsgebieten auf dieser Welt genauso wieder und wieder geschieht und geschehen wird. Auch in dieser Hinsicht wird dieser Kreislauf sich also von Generation zu Generation leider fortsetzen.

Und dann werden diese Kriegsteilnehmer Eltern. Die Väter, die von der Front nach Hause kommen. Die Mütter, die den Wahnsinn eines Krieges mit allen seinen Belastungen und Herausforderungen er- und überleben mussten. Die von beiden Elternteilen erfahrenen traumatischen Erlebnisse haben logischerweise massive Auswirkungen auf die Bindungsfähigkeit und auf das Urvertrauen ihrer Kinder. Kinder, die einmal Erwachsene werden und ins Berufsleben eintreten. Und zum Beispiel den Beruf der Erzieherin ergreifen.

Bindungsmuster können nicht alleine aus der Imitation oder aus Lernvorgängen erklärt werden. Oft entstehen sie durch intergenerationale Weitergabe. Besonders die desorganisierte Bindung, die einem Menschen besonders große Probleme macht, ist meist das Ergebnis eines Bindungsaufbaus mit einer traumatisierten Bindungsperson. Dass auch Erzieherinnen Kinder waren und ganz sicher auch manche in traumatisierten Familien aufgewachsen sind, liegt auf der Hand. Und dann arbeiten genau diese Menschen in Kitas und sollen tragfähige und liebevolle Beziehungen zu Kindern aufbauen. Wie soll das gehen, sie haben es ja nie gelernt. Sie hatten in ihrem Ursprungsumfeld keine Chance dazu. Man hat es ihnen nicht gezeigt, niemals vorgelebt. Sie haben diese Problematik generationenübergreifend einfach mitbekommen. Direkt Schuld daran sind sie definitiv nicht. Was sie jedoch nicht von der Verantwortung entbindet, das, was in ihrem eigenen Leben so eindeutig nicht in Ordnung ist, zu erkennen und in der Folge aufzuarbeiten!

Traumatisierte und damit psychisch kranke potenzielle Bindungspersonen sind eine große Gefahr für Kinder, denn Kinder brauchen Menschen, die präsent und erreichbar sind. Sind Erzieherinnen aufgrund ihrer eigenen, mitgebrachten und unverarbeiteten Probleme nicht richtig verfügbar oder können sie dem einzelnen Kind in einer schwierigen Situation nicht helfen oder es nicht beschützen, erlebt das Kind eine hoch paradoxe Situation. Die Quelle des Schutzes wird zur Quelle der Angst! Dieser für Kinder nicht verstehbare Widerspruch führt zum zeitweisen Zusammenbruch ihrer Überlebenssysteme. Sie wissen nicht, was sie tun sollen oder können – sie schreien, oder sie verstummen. Und ein neuer, komplexer Kreislauf im Sinne von »Generation zu Generation« setzt sich unheilvoll in Bewegung.

Die schwere Bürde der Familiengeheimnisse

Die eigenen Bindungsqualitäten sind ausschlaggebend dafür, wie ein Mensch sich selbst sieht und wie er die Beziehungen zu seinen Mitmenschen gestaltet. Davon hängt es letztlich ab, wie sich die Gesellschaft insgesamt entwickeln kann. Bindungsunfähige Mütter, die sehr kühl mit ihren Kindern umgehen, haben oft schmerzvolle Dinge erlebt, über die sie nicht sprechen. Kinder fühlen instinktiv, dass da etwas ist, können es aber nicht einordnen. In diesem Vakuum manifestieren sich oft Ängste, die nachhaltig prägen. Genau dann, wenn besonders »laut« geschwiegen wird, werden Kinder hellhörig und extrem sensibel, was die Störungen ihrer Eltern betrifft. Sie passen sich an und stellen ihre eigenen Bedürfnisse zurück – an Selbstentfaltung ist nicht zu denken –, dafür ist im familieneigenen Lebenskäfig kein Platz. Auf diese Weise entsteht eine negative Symbiose – ein sekundäres Trauma. Es ist sehr oft die schwere Bürde dieser Familiengeheimnisse, die sich auf die Seelen der Kinder überträgt.

Wir dürfen uns dabei nichts vormachen. Man kann Kindern nichts verschweigen oder verheimlichen! Sie spüren alles. Sie lesen die Körperhaltung ihrer Eltern in höchster Präzision – denn auch wenn Eltern nicht reden, kommunizieren sie unablässig nonverbal. Kinder können mit ihren feinen Antennen genau wahrnehmen, wenn sich Eltern bei einem schwierigen Thema verspannen. Oder die Schultern hängen lassen, wenn sie traurig sind. Kinder sind Meister im Lesen subtiler Signale – denn ihr Leben hängt davon ab, genau diese Form der Kommunikation zu beherrschen.

Affektabstimmung zum Überleben

Aus der Säuglingsforschung weiß man, dass Babys ihre Körperbewegungen an den Sprachrhythmus ihrer Mütter anpassen – sie werden ein Echo ihrer Mutter und besitzen die angeborene Fähigkeit, die Mimik eines Erwachsenen zu imitieren. Machen Sie doch einmal folgenden Versuch: Wenn Sie das nächste Mal ein Baby treffen, schauen Sie das Kind an und strecken Sie dem Kind mit einem freundlichen Gesicht die Zunge raus. Wiederholen Sie diese Geste einige Male, und Sie werden sehen, das Baby streckt Ihnen auch die Zunge raus.

Diese Affektabstimmungen sichern dem Baby das Überleben. Babys wissen instinktiv: Je besser sie sich anpassen, desto mehr kümmert man sich um sie. Vergessen wir dabei nicht, dass ihr Überleben in diesen so jungen Tagen und Jahren ja vollkommen abhängig davon ist, dass man sich um sie kümmert. Aus diesem Grund nehmen Babys aktiv Kontakt auf, um Beziehungen aufzubauen. Sie passen sich ihrem Gegenüber an, weil sie unbewusst erkennen, wie sie bei diesem am besten ankommen.

So ist es auch zu erklären, dass Kinder von depressiven Müttern ruhiger, zum Teil sogar apathisch sind. Diese Kinder kommunizieren langsam und leise, sie haben oft einen abwesenden Blick, und wenn sie älter werden, kann man beobachten, dass sie meist eine schlaffe Körperhaltung einnehmen. Kinder passen sich ohne Zweifel immer wieder an – es liegt an uns als Eltern und Erziehenden, woran und an wen sie sich anpassen!

Kinder identifizieren sich automatisch mit dem Leid ihrer Eltern. Verantwortlich dafür sind Spiegelneuronen – besondere Nervenzellen in unseren Gehirnen. Durch sie haben wir die Möglichkeit, uns in andere Menschen hineinzuversetzen. Jetzt kommt wieder die Epigenetik zum Zug. Man geht heute davon aus, dass – sehr vereinfacht dargestellt – unsere Gene an- und abgeschaltet werden können. Es kommt dabei auf die Umweltbedingungen an, welches Gen an oder aus ist – darauf haben wir Einfluss. Dazu ein sehr persönliches Beispiel: In meiner Familie haben fast alle Menschen Diabetes Typ 2. Die Wahrscheinlichkeit, dass ich dieses Gen trage, ist ziemlich hoch. Würde ich mich in den vergangenen 30 Jahren wie ein Kaninchen ernährt haben, hätte die Zuckerkrankheit keine Chance gehabt, der Schalter stünde auf »aus«. Bei mir ist der Schalter an, und ich habe alles dafür getan, damit er auch nicht mehr ausgeht. Käsekuchen & Co sind daran sicher nicht schuld, ich hätte all das ja nicht essen müssen. Das Wunderbare an epigenetischen Vererbungen ist, sie sind reversibel, also umkehrbar – auch das wurde, zumindest in Versuchen mit Ratten und Mäusen, schon nachgewiesen. Es besteht also Hoffnung, dass auch ich den diesbezüglichen Schalter vielleicht noch einmal umlege.

Familiengeheimnisse ans Licht bringen und auflösen

Menschen, die ihre familiären Verstrickungen ablegen wollen, sollten sich mit ihren Familiengeheimnissen auseinandersetzen, auch wenn es schwerfällt und schmerzhaft ist. Das wird nicht jeder schaffen. Aber jeder, der im pädagogischen Bereich arbeiten will, in Kinderkrippen und Kindergärten, der MUSS es schaffen. Ansonsten ist aus meiner Sicht ein Einsatz dieser Personen in einer Einrichtung nicht zulässig. Ja, sich diesen von Generation zu Generation weitergegebenen Traumata und Schmerzen zu stellen, erfordert höchsten Mut. Menschen, die beruflich mit Kindern arbeiten, müssen sich selbst ohne Ausnahme zumuten, durch diesen Prozess zu gehen, und sich dieser so starken emotionalen Auseinandersetzung mit eventuellen eigenen und ererbten Traumata stellen. Dieser Prozess ist unbedingt erforderlich, um Kinder vor neuen Traumata zu bewahren.

Niemals, niemals in der Kita

Alle diese Blockaden können gelöst werden. Sobald offen über die verschiedenen Gräueltaten der Vergangenheit gesprochen wird, ist es möglich, die dadurch verursachten seelischen Verletzungen zu heilen. All das Erlebte wird dadurch nicht weniger grausam, aber zumindest fassbar. Unfassbar ist jedoch, dass Grausamkeiten durch die eigenen unbewussten und unausgesprochenen Geschichten und Familiengeschichten immer weiter und weiter getragen werden.

Kein Mensch wird böse geboren. Manche Umfelder legen allerdings Schalter um, die besser für immer auf AUS geblieben wären – und ein solches Umfeld darf niemals, niemals eine Kita sein. Es liegt in unserer Verantwortung, dass wir zumindest in den Kitas – betreffend die allerjüngsten und schwächsten Mitglieder unserer Gesellschaft – eine Umwelt der absoluten Gewaltfreiheit schaffen.

Seelenwunden, die unversorgt bleiben, sind für den betroffenen Menschen selbst schädlich. Denn er wird dadurch nie sein gesamtes Potenzial leben können und sich nicht in ausreichendem Ausmaß entfalten. Aber vor allem gilt: Ein zerstörter Mensch wird dieses epigenetisch bedingte Zerstörungswerk weiter fortsetzen – bei sich und bei anderen. Wir werden das insgesamt nie ganz verhindern können. Wir können jedoch dafür sorgen, dass es nicht gerade in Kitas vorkommt.

Wenn Erzieherinnen aufgrund ihrer vererbten Muster nicht in der Lage sind, empathisch zu agieren oder liebevolle, beständige Beziehungen aufzubauen und offerierte Bindungsangebote anzunehmen, wenn sie – schlimmer noch – sogar seelisch grausam zu Kindern sind, dann müssen wir von nun an verhindern, dass sie ihre eigenen unverarbeiteten Probleme zu den Problemen einer neuen Generation machen. Sie sind Kinder von Traumaopfern und damit selbst Traumaopfer. Und solche haben in Bildungseinrichtungen, so drastisch dies auch klingen mag, absolut und gar nichts verloren. Denn Erzieherinnen, die das Kind oder das Enkelkind einer traumatisierten Familie sind und dieses Familientrauma nie aufgearbeitet haben, stellen für Kinder eine Gefahr dar. Doch es gibt Wege aus dem Labyrinth dieser alten, so tief verkrusteten Teufelskreise.

Diese Wege zu beschreiten ist nicht einfach. Wie könnten sie es auch sein? Sich aus dem grauenhaften und wahr gewordenen Albtraum dessen, was von Generation zu Generation vollkommen falsch lief, zu befreien, ist kein Frühlingsspaziergang. Wer sich darauf einlässt und es schafft, sich ohne wilde Schuldzuweisungen an frühere Generationen aus diesem Kreislauf zu befreien, hat höchste Hochachtung verdient. Und darf in einer Kita arbeiten.

3. Spieglein, Spieglein an der Wand – Reflexion als Prävention

Die Lösung liegt da wie ein klarer Bergsee –
der Weg dahin führt steil bergauf, durch Morast und Dickicht –,
es liegt an uns, ob wir stehen bleiben oder ankommen.

Eines steht fest: Es ist nicht wirklich neu, dass in Kitas immer wieder Varianten von Gewalt gegen Kinder vorkommen. In »schönster« Regelmäßigkeit erscheinen aufrüttelnde Artikel in Tageszeitungen und Zeitschriften. Im Jahr 2017 brachte die ARD eine vielbeachtete Reportage mit dem Titel *Blackbox Kita – Was passiert mit den Kindern?*. Danach herrscht nach typischem Muster einige Tage lang allgemeine Empörung, bevor das lesende oder fernsehende Publikum wieder zur Tagesordnung übergeht. Manche raffen sich alarmiert – durch diese temporäre Sichtbarmachung hoch entrüstet und tief betroffen – unter Umständen ja doch dazu auf, diese Themen einmal zu googeln. Sie geben dann vielleicht »Gewalt durch Erzieherin« in die Suchmaske ein und erhalten unzählige Treffer. Wer wirklich interessiert ist, liest jetzt einige Beiträge auf der ersten Resultatseite und steigt noch tiefer in die persönliche Betroffenheit ein. Aber viel mehr wird nicht passieren. Zu viele andere Ablenkungen und neue Skandale politischer oder welcher Natur auch immer bündeln die Aufmerksamkeit des werten Publikums. Und man geht zur Tagesordnung über.

Spieglein, Spieglein an der Wand

Wir tun nichts oder nicht genug. Ein mutiger Blick in den Spiegel ist definitiv angesagt. Und zwar nicht der Blick in den Zauberspiegel aus Schneewittchen, bei dem die Königin nur jene Antworten akzeptierte, die sie als Fragestellerin hören wollte. Wir sollten vielmehr einen langen und mutigen Blick in den Spiegel der Wahrheit werfen. Und danach die Klarheit und Einsicht aufbringen, das, was wir darin zu sehen bekommen, auch heroisch anzunehmen und entsprechend zu handeln. Dazu ist tiefe Reflexionsarbeit erforderlich.

Die Frage, die ich mir immer wieder intensiv stelle und auch in meinen Ausbildungen thematisiere: Wie können wir es schaffen, dass Kinderrechte im Alltag eingehalten werden? Wie können wir es schaffen, dass alle Kinder in Kitas sicher sind? Wie können wir es schaffen, dass in Kitas der Kinderschutz keine Frage des »Glücks« oder Zufalls ist, sondern eine Selbstverständlichkeit – und das bitteschön überall? Ich finde es höchst unverantwortlich und unglaublich, wie wenig in der Praxis über diese bei allen doch mehr oder weniger bekannte Problematik gesprochen wird. Und noch unverantwortlicher und noch unglaublicher, wie wenig gehandelt wird! Dabei ist es im Prinzip doch so einfach. Wir brauchen in der Tiefe geeignete, gut ausgebildete Menschen, die das, was sie tun, können und auch gerne tun.

Reflexion – die wirkungsvollste Prävention

Ich bin überzeugt: Diese so wichtige Reflexion muss auf mehreren Ebenen stattfinden. Beginnen wir mit der reflexiven Ebene der Erzieherinnen vor Ort, in jenen Einrichtungen, denen wir unsere Kinder anvertrauen.

Zugegeben, diese Reflexion ist nicht einfach – denn wie definiert sich im Detail, wer geeignet ist und was eine gute Ausbildung darstellt? Vor allem, was ist los mit den Menschen, die in Kitas arbeiten? Sehen sie die so oft präsente seelische Gewalt? Und wenn ja, wie gehen sie damit um? Wie definieren sie seelische Gewalt für sich? Wo beginnt für jeden einzelnen diese Form der Gewalt und was ist jeder einzelne bereit, zu tun, um sie zu verhindern? Warum gibt es immer noch so viele blinde Flecken und offenes Wegschauen in den Kitas? Erzieherinnen müssen – und das ist ein eindeutiges, unbedingtes MUSS –, wenn sie Kindeswohlgefährdung vermuten, gemäß § 8 a Abs. 4 SGB VIII in eigener Verantwortung ein mehrstufiges Kinderschutzverfahren einleiten. Dies verläuft in mehreren Schritten. Der erste Schritt ist es, das Gehörte und Gesehene detailliert zu dokumentieren und zu melden. Und genau hier begegnen wir schon der ersten Hürde im Zuge dieses Verfahrens. Wer meldet schon so einfach eine Kollegin? Vielleicht noch dazu eine, die schon sehr lange in dieser Einrichtung tätig ist und bei der Leitung höchste Wertschätzung genießt? Hier tut sich ein Dilemma auf. Denn »man« verpetzt doch niemanden, mit dem »man« gestern nach Dienstschluss noch beim Pizzaessen war – das tut »man« einfach nicht. Wenn Erzieherinnen mich zu solchen Gewissensqualen befragen, gebe ich immer dieselbe Antwort: »›Man‹ quält auch keine Kinder.« Mir ist die prekäre Situation, in der sich viele Erzieherinnen im Rahmen solcher

Konflikte befinden, absolut bewusst. Aber zu der unbedingt notwendigen tiefen Reflexion gehört es auch, das Wesentliche im Auge zu behalten. Und das ist nun einmal vorrangig und über jeden Zweifel erhaben das Wohl der Kinder.

Einige Fachkräfte erkennen das im Zuge ihrer Reflexionsarbeit. Sie dokumentieren und agieren. Bei anderen findet der Blick in den Spiegel nicht oder nicht in ausreichender Intensität statt. Was tun sie stattdessen? Sie verschließen alle Sinneskanäle, um nur ja nichts mitzubekommen. Sie bemühen die drei Affen in Reinkultur – nichts hören, nichts sehen, nichts sagen. Und machen weiter wie immer. Business as usual in der Kita. Andere entwickeln spezielle Fertigkeiten im Finden von Ausreden. Warum es heute nicht geht, warum es morgen nicht geht. Warum es nie gehen wird, gewisse Vorgänge zu dokumentieren, warum es ja eigentlich nicht so schlimm ist. Weil man es ja auch selber er- und überlebt hat. Wir erinnern uns an die generationenübergreifenden Muster, nicht wahr? Und die beliebteste aller Ausreden: »Wenn ich es selbst nicht mache, hat es ja nichts mit mir zu tun, und ich darf weiterhin wegsehen.« Präventive Reflexion, wie sie – nicht – im Buche steht.

So sehr sich viele Erzieherinnen diese brisanten Situationen um des eigenen Gewissensfriedens willen schönreden, so sehr irren sie. Es hat mit jeder einzelnen von ihnen zu tun. Wer Missstände sieht und erkennt, hat die Pflicht, zu handeln. Wer es nicht tut, trägt zur Problematik als eindeutige Mittäterin bei. Ich habe dazu eine sehr klare Meinung: Sowohl die Verteilung von Seelenprügeln durch die eigene Person als auch das Herunterspielen oder Wegsehen ist immer ein Zeichen einer desolaten Persönlichkeitsstruktur, die zudem durch fehlende Professionalität und mangelnde Verantwortungsübernahme gekennzeichnet ist.

Man kann – wenn man will

Die Aussage, »man könne es ja nicht ändern«, ist eine peinliche Bankrotterklärung an sich selbst, denn man kann. Man kann jederzeit. Wenn man es wirklich will und sich traut, Augen, Ohren und Mund aufzusperren. Und doch tun noch immer viel zu viele Erzieherinnen genau das nicht. Die Ausreden, um das Nicht-Agieren zu rechtfertigen, die ich in diesem Zusammenhang am meisten gehört habe und immer wieder höre, finde ich gelinde gesagt schwierig: »Es liegt an der Teamstruktur, an den schlechten Rahmenbedingungen in einer Kita, an der Qualität der Ausbildung oder gar an den Kindern, die immer wieder provozieren.« Schwierig deswegen, weil diese Rahmenbedingungen in den meisten Einrichtungen genau so gegeben sind. Das bringt dieses Berufsfeld sehr oft mit sich. Das Gros der Erzieherinnen kommt damit gut zurecht und ist nicht gewalttätig! Diese banalen Ausreden, keine Meldung vorzunehmen, wenn man als Kollegin genau weiß, was vor sich geht, funktionieren also schon einmal nicht.

Ich weiß, dass der Personalschlüssel in der Kita-Praxis eine reine Katastrophe darstellt. Es ist nur sehr selten ausreichend Personal da. Die, die anwesend sind, bewegen sich auf einem permanent hohen Stresslevel. Das Schöne daran: Viele Erzieherinnen machen sogar dann einen ausgezeichneten Job. Wofür man nicht oft und innig genug danken kann. Und es sind auch genau sie, die nicht zögern, wenn es darum geht, Missstände beherzt aufzuzeigen. Sie haben ihre Reflexion erfolgreich hinter sich gebracht und sind bereits in Sachen gelebter Prävention unterwegs.

Andere wiederum sind von Reflexion so weit entfernt wie der Nord- vom Südpol. Jene, die eine gewisse Gewalt gegenüber

Kindern als normal ansehen, die unempathischen aus der Liga »hat uns auch nicht geschadet«. Die, die emotionsverflacht und unreflektiert durch die Welt taumeln und ihre eigene Unfähigkeit den Kindern in die Schuhe schieben wollen. Es sind die, die kaum oder kein Wissen über gesetzliche Schutzmaßnahmen haben und definitiv keine Ahnung davon, was Seelenprügel sind, wo sie beginnen und welche Auswirkungen sie haben. Es sind die, die abgestumpft durch die (Kita-)Welt laufen und über viel zu wenig Fachwissen und Kompetenzen für diesen Beruf verfügen. Um diese Menschen in neue Denkmuster und damit neue Wege zu katapultieren, muss die Reflexion auf einer Basisstufe beginnen und sich stetig in neue Sphären vorarbeiten. Das erfordert höchste Selbstführung und den Willen, zu verstehen, was allerdings nicht jeder Person gegeben ist.

An dieser Stelle darf ich wieder einmal auf die »zuschauenden« Kolleginnen verweisen. Diejenigen, die angstgehemmt sind und vielleicht feige. Auch sie sind von der so wichtigen Reflexion meilenweit entfernt. Sie sorgen sich um ihr Ansehen im Team, sie wollen ja nicht als Verräterinnen abgestempelt werden und machen sich auch um das Ansehen der Kita Gedanken. Doch wenn »es« rauskommt – und früher oder später kommt »es« immer raus –, dann ist der Ruf der Kita definitiv ruiniert, und der Ruf der Erzieherinnen gleich mit. Auch das sollten diese bänglichen und egozentrierten Zweiflerinnen und Zauderinnen in letzter Konsequenz unbedingt bedenken.

Wir müssen uns nicht alle liebhaben

Reflexion ist auch auf einer anderen Ebene erforderlich: Ja, eine Kita ist eine soziale Einrichtung, aber sie soll und darf nicht automatisch ein Auffangbecken für erwachsene »Kinder« sein. Soziales Umfeld hin oder her, eine Kita ist kein geeigneter Ort für die »faulen Äpfel« im Team. Denn in einer solchen Einrichtung ist ständig extrem viel zu tun, die Verantwortung für die Kinder ist dermaßen hoch und bedeutend, dass dort nur Menschen arbeiten sollten, die absolut dazu in der Lage, ja im Idealfall, dafür gemacht sind!

Es wird in diesem Zusammenhang höchste Zeit, den sozialen Grundgedanken vieler Einrichtungen, der da lautet: »Wir müssen uns alle lieb haben, um ein gutes Team zu sein«, ein für allemal loslassen und ihn durch einen neuen Zugang zu ersetzen: »Wir müssen hier alle gut und vor allem professionell arbeiten, um ein erfolgreiches Team zu sein.« Nein, es ist nicht erforderlich, sich im Kreis herum lieb zu haben. Das ist unter Umständen sogar kontraproduktiv, wenn man nämlich aus diesem falsch verstandenen Gefühl von Loyalität beginnt, fehlgeleitete Kolleginnen zu schützen. Worum es geht, ist verlässliche Kameradschaft und Partnerschaft, und das immer zum Wohle der Kinder. Und vor allem auch darum, eine Kollegin, die ihrer Aufgabe nicht gewachsen ist und die die ihr anvertrauten Kinder quält, klar und ohne lange eigene Befindlichkeiten zu melden. Es wird Zeit, dass weniger geredet und mehr gehandelt wird. Und mit Handeln meine ich das beinharte Kündigen von Kita-Personal, das für diesen Beruf nicht geeignet ist, Seelenprügel verabreicht und als Resultat ihres Wirkens unglückliche und traumatisierte Kinder in die Welt entlässt. Und ja, der eklatante Personalmangel in dieser

Branche ist mir bekannt. Da ist intensive Reflexion für die Leitungsebenen von Kitas gefragt. Es kann einfach nicht länger angehen, dass aus Angst vor Personalproblemen Menschen in Positionen behalten werden, die die Seelen unserer Kinder nachhaltig verletzen. Ich weiß, das schreibt sich sehr einfach, setzt sich jedoch sehr viel weniger leicht um. Trotzdem ist konsequentes Vorgehen ohne Angst, faule Kompromisse oder diverse Befindlichkeiten der einzige Weg, eine neue Haltung und neues Handeln auszulösen.

Seelentauchen – der Beginn der Veränderung

Wer auf diesem neuen, sicher nicht einfachen Weg vielleicht ins Straucheln kommt, der werfe immer wieder einen direkten Blick in den Spiegel und erinnere sich: Es geht um das Seelenheil und die Zukunft von Kindern, die in Gefahr sind. In Gefahr durch Menschen, die angeblich Kinder lieben, die ja so gerne mit Kindern arbeiten wollen und vor allem eine staatlich geprüfte Ausbildung absolviert haben! Diese Menschen können oder wollen nicht anders? Sie reden sich ein, sie können nichts ändern? Was für ein geballter Unsinn, der rasch unterbunden werden sollte! Ich rufe zur Reflexionspflicht in allen Ausbildungen auf! Zur Biografiearbeit, und das nicht nur so ein bisschen nebenbei als Alibihandlung, sondern als echte, tiefe Reflexion. Eine Reflexion, bei der man seinen Schatten so intensiv begegnet, dass man sie nicht länger ignorieren kann und sich mit ihnen auseinandersetzen muss. Es geht dabei um das Eintauchen ins eigene Leben, in die eigene Seele und alle dort gespeicherten Erfahrungen, Verwundungen und Überzeugungen. Dazu muss man erst couragiert in sein eigenes (Lebens-)Schiff einsteigen und weit aufs Meer hinausfahren. Dorthin, wo kein Land mehr in Sicht ist und die Wellen bedrohlich hochschlagen. Und während die Meereswogen immer gewaltiger werden und das Schiff verhängnisvoll kentert, kommen die heftigsten Fragen und Gefühle hoch. Nun hilft nur eines: Weg vom jetzt nutzlosen Boot und abtauchen. Sehr, sehr weit nach unten. Bis auf den Grund aller verdrängten Probleme, alten Muster und Verletzungen. Bis auf den tiefsten Grund aller Schmerzen, die uns schon immer begleiten. Wer sich diesem Prozess entschlossen aussetzt, begegnet, wie beim echten Tauchen, einer anderen, einer neuen Welt, die sich verheißungsvoll erschließt. Natürlich muss man diesen schweren Tauchgang in die tiefsten Abgründe der eigenen Seele nicht alleine absolvieren, denn es gibt Tauchlehrer in Form von Psychologen, Therapeuten und Coaches. Wer die Kraft und hohe Selbstführungskompetenz besitzt, sich auf diese Weise selbst zu reflektieren, ist schon tief im Präventionsmodus angekommen.

Um die so wichtigen Präventionsmaßnahmen auf den Weg zu bringen, braucht es als Grundlage und zu Beginn einer jeden Ausbildung intensive Biografiearbeit. Wir benötigen dazu eine bessere und transparente Feedback-Kultur in den Einrichtungen. Wir brauchen Teams, die sich mit Gewalt und den Entstehungsbedingungen von Gewalt auskennen und sich stets auf aktuellem Wissensstand befinden. Wir brauchen auch Teams, die über Kinderrechte Bescheid wissen und gelernt haben, wie sie diese im Alltag gewährleisten können. Wir brauchen externe Trainer, die Kita-Teams sensibilisieren und mit ihnen Strategien zum richtigen Umgang mit seelenprügelnden Kolleginnen erarbeiten. Wir brauchen eine Kultur des Hinsehens, Regelkataloge und Schutzkonzepte für den Umgang mit Kindern und im

Team. Ich meine damit nicht die üblichen, schon vorhandenen Einrichtungskonzeptionen, sondern kristallklar formulierte Regeln, deren Nichtbeachtung sofortige arbeitsrechtliche Folgen hat. Es muss ein Ende haben mit Wegschauen, oder bloß zaghaftem Hinschauen. Ein Ende von Gesprächen und abermals Gesprächen, die für gewisse Personen neue Chancen und immer wieder neue Chancen als Resultat haben. Es kann nicht sein, dass die schlechtesten Erzieherinnen so viele Chancen bekommen, während die Kinder keine einzige haben und in ihrem täglichen Leid nicht gehört und gesehen werden? Warum werden genau diese Erzieherinnen, vollkommen unabhängig von ihrem Alter, ihrer Berufserfahrung und von ihrem Bildungsweg, nicht verpflichtet, endlich begleitete Biografiearbeit zu machen? Ja, das wird teuer – unbezahlbar jedoch wird es, wenn wir wie bisher weiter machen. Dann zahlen unsere Kinder diesen Preis. Und das hat kein Kind verdient.

Empathischer Perspektivenwechsel

Wenn Erzieherinnen Biografiearbeit machen, können sie so manche schwierige Klippe umschiffen, die sie bisher in die direkte Kollision gehen ließ. Sie lernen, nicht nur sich selbst besser zu verstehen, sondern auch die Kinder und Familien, mit denen sie täglich zu tun haben. Die beiden Zauberworte dabei sind empathischer Perspektivenwechsel im Innen wie im Außen.

Im Idealfall findet eine solche Lern- und Lebensanalyse zu Beginn jeder Ausbildung statt. Auf diese Weise räumen angehende Pädagoginnen zunächst ihr Leben und sich selbst auf, bevor sie mit Kindern und ihren Familien arbeiten. Es geht darum, sich selbst zu verstehen, um in der Folge die Tür zum

Verständnis für andere zu öffnen. Es geht um das Aufarbeiten von persönlichen Erfahrungen, um Haltungen und Einstellungen. Es geht um die Akzeptanz von Unterschieden, um die Analyse von Beziehungsmustern und das Erkennen von Prägungen.

Bei biografischen Reflexionen werden, wie Anja Bastigkeit in ihrer Studie zu Bildungsbiografie und Bildungsarbeit beschreibt, Denk- und Handlungsweisen, Vorlieben, Abneigungen, Empfindungen und Interpretationen angesehen und hinterfragt. Wenn man einen solchen Prozess der Selbstreflexion in Begleitung eines liebevoll kritisch nachfragenden Profis durchläuft, entstehen garantiert neue Wege, neues Handeln und neues Verhalten. Wünschenswert wäre die regelmäßige Begleitung jedes Kita-Teams durch einen solchen Profi. In einem erziehenden Beruf sollte es, wie bei Therapeuten, eine Verpflichtung geben, sich selbst anzuschauen, bevor andere angeschaut werden können.

Heilungsgedanke

Erzieherinnen, ganz besonders jene, die Kindern Gewalt antun, sollten beginnen, sich selbst zu hinterfragen. Wo komme ich her, wie ist mein sozialer Hintergrund? Welches Familienmodell lebe ich jetzt, welches habe ich erlebt? Was kann ich gut, und was kann ich nicht? Wieso mögen mich manche Menschen, andere aber nicht? Und was macht das mit mir? Würde ich mit mir selbst leben wollen? Wie gehe ich mit Abneigung um? Wie fühle ich mich, wenn mich jemand schlecht behandelt? Wie fühle ich mich, wenn mich jemand gut behandelt? Was bringt mich zum Weinen, was zum Lachen? Der Fragenkatalog lässt sich noch endlos fortsetzen. Und ja, sich diesen Fragen und ihren Antworten zu stellen, kann ein schmerzvoller Prozess sein. Aber, er ist auch zutiefst heilsam. Ich weiß das, weil ich in meinen Weiterbildungen genau diese Fragen und noch viele mehr regelmäßig stelle.

Diese tiefe Auseinandersetzung mit sich selbst wird für die Erzieherinnen den Umgang mit Kindern und ihren Familien sowie den Umgang mit Kolleginnen garantiert positiv verändern. Wenn man die Schatten beleuchtet, verlieren sie ihre Bedrohung, denn Licht ist immer stärker als Dunkelheit – auch und gerade in unseren Seelen. Aber – und das ist ein gewaltiges Aber – es braucht enormen Mut, um sich auf die Suche nach dieser Helligkeit zu machen. Es gilt, neue Wege zu gehen – und Unbekanntes macht Menschen nun einmal Angst.

Selbstreflexion mit vielen Facetten

Bei der Selbstreflexion beleuchtet man, wie Ingrid Miethe in ihrem Buch zur Biografiearbeit demonstriert, zunächst das eigene erlernte Denken und Handeln und setzt es dann in Beziehung zu anderen. Dadurch entstehen Verstehen und Verständnis. Dieses erweiterte Verständnis ist die Grundlage für eine kindgerechte und positive Pädagogik, die ich im letzten Kapitel dieses Buches noch genauer beschreiben werde.

Wenn Erzieherinnen sich auf den Weg zu sich selbst machen, werden sie auch kulturellen Fragen begegnen. Fragen, die in einer multikulturellen Gesellschaft unabdingbar sind und für die Arbeit in Kitas, in denen Familien aus allen Ländern zugegen sind, eine wichtige Rolle spielen. Ich habe es in einem der bisherigen Kapitel schon erwähnt. Das Thema Essen und Mahlzeiten ist in einer Kita immer ein heißes Eisen. Fragen, die alles rund ums Essen betreffen, sind besonders heikel, denn sie berühren viele emotionale Nebenschauplätze. Welche Bedeutung hat Essen? Wie und wann wurde in der eigenen Kindheit gegessen? Wurde mit Essen belohnt oder bestraft?

Insgesamt geht es dabei um Lernkultur, um Schlafkultur und um Kleidungskultur, aber auch um Konflikt- und Streitkultur – wurde geschwiegen oder flogen die Fetzen? Wie wurde bestraft, war es laut oder leise? Welche Art Prügel gab es, und wie ist die Erinnerung daran? Was hätte man sich selbst als Kind anders gewünscht und woran hat man geglaubt? Worin wurde man enttäuscht? Hat Religion eine Rolle gespielt und welches Gottesbild wurde vermittelt? War es ein liebender und guter Gott oder ein strafender?

Wie war die Stimmung bei einem Gewitter, haben sich alle verkrochen und hatten Angst, weil der liebe Gott zürnt? Sind alle auf die Straße und haben im Regen getanzt und bei jedem Blitz »Ahhhh« gerufen, wie bei einem Feuerwerk? Gab es Botschaften, Symbole, Aberglauben? Was davon gilt noch heute für Sie als Erzieherin? Und vor allem, was davon geben Sie unbewusst und unangebracht an Ihre Schutzbefohlenen weiter?

Die Auseinandersetzung mit der eigenen Geschlechtsidentität, den eigenen Werten und der eigenen Kultur ist die Grundlage für den vorurteilsbewussten Umgang mit anderen Menschen. Die Reflexion der eigenen Lern- und Bildungsbiografie ist die Basis für die Arbeit mit Kindern in einer Bildungseinrichtung. Dazu drängen sich für Erzieherinnen die folgenden Fragen auf: Wie war die Rollenverteilung in meiner Familie? Wie stehe ich zu Alleinerziehenden? Wie lebe ich meine Rolle als Frau, fühle ich mich wohl dabei, gäbe es Alternativen? Was ist typisch Mädchen, typisch Junge? Wie komme ich damit zurecht, und wie gehe ich damit um, wenn Kinder oder Erwachsene meinen Klischees nicht entsprechen? Wie war mein Bildungsweg? Wie lerne ich? Lerne ich gerne? War ich im Kindergarten, und wie war diese Zeit für mich? Was bedeutet Bildung? Welche Erzieherinnen mochte ich am liebsten und warum? Welche mochte ich nicht und warum nicht? Habe ich Vorbilder, wenn ja, welche und was imponiert mir an ihnen? Was fällt mir leicht, und was mache ich am liebsten?

Fragen, Fragen, Fragen, und jede einzelne führt ein weiteres Stück in die Selbsterkenntnis. Tiefer und tiefer wird der Tauchgang und mit jedem Meter abwärts wird die Welt reichhaltiger, bunter und diverser. Es erscheinen neue Perspektiven, Hirn und Herz erweitern sich und kommen langsam dahin, wo sie hingehören. Erzieherinnen mit großem Herzen und klugen, weitreichenden Gedanken sind ein Segen für Kinder, denn sie haben verstanden, dass wir alle gut und einzigartig sind. Sie pressen niemanden in Formen und Förmchen – mehr und mehr Kinder können dann endlich so sein, wie sie sind. Sie sehen, bewusste Reflexion ist eine wunderbare Prävention für alle Arten von Prügel – ganz besonders für Seelenprügel.

Königsklasse Reflexion und ein verbindlicher Test

Wer in der persönlichen Reflexion so weit kommt, als erstes zu überlegen, ob man das, was man im Begriff ist, einem anderen anzutun, auch sich selbst antun würde und bereit ist, sich vorher zu überlegen, was der andere fühlen wird, wenn man es ihm angetan hat, dann ist das Reflexion der Königsklasse. Man könnte fast schon Philosophie dazu sagen! Reine Friedensprophylaxe wären auch Reflexionsfragen bezüglich der Herkunft und der eigenen Migrationserfahrung, auch in der Familiengeschichte. Für Menschen, die in mehreren Kulturen leben, ist es sicher spannend, herauszufinden, welcher Kultur sie sich näher fühlen und warum. Für alle wichtig ist die Frage, welche

Normen und Werte wir mit Kultur verknüpfen und wie wir mit Menschen anderer Kulturen in Kontakt kommen können. Die Frage, ob eine Erzieherin mit Menschen anderer Kulturen in Berührung kommen will, ist sowieso obsolet. Falls die Antwort darauf ein kategorisches Nein ist – vollkommen falscher Job! Für die Arbeit in einer Kita genauso überflüssig wie die Fragen: Mögen Sie Kinder oder atmen Sie gerne?

Ich fordere einen verbindlichen Test, der aussagekräftig genug ist, um die Eignung für diesen Beruf überhaupt festzustellen. Mediziner müssen vor dem Berufseinstieg einen solchen Test zwingend ablegen, Piloten und Polizisten ebenso – auch von diesen Berufsgruppen hängen zahlreiche Menschenleben ab.

Und Erzieherinnen und auch Lehrer, denen wir das Wohl und die Ausbildung, ja die Stabilität, unserer zukünftigen Generationen anvertrauen, dürfen einfach so, ohne weitere Qualifikationsabfrage, in ihr kommendes Berufsleben spazieren? Diese so wichtigen Berufe darf man schon ergreifen, wenn man es schafft, einigermaßen gute Noten zu bekommen. Verstehen Sie mich nicht falsch: Natürlich sind die fachlichen Kompetenzen einer abgeschlossenen Ausbildung wichtig. Aber Noten sagen nicht viel über die tatsächlichen Kompetenzen eines Menschen aus. Schon gar nicht im sensiblen Feld rund um die Betreuung und Erziehung von Kindern.

Denn überfachliche Kompetenzen wie Social Skills, also Fähigkeiten wie emotionale Stabilität, Gewissenhaftigkeit, Zuverlässigkeit, Durchsetzungsfähigkeit, Anstrengungsbereitschaft und Motivation sind im Erwachsenenalter nicht mehr oder nur teilweise erlernbar. Also jene Eigenschaften, die aufzeigen, wie ein Mensch »tickt«. Sie vor der Ausbildung zu kennen und einzuordnen, könnte helfen, eklatant falsche Berufsentscheidungen zu vermeiden.

Warum also werden in den Schulen, wenn es um die Berufswahl geht, keine Persönlichkeitstests angeboten? Stellen Sie sich vor, eine junge Frau will Erzieherin werden, und beim Test zeigt sich, dass sie am liebsten alleine Entscheidungen trifft, nur bedingt kontaktfreudig ist und Gelassenheit nicht zu ihren Stärken zählt – wer weiß, vielleicht würde sie dann noch einmal über ihren Berufswunsch nachdenken, bevor sie sich an einer Fachschule für Erzieherinnen bewirbt.

Ein weiterer Grund zur Reflexion – Gütesiegel

Immer wieder wird auch der Ruf nach Kita-Gütesiegeln laut. Ich kann das sehr gut nachvollziehen. Denn schließlich ist so ziemlich alles TÜV-geprüft, und jedes Ei hat ein Gütesiegel. Nur für Kitas und Schulen gelten keine allgemein gültigen Qualitätsverpflichtungen – zumindest keine in Sternenform, die der Öffentlichkeit auf den ersten Blick die Qualität einer Einrichtung nahebringen.

Die vorhandenen Qualitätsverpflichtungen sind undurchsichtig und für Uneingeweihte schwer verständlich. Es existieren zahlreiche Qualitätsfeststellungsverfahren, sowohl für interne und externe Evaluationen als auch für eine Kombination aus beiden. Die Frage dabei ist nur: Was sagen sie wirklich aus? Die Meinungen der Fachwelt über Sinn und Unsinn, Verpflichtungen und einzuhaltende Mindeststandards gehen weit auseinander. Auch darüber wäre unter Experten dringend zu reflektieren, um zu einer einheitlichen, transparenten und länderübergreifend gültigen Regelung zu gelangen.

Dabei stellt sich eine grundsätzliche Frage: Würden solche Gütesiegel den Eltern die Wahl der richtigen Kita wirklich erleichtern? Sind Gütesiegel tatsächlich aussagekräftig? Oder sind sie vielmehr ein rein wettbewerbliches Element, bei dem kleine Einrichtungen, mit geringem Budget und dementsprechenden Räumlichkeiten, keine Chance auf fünf Sterne hätten? Obwohl die drei fantastischen Erzieherinnen, die dort arbeiten, ein wahrer Segen für jedes Kind sind? Würden nicht immer jene Einrichtungen die vollen fünf Sterne bekommen, die gute Beziehungen zu wem auch immer haben und deren Räumlichkeiten grandios ausgestattet sind? Wer garantiert, dass eine Kita ihre Sterne nicht durch ein Gesamtpunktesystem bekommt? Denn würde das passieren, dann könnten die perfekten Räumlichkeiten und die edle Materialausstattung eine hohe Personalfluktuation, die meist ein Zeichen für Leitungs- und Teamprobleme ist, locker ausgleichen. Eltern hätten dann zwar eine Fünf-Sterne-Einrichtung, aber noch immer keine gute erzieherische Qualität. Denn eines dürfte bei der bisherigen Lektüre klar geworden sein, das Wichtigste in einer Kita sind die Menschen, die dort arbeiten. Was nützen die schönsten Räume, wenn sie menschlich kalt und leer sind?

Wie also könnte man die Gesamtqualität und die Menschlichkeit – vor allem des Personals – korrekt und aussagekräftig überprüfen und darlegen? Wie könnte man die Absenz von Seelenprügeln dokumentieren? Es wäre dabei ethisch unhaltbar, würde man Menschen – also dem Personal der Kitas – namentlich zuordenbare Gütesigel verpassen.

Egal ob kleine oder große Einrichtungen, alte oder neue, mit oder ohne Fachberatung, kirchlich, privat, oder kommunal – Seelenprügel gibt es überall. Und sie werden niemals verhindert werden können, wenn nicht speziell auf diesen Bereich geachtet wird. Mir ist kein Gütesiegel bekannt, das die Gewaltfreiheit in Kitas evaluiert und mit entsprechenden Sternen versieht. Es gibt wohl Einschätzskalen, wie den in Fachkreisen sehr bekannten Nationalen Kriterienkatalog von Wolfgang Tietze und seinem Team, die die Qualität von Kitas messen und den Personalschlüssel berücksichtigen. Diese zeigen jedoch immer den »offiziellen« Personalschlüssel, niemals den realen. Dieser ist in nahezu jeder Einrichtung eine pure Katastrophe – dazu kommt, dass er, bedingt durch viele Teilzeitkräfte, während des Tages oft stark variiert! Ich kenne keine standardisierte, professionelle Reflexion oder gar ein Gütesiegel, mit deren Hilfe man die eigentliche Arbeit in einer Kita, nämlich die Betreuung, Bildung und Erziehung der Kinder evaluieren könnte. Ich denke, hier ist akuter Handlungsbedarf gegeben.

Verpflichtende Kinderschutzkonzepte dringend benötigt

Was zwar schon existiert, aber in der Praxis leider noch viel zu selten umgesetzt wird, ist die Erarbeitung von expliziten Kinderschutzkonzepten. Ich schlage schon lange vor, solche Konzepte länderübergreifend und verpflichtend einzuführen. Durch Schutzkonzepte kann gewährleistet werden, dass eine Kita für Kinder ein sicherer Ort ist und dass Kinder kein übergriffiges Verhalten aushalten müssen, weder von Erzieherinnen, noch von anderen Kindern. Meist wird die Erarbeitung solcher Schutzkonzepte von Team-Fortbildung und Supervision begleitet. Inhaltlich geht es um eine grenzwahrnehmende Haltung – eigentlich eine wunderbare Initiative – nur zu kurz gedacht, denn genau diese Haltung erarbeitet sich niemand in drei bis vier Tagen. Da bedarf es einer längeren Begleitung, wie es in manchen Einrichtungen auch schon durchaus üblich ist.

Die Erstellung eines solchen Schutzkonzeptes könnte der krönende Abschluss eines Gesamtteams sein, nachdem sich alle Team-Mitglieder intensiv reflektiert haben und das Team zu einer vertrauensvollen Team-Kultur gefunden hat. Eine Kultur, in der jeder auf sich und die anderen im gleichen Ausmaß achtet. In einem Team, in dem man sich offen austauschen und ohne Bedenken sagen kann, wenn etwas aus dem Ruder läuft. Ein Team, in dem Menschen einander unterstützen und gemeinsam für das Wohl der ihnen anvertrauten Kinder arbeiten.

LICHTBLICK AUS DER ERZIEHERISCHEN PRAXIS

Während einer Supervisionsstunde beschwerte sich Erzieherin Mathilde, die vor kurzem einen intensiven Reflexionsprozess hinter sich gebracht hatte, über eine Kollegin. Liss mache ihr ständig in höchst zornigem Ton Vorschriften und brülle auch die Kinder permanent an. Mathilde erklärte mir, dass sie Angst habe, direkt mit Liss zu sprechen, weil sie nicht wisse, wie deren Reaktion ausfallen würde. Es sei inzwischen so unerträglich für sie, dass sie sich überlegt habe, zu kündigen.

Wir beschlossen gemeinsam, dass sie, bevor sie diesen letzten unwiderruflichen Schritt setzte, der Sache noch auf den Grund gehen und eruieren sollte, was den unterschwelligen Zorn von Liss auslöste. Mathilde bereitete sich intensiv auf das Gespräch vor, um nicht anklagend zu wirken. Liss begann sofort zu weinen, denn diesen weichen und offenen Ton und das verständnissuchende Nachfragen der Kollegin hatte sie nicht erwartet. Sie vertraute Mathilde an, dass sie eine militärisch strenge Mutter hatte und auch ihre Großmutter äußerst herrisch gewesen war. Sie gab zu, den kritischen, harschen Ansatz und Ton, mit dem sie durch die Welt lief, aus ihrer Kindheit genau zu kennen. Aber sie wisse nicht, wie sie das ändern könnte. Denn freundlich um etwas bitten konnte sie nicht, sie hatte es ja nie gelernt. Mathilde betrachtete ihre Kollegin von diesem Moment an mit völlig anderen Augen. Durch das Wissen um diese Details aus ihrer Lebensgeschichte entstanden Verständnis und eine völlig neue Perspektive. Da in diesem Team eine offene und wertschätzende Haltung gelebt wird, konnte sich Liss, die arme Militärtochter, ohne ihr Gesicht zu verlieren, bereit erklären, zusammen mit mir eine Reise durch ihr eigenes Leben zu machen. Wir haben gemeinsam Wege für eine bessere Kommunikation gesucht und sie auch gefunden.

Dieses Beispiel offenbart, wie wichtig Reflexion in der Praxis sein kann. Ohne Mathildes eigene Reflexionsarbeit hätte sie ihre Position verlassen und wäre vermutlich in einer anderen Kita in ähnliche Situationen geraten. So konnte sie durch neues Denken und Handeln nicht nur die eigene Kündigung verhindern, sondern auch ihre Kollegin auf deren persönliche Seelenreise senden.

4. Worte wie Pfeile – Erziehungsmethoden mit Ablaufdatum

Du und ich – wir sind eins.
Ich kann dir nicht wehtun, ohne mich zu verletzen.

Mahatma Gandhi

Im vorigen Kapitel haben wir uns die positive Macht der Selbstreflexion näher angesehen. Sobald Erzieherinnen durch diese tiefe Selbstreflexion Zugang zu ihren wahren Gefühlen erlangt haben, erkennen sie in voller Klarheit, was wirklich in ihnen vorgeht. Damit sind die Abgründe der Verdrängung, in denen sich viele einen großen Teil ihres Lebens über befanden, vorüber. Denn sie haben nun für sich erkannt, dass Erziehung immer stattfindet – direkt und indirekt, innen wie außen.

Mit Erziehung meine ich sowohl die absichtliche als auch die unabsichtliche Weitergabe von Vorstellungen, Ideen, Werten, Einstellungen und Handlungsweisen. Und ich beziehe mich damit vor allem auch auf die Macht der Worte. Alle jene Worte, die man zu Kindern sagt, weil man glaubt, dass sie gesagt werden müssen. Gesagt werden müssen in einer bestimmten Situation. Weil das die »üblichen« Worte sind, die man in diesem Moment eben sagt und immer schon gesagt hat. Weil sie den über lange Jahre gepflogenen Erziehungsmethoden entsprechen. Harsche Worte, zu laute Worte, schmerzliche Worte. Worte wie Pfeile. Worte, die immer mehr über den Absender als über den Empfänger aussagen.

Worte wie Pfeile

Worte, die wir in manchen Situationen viel zu rasch unserem Köcher entnehmen, ohne lange zu überlegen in den Bogen spannen, kurz zielen und – schießen. Der Pfeil, verkleidet als Wort, macht sich auf seinen gnadenlosen Weg zum Ziel. Er trifft mit perfekter Präzision ein und bohrt sich direkt in die Seele des Empfängers. Die Wunde blutet. Die Narbe bleibt. Für immer.

Wer kennt so eine Situation nicht? Auch wir Erwachsenen, in Partnerschaften, in Freundschaften, unter Kollegen, wir haben sie viel zu rasch parat, diese spitzen Worte in »tödlicher« Pfeilform. Unüberlegt abgeschossen in der Emotion eines partnerschaftlichen Streits, einer hitzigen Diskussion unter Freunden, einer beruflichen Kontroverse. Worte, die unseren Mund schon verlassen haben, bevor wir genauer darüber nachdenken konnten, was wir gerade im Begriff sind zu sagen. Zu sagen wagen. Ohne Reflexion, in der wütenden Erregung des Moments. Ist der Pfeil erst einmal unterwegs, gibt es kein Zurück. Diese Worte können wir nicht streichen. Nicht aus dem Verstand des Empfängers und schon gar nicht aus dessen verletzter Seele. Gewisse Worte ritzen sich dauerhaft tief ein und ihre Narben verbleichen nie wieder. Erinnern Sie sich, wie sich das anfühlt, wenn solch ein giftiges Wort in Form einer Pfeilspitze in Sie eindringt? Es ist kein schönes Gefühl. Und auch wenn wir heute Erwachsene sind, die mit beiden

Beinen fest im Leben stehen, unter der Macht dieser Worte brechen wir sehr leicht ein. Vor allem dann, wenn Personen die Bogenschützen sind, von denen wir diese Attacken niemals erwartet hätten.

Und nun stellen wir uns doch einmal vor, wie sich das anfühlen mag, wenn diese pfeilschnellen, verletzenden Worte auf Kinderseelen treffen. Kinder können diese Attacken weder verstehen noch einordnen. Viele Erzieherinnen und auch Eltern mögen sich damit rechtfertigen, dass dies doch alles zum Wohle der Kinder sei. Damit man ihnen Manieren beibringt, sie auf die feindliche Welt »da draußen« vorbereitet. Zu ihrem Besten. Und wieder einmal unter dem unsäglichen Deckmantel von »Mir hat es ja auch nicht geschadet«.

Ton und Inhalt – pfeilgewordener Super-GAU

Mir ist es wichtig, dabei auf zwei Dinge hinzuweisen. Erstens betreffend die Art des Tons, der so oft im Umgang mit Kindern die Anmutung eines Pfeiles hat. Und dessen man sich gegenüber Kindern niemals bedienen sollte. Und zweitens geht es mir bei der Metapher des Pfeils und des Wortes vor allem auch um den Inhalt. Das, was wir zu Kindern sagen. Wobei die perfide Kombination von wie und was den pfeilgewordenen Super-GAU darstellen kann. Nämlich dann, wenn wir als Erzieherinnen oder auch als Eltern den Kindern unsere Meinung als einzig gültiges Mantra aufzwingen. Denn es stellt sich für mich schon sehr lange diese Frage: Wer gibt uns das Recht, Kindern ständig vorzuschreiben, was sie tun, was sie lassen, wie sie sein und wie sie nicht sein sollen? Wer gibt uns das Recht, unsere Bedürfnisse über die Bedürfnisse von Kindern zu stellen, sie mit Worten zu manipulieren, sie zu formen und ihnen dadurch oft sogar ihr Menschenrecht auf eine selbstbestimmte Entwicklung einzuschränken oder gar zu nehmen?

Wir alle wollen anerkannt und geliebt werden, doch der Preis, den Kinder dafür zahlen, ist sehr oft zu hoch. Wir dürfen dabei nie vergessen: Kinder tun so ziemlich alles, um beachtet zu werden. Es wäre aber wohltuender und seelengesünder für alle Beteiligten, wenn aus dieser Beachtung Achtung würde. Und aus Dressur, die als Erziehung getarnt ist und auf einem Machtgefälle beruht, in unserer neuen Kita-Welt würdevolle Beziehungen entstehen, in denen Kinder Wertschätzung, Loyalität und Unterstützung von Erziehenden erfahren.

Beziehung ist dabei das Stichwort, denn nur in einer liebevollen Beziehung werden Kinder sich wohlfühlen und sich entwickeln können. Wir sollten daher Beziehungsfähigkeit säen, damit wir Liebe ernten können. Dann hätten wir mehr Frieden und Freude, erst in den Kitas und später in der Welt, einfach deshalb, weil Menschen, die sich geliebt fühlen, zufriedener und dadurch friedlicher sind. Alle anderen Erziehungsmethoden, die auf harschen Worten und zwanghaften Inhalten beruhen, tragen meines Erachtens nach ein klares Ablaufdatum. Und wir haben es definitiv bereits überschritten.

Kinder wollen lernen und wachsen – wenn man sie lässt

Es ist die Erzieherin-Kind-Beziehung, auf die in Kitas zukünftig viel mehr und viel größerer Wert gelegt werden muss. Denn nur, wenn Menschen durch wohlwollende und schützende emotionale Bänder miteinander verbunden sind, wenn sie sich sicher und aufgehoben fühlen, können sie positiv aktiv sein und sich prosozial verhalten. Wenn Erwachsene in Kitas Kinder annehmen, wie sie sind und ihre Grundbedürfnisse nach physischer und psychischer Geborgenheit befriedigen, dann können Kinder Selbstwertgefühl entwickeln, in ihrem eigenen Tempo lernen und die Welt entdecken. Es ist im Prinzip unser aller Aufgabe und speziell die Aufgabe von Eltern, Erzieherinnen und Lehrern, junge Menschen achtsam und behutsam auf ihrem Weg zu begleiten und sie weder zu dressieren, noch nach eigenen Mustern zu formen.

Erzieherinnen haben eine Vorbildrolle. Denn Kinder lernen von Vorbildern, von Modellen, wie es in der Pädagogik so schön heißt. Nun sind Erzieherinnen aber auch Menschen, und Menschen machen naturgemäß Fehler. Und genau an diesen Fehlern können Kinder lernen, dass es in Ordnung und auch wichtig ist, Fehler zu machen. Fehler sind – richtig reflektiert – unsere besten Freunde, und es gibt nur eine einzige Möglichkeit, keine Fehler zu machen, nämlich nichts zu machen! Kinder brauchen keine perfekten Erzieherinnen, die ihr perfektes Programm an jedem perfekten Tag in einer perfekten Kita roboterhaft abspulen. Sie brauchen Persönlichkeiten – Menschen, die sich mit sich selbst und mit dem Leben auskennen, Menschen die neugierig sind, die selbst noch ein bisschen Kind geblieben und mutig genug sind, sich auf Neues einzulassen und dabei auch Fehler machen. Wie z. B. den Fehler eines zu rasch entschlüpften Wortes mit Pfeilcharakter. Das kann und darf in der Aufregung eines schwierigen Kita-Momentes – und es gibt weiß Gott viele davon – schon einmal passieren. Bei einer reflektierten Erzieherin mit Persönlichkeit kommt dies jedoch als eine Ausnahme und nicht als die Regel vor. Eine in sich ruhende Erzieherin nutzt die negative Macht des Wortes nicht als pädagogische Dauermaßnahme. Und sie entschuldigt sich liebevoll bei dem Kind, dem ihr Wortpfeil unbewusst zugeflogen ist. Sie sehen den Unterschied?

Auf Bastler, Rechner und Wortgewaltige von klein auf Rücksicht nehmen

Reflektierte Erzieherinnen mit reifer Persönlichkeit – und das hat nicht unbedingt etwas mit dem Alter zu tun –, begleiten die ihnen anvertrauten Kinder behutsam und mit großer Klarheit und Sicherheit auf ihrem Weg des Entdeckens und des Wachsens. Für dieses Entdecken der Welt gibt es keine Methoden, keine Vorgaben aus Lehrbüchern und keine stereotypen Programme, die immer und bei allen Kindern funktionieren. Lernen und die Lust auf Lernen ist jedem Kind angeboren. Neue Haltungen bezüglich Erziehung, jene, die nach den Methoden mit dem Ablaufdatum einsetzen, nehmen darauf Rücksicht. Kinder möchten wie Erwachsene sein, sie wollen immer mehr können, und kaum etwas ist ihnen zu anstrengend. Aber die Motivation dazu muss von innen kommen! Aus genau diesem Grund ist eine Erziehung hin zu bestimmten Fertigkeiten und Fähigkeiten, wie sie in vielen Einrichtungen durch exakt vorgeplante Angebote für alle angeboten wird, nicht förderlich. Es ist meiner Meinung nach eher ein Weg-Fördern. Weg von Lust und Liebe zum Lernen, weg von der vielen Kindern so stark innewohnenden Kreativität und Leichtigkeit. Eine Unterdrückung der natürlichen, mitgebrachten Gaben und Fähigkeiten, die so gerne ihre Schwingen ausbreiten und sich weiter entfalten wollen.

Und was machen viele Erzieherinnen bzw. was macht das gesamte Bildungssystem? Es erstickt diese echten und wahren

Ansätze im Keim und stülpt ein Rastersystem darüber, dem sich alle Kinder – ohne Rücksicht auf Begabungen und Interessen – unterwerfen sollen? Oft noch garniert mit herabsetzenden Worten wie Pfeile, weil die kleine Manuela sich der für heute, an diesem Vormittag um Punkt neun Uhr, angesetzten Bastelarbeit nicht widmen mag? Einfach deswegen, weil Manuela nicht basteln kann, nicht basteln will und in ihrem gesamten Leben nie basteln wird. Manuela ist nämlich hoch literarisch begabt. Alles, was praktisch und mit den Händen zu erledigen ist, interessiert sie nicht. Manuela wird in ihrem Erwachsenenleben mit der Macht ihrer Worte sehr viel Geld verdienen. Später wird sie Handwerker engagieren, die ihr alle diese Aufgaben abnehmen. Aber das weiß heute noch niemand. Ich jedoch weiß auf jeden Fall, dass jemand, der Manuela in ihrem Kita-Leben nur ein klein wenig beobachten würde, genau wüsste, dass das kleine Mädchen immer dann mit großen Augen ganz still sitzt, wenn vorgelesen wird. Sie sagt dann auch mit sehnsüchtiger Stimme: »Noch einmal, bitte.« Aber das geht ja nicht. Denn als nächste Aufgabe ist Basteln angesagt. Für alle. Ohne Ausnahme.

Die Gestaltung der Welt vorleben

Verstehen Sie mich bitte nicht falsch. Mir ist klar, dass in Kitas nicht in jeder Minute und Stunde auf alle Bedürfnisse jedes einzelnen Kindes eingegangen werden kann. Aber was man tun könnte, ist, Kinder nach Neigungen zu fördern und zu fordern. Es wird begeisterte Bastler geben, Kinder, die schon in jungen Jahren zahlenaffin sind und eben diejenigen, die sich dem Wort verschrieben haben. Diese grundsätzlichen

Neigungen sind klar erkennbar und sollten auf jeden Fall so früh wie möglich berücksichtigt werden. Und das bitte immer ohne spitzpfeilige Bemerkungen, wenn die Gruppe der Bastler sich verbal eben nicht so gut ausdrücken kann und umgekehrt. Macht das nicht absoluten und ultimativen Sinn?

Damit dies funktionieren kann, müssen Erzieherinnen in Beziehung mit den Kindern gehen und gemeinsam mit diesen und ohne vorher festgezurrte Ziele, neue Wege beschreiten. Sich mit allen Sinnen auf Kinder einlassen und mit ihnen Gedanken wälzen, die vielleicht noch nie gedacht wurden. Mit ihnen aus vollem Herzen lachen. Jeden Tag gibt es so viel zu entdecken. Jeden Tag entscheiden wir neu, wie wir leben. Wir alle können so viele Dinge – zugegeben nicht alles, aber doch so einiges – und wir entscheiden und gestalten dadurch unser Leben. Es ist so wichtig, Kindern vorzuleben, dass sie die Gestalter ihrer Welt sind. Dass sie entscheiden dürfen und auch, dass jede Entscheidung Folgen hat. Aktives Vorleben mit Liebe und klarer eigener Grenzsetzung, wo diese notwendig ist. Und mit diesen Grenzen sind niemals Worte wie Pfeile gemeint, die heruntermachen, sich in den Seelen für immer schmerzhaft verhaken und als »Nebeneffekt« auch noch Talente und Neigungen zum Versickern bringen können.

Eine Erziehung hin zu emotionsreduzierten, funktionierenden Menschenmaschinen hat ausgedient. Was früher galt, ist vorbei, denn das Leben heutzutage fordert so viel mehr Entscheidungen von uns, als es jemals in der Geschichte der Fall war. Kinder müssen unbedingt früh lernen, unabhängig zu denken. Sie leben schließlich in einer Welt, die immer schneller und vielfältiger wird. Sie müssen in all dieser Vielfalt möglichst viel über sich selbst und über andere Menschen erfahren, denn die Zeit der Einzelkämpfer nähert sich rasant ihrem

Ende. Wir sind nicht nur digital mit dem Rest der Welt vernetzt, wir werden auch alle aktuellen und zukünftigen Herausforderungen nur gemeinsam lösen können.

Ziele mit pädagogischem Mehrwert

In der Erziehungspraxis wäre es sehr viel sinnvoller, Kinder weniger zu animieren und mehr zu beobachten. Damit wir besser verstehen, was sie antreibt, warum sie sind, wie sie sind, wofür sie sich interessieren und was sie fühlen. Selbstverständlich sollen Erzieherinnen auch weiterhin Impulse geben und anleiten, doch noch besser wäre es, wenn sie mehr und mehr auf die Impulse der Kinder eingehen und sich an den Wünschen, Interessen und Bedürfnissen der Kinder orientieren könnten. Das wären doch einmal pädagogisch wertvolle Ziele! In den meisten Ausbildungen werden angehende Erzieherinnen nämlich noch immer dahingehend ausgebildet, dass sie ihre geplanten und vorgefertigten Ziele verfolgen. Ich würde die Zielpädagogik jedoch gerne in eine Richtung entwickeln, mit der vielleicht alle besser leben könnten. Und das bedeutet für mich, dass Ziele unbedingt an den jeweiligen Entwicklungsstand und die Interessen eines jeden Kindes angepasst werden müssen!

Es ist pure Illusion, dass 25 Kinder sich zum gleichen Zeitpunkt für ein und dasselbe Buch interessieren. Und warum in aller Welt werden Bücher noch immer in starren Stuhlkreisen allen zur gleichen Zeit vorgelesen? Viel sinnvoller wäre es, ein Vorleseangebot zu machen. Die Kinder, die sich tatsächlich für die Geschichte der Raupe Nimmersatt interessieren, werden gebannt zuhören und nicht stören. Man erinnert sich an

Manuela! Die anderen Kinder machen einfach das, was sie spannend finden. Bei einer anderen Geschichte, mit einem anderen Thema, sitzen sie ja vielleicht wieder fasziniert dabei. Es geht insgesamt um ein interessantes Potpourri, um Angebote, in denen alle Kinder sich finden und einbringen können.

Solange Lernziele nicht individuell an Kinder angepasst werden, brauchen wir uns über die in Kitas immer wieder vorkommenden Spannungen nicht zu wundern. Kinder haben sehr feine Antennen und merken es, wenn sie bloß die Interessen anderer erfüllen sollen. Und je nach Persönlichkeit und Temperament werden sie sich dagegen wehren! Das kann alternativ durch Rückzug, Desinteresse oder Aggression geschehen. Was dabei allerdings immer passiert, ist ein Bruch der Anerkennung und der Akzeptanz der Beziehung. Daraus folgen ein klarer Bruch des Vertrauens zu einer Erzieherin und die unbewusste Aberkennung ihrer natürlichen Autorität, sofern sie diese je hatte.

Kinder durchschauen zwar noch keine Machtspiele und Manipulationen, aber sie haben ein instinktives Gefühl dafür, wer sie gut und weniger gut behandelt, wem sie vertrauen können und wem nicht, wer sie mag und wer nicht. Respektloses Verhalten, bei dem Erzieherinnen sich über die Kinder stellen und alles besser wissen, darf nun endlich ausgedient haben. Es geht um Präsenz, um Begleitung, um Unterstützung und darum, dass Erziehung als ein vorbildhafter dialogischer Prozess abläuft. Das erste Erziehungsziel sollte deswegen immer ein dementsprechend beziehungskompetentes Verhalten sein.

Wenn das gelingt, dann werden Kinder ihren Erzieherinnen – ihren natürlich entstandenen Vorbildern – folgen. Und auch automatisch deren Autorität anerkennen. Dann handelt es sich nämlich nicht mehr um eine reine Autoritätshörigkeit, die durch das Absenden von Wortpfeilen erzwungen wird. Sondern um eine natürlich gewachsene Autorität im Sinne von Respekt für einen Menschen, den man mag, weil man es toll findet, wie er ist und handelt. Dann erst sind allgemeine Erziehungsziele wie z. B. Verantwortungsbewusstsein, Selbstbeherrschung, Glücksfähigkeit, Nächstenliebe, eine freiheitlich-demokratische Grundeinstellung, würdevoller Umgang mit sich selbst und anderen, Bedürfnisaufschub und Hilfsbereitschaft denkbar. Wenn Kinder all das nicht von Beginn an erfahren dürfen, wie sollen sie es dann später andere erfahren lassen – denn nicht eine dieser Fähigkeiten fällt zum 18. Geburtstag plötzlich vom Himmel!

Kinder – von Geburt an soziale Wesen

In der Kita sind Kinder Individuen in einer Gruppe, und ihre Aufgabe ist es – in der Kita wie im Leben –, sich in eine Gruppe einzufügen, ohne sich dabei aufzugeben. Damit ist nicht die totale Assimilation in ein Kollektiv gemeint, Kinder sind schließlich keine Borgs! Es geht vielmehr um soziale Integration, und Kinder sind von sich aus gut darin. Auch wenn viel zu viele Erzieherinnen noch immer der Ansicht sind, dass man Kindern soziales Verhalten lehren müsse. Das ist grundfalsch! Kinder sind von Geburt an sozial, sie wollen nichts lieber, als dazugehören. Deswegen ist es für sie ja so schlimm, wenn man sie »seelenprügelnd« ausschließt und sie alleine strafversetzt auf dem Flur sitzen müssen.

Viel wichtiger noch, als sich in eine Gruppe einzufügen, ist es aber, dass Kinder lernen, unter allen Umständen bei sich zu bleiben. Zu erfahren, wer sie sind, was sie fühlen, wie sie gut zu sich selbst sind und was sie wollen. Wenn sie das nicht lernen, werden sie im Erwachsenenalter auch nicht gut zu anderen sein können. Erzieherinnen sind für mich deswegen in erster Linie Beziehungsgestalterinnen. Sie müssen zuerst eine liebevolle und würdevolle Beziehung zu sich selbst haben, womit sich der Kreis zu der so wichtigen Reflexion schließt. Erst dann wird es ihnen gegeben sein, eine sichere Beziehung zu den ihnen anvertrauten Kindern aufzubauen. Fest steht, dass ein liebevoller, vertrauensvoller Umgang mit Kindern, der auf Klarheit beruht und sich frei von Druck und Drohungen gestaltet, der gesündeste ist. Wenn erst einmal eine tragfähige, vertrauensvolle Beziehung zu Kindern besteht, ist auch die Einhaltung von Regeln und der damit verbundenen Grenzen plötzlich kein Machtspiel mehr. Kinder können verstehen, dass Freiheit Grenzen hat und diese Grenze genau dort verläuft, wo die Freiheit eines anderen beginnt. Kinder können Regeln sehr gut einhalten, wenn sie für alle gelten, nicht willkürlich sind und ihnen logisch erklärt werden. Besonders wirksam sind sie dann, wenn sie auch von den Erwachsenen eingehalten werden, womit wir wieder beim Thema Vorbild wären. Wenn eine Regel besagt, dass beim Essen alle ausnahmslos am Tisch sitzen und eine Erzieherin mit der Butterbrezel in der Hand und vollem Mund durch die Kita läuft, um den Kindern zu erklären, dass sie jetzt doch ganz schnell zur Brotzeit Platz nehmen sollen, dann wird die eigene Regel ad absurdum geführt und die Vorbildfunktion geht flöten. Ich habe exakt solche Szenen unzählige Male erlebt.

Es lebe die Beziehung

Man könnte viel Stress in Kitas vermeiden, wenn dem Beziehungsaspekt in Zukunft noch größere Aufmerksamkeit zuteil würde. Denn dann könnte der Bildungsaspekt automatisch weniger bedrohlich ausfallen. Die Eltern würden in höherem Maß Vertrauen entwickeln, und die Kinder wären weniger anstrengend, weil sie insgesamt entspannter wären. Erzieherinnen sind vor allem auch Lebensbegleiterinnen, die Kindern helfen sollten, aus Notlagen herauszufinden und den Umgang mit Stress zu erlernen. Wenn sie dafür Zeit finden.

Denn momentan werden schon die ganz jungen Kinder in den Krippen zeitlich durchgetaktet, und ein Bildungsangebot jagt das nächste. Der Drill ist in manchen Einrichtungen so hoch, dass Kinder kaum noch Zeit zum Spielen haben. Die Wissensvermittlung steht über allem, und der Bildungspanikdrache treibt wieder einmal sein Unwesen. Dies geschieht auch auf Druck vieler Eltern, die leider meist nicht wissen, wie Kinder lernen und wie wichtig das Spielen dabei ist. Aufgrund des hohen Lernpensums bleibt die Zeit, die den Erzieherinnen zur Verfügung stehen könnte, um tragfähige Beziehungen aufzubauen, leider auf der Strecke. Das ist sehr schade, denn es hätten alle Beteiligten – auch die Eltern – weniger Stress, davon bin ich fest überzeugt. Das gilt auch für das Schaffen einer Beziehungsebene und den Austausch im Team, mit den Trägern und den Eltern. Nur wenn Klarheit über alle Aspekte der Arbeit in der Kita herrscht und nur wenn Beziehungen auf allen Ebenen existieren, kann einigermaßen sichergestellt werden, dass es Kindern in Kitas in jeder Hinsicht gut geht und Seelenprügel-Szenarien keine Chance haben.

Warum wir neue Methoden und Wege unbedingt brauchen

Für Kinder ist es wichtig, dass sich jemand auf sie einlässt, sich wahrhaftig für sie interessiert, Interesse daran hat, was sie denken, was sie wollen, wie sie ihre Welt sehen, was sie mögen, wovor sie Angst haben. Dann fühlen sie sich ernst genommen. Noch immer gibt es viel zu viele Erzieherinnen, die nicht beobachten, sondern nur bewerten, die sich nicht die Mühe machen, Verhalten zu hinterfragen, sondern vorschnell urteilen. Viele hören den Kindern nicht ausreichend zu, sondern machen mehr oder weniger autoritäre Ansagen – von aktivem Zuhören ganz zu schweigen. Noch immer gibt es viel zu viele, die nur Fehler suchen, anstatt die Kompetenzen der Kinder zu erkennen und deren Potenzial wahrzunehmen.

Erzieherinnen der Zukunft brauchen andere, verbreiterte Kompetenzen, eine offene Sicht auf die Welt, mehr Kenntnisse über Beziehungsgestaltung, interkulturelle Kompetenzen und Wissen über die verschiedenen Lebenswelten der Kinder. Sie brauchen Selbstvertrauen, damit sie anderen vertrauen können, sie brauchen die Fähigkeit, für sich selbst zu sorgen und neben einer guten Portion Humor auch die Kapazität, über sich selbst lachen zu können.

Wie schön wäre es, wenn sich noch mehr Erzieherinnen, vor allem die, um die es in diesem Buch geht, auf den Weg machen würden, in Kindern Menschen zu sehen, denen sie mit einer positiven Grundhaltung begegnen, deren Potenzial sie finden, deren Familien sie akzeptieren und deren Interessen sie unterstützen. Es müssen dazu neue und andere Ausbildungen mit neuen und anderen Schwerpunkten geschaffen werden. Ausbildungen, die unter anderem auch auf jene Kompetenzen fokussieren, die für die Arbeit mit jungen Kindern besonders gebraucht werden, wie Reflexionsfähigkeit und Kommunikationsfähigkeit.

Die Welt und mit ihr die Familiensysteme haben sich nun einmal massiv verändert. Viele Kinder verbringen heute den Großteil ihrer ersten Lebensjahre in Kitas. Das ist grundsätzlich kein Problem und kann vielen Kindern aus den unterschiedlichsten Gründen guttun. Zum Negativfaktor wird diese Tatsache dann, wenn die Qualität der Betreuung mangelhaft ist und in manchen Fällen sogar zum seelengeprügelten Albtraum wird.

Auch darüber gibt es viele Theorien, wenige Studien, unzählige Meinungen und kaum Ideen, ob und wie man das in den Griff bekommen könnte. Mit diesem Buch beantrage ich auf jeden Fall Soforthilfe! Ich wünsche mir, dass nicht irgendwann in einer weit entfernten Zukunft etwas geschieht, nachdem Gremien lange getagt und umständliche Beschlüsse gefasst wurden. Sondern jetzt. Sofort. Gerade, wenn so viele Kinder so viele Stunden am Tag in Kitas verweilen, ist die Qualität der Beziehungen zu den Menschen, die den Tag mit diesen Kindern verbringen, von (über)lebenswichtiger Bedeutung. Eine Kita muss der Platz sein, an dem Kindern ausnahmslos Liebe, Sicherheit, Vertrauen und Schutz gewährleistet wird. Keinesfalls darf sie ein Ort sein, an dem Kinder zusätzlich gestresst oder sogar gequält werden.

III. Seelenheil – gewaltfreie Erziehung als Realität

1. Einhornparadies – alles ist möglich

Wir erschaffen die Realität durch unsere Wünsche,
Träume und Visionen – je größer sie sind,
desto wahrscheinlicher ist es,
dass ein Teil davon real wird.

Werfen wir zum Auftakt des dritten und letzten Teils dieses Buches doch einen kurzen Blick darauf, warum es Kitas überhaupt gibt. Ihr primärer Auftrag ist es, Eltern bei der Betreuung, Bildung und Erziehung ihrer Kinder zu unterstützen. Dabei sollen sie sich an den Bedürfnissen der jeweiligen Familien orientieren und sowohl organisatorisch als auch pädagogisch Kindern den notwendigen Raum lassen, damit diese sich zu eigenverantwortlichen und gemeinschaftsfähigen Persönlichkeiten entwickeln. So weit, so gut. Das klingt auf diese Weise formuliert sehr eingängig, logisch, zielführend und erfolgversprechend. Leider sieht die Realität sehr oft anders aus. Deswegen flüchte ich mich so gerne in einen ganz speziellen Traum.

Der Traum

Ich träume davon, durch einen bonbonfarbenen Zauberwald zu spazieren. In diesem Wald spielen riesige, majestätische Glockenblumen meine Wunschmelodien. Vögel zwitschern und tirilieren traumhafte Arien, und Bäume tanzen eine flotte Samba. Rosa glitzernde Einhörner galoppieren über hellblaue Wolken, gleiten über unzählige ineinander verschlungene Regenbögen – wie auf einer Riesenrutschbahn – in ein überirdisch blau glänzendes Meer, um dort glücklich lachend mit Delfinen zu spielen.

Was meinen Sie? Wird sich dieser Traum erfüllen? Ich bin felsenfest davon überzeugt, denn er wäre schon jetzt jederzeit erfüllbar. Alles, was ich dafür brauche, ist jemand, der mir diese Welt nach meinen Vorstellungen programmiert und die passende technische Ausstattung. Und schon könnte ich zusammen mit der Einhornherde durch meine virtuelle Realität flanieren. Ich hätte wahrscheinlich auch das schöne Gefühl, das alles sei echt – noch ein bisschen Vanille-Erdbeer-Duft versprühen und fertig wäre das virtuelle wie olfaktorische Einhornparadies.

All das befand sich vor ein paar Jahren noch außerhalb jeder Realisierungsmöglichkeit. Genauso unvorstellbar wie die Existenz von 3-D-Animationen, die Blauwale aus Turnhallenböden springen lassen, und zwar so täuschend echt, dass die Zuschauer vor den vermeintlichen Wasserspritzern, und vielleicht ja auch vor dem Blauwal, zurückschrecken. Ja, all das und noch viel mehr ist virtuell heute möglich. Es handelt sich um eindeutige Realitäten, die nur deswegen entstehen konnten, weil Menschen lange Zeit schon die entsprechenden Sehnsüchte und Visionen hatten.

Die Macht einer kraftvollen Vision

Visionen sind mächtig, denn mit unserer Vorstellungskraft können wir scheinbar Unmögliches erreichen. Überlegen Sie doch einmal: Während Sie diese Worte lesen, gibt es Menschen, deren Zuhause gerade außerhalb der Erde liegt. Ich meine damit die Mannschaft der internationalen Raumstation ISS. Wer hätte sich so etwas vor 100 oder noch weniger Jahren ausmalen können – eine dauerhaft bewohnte Station im All? Und doch ist sie heute gelebte und bereits ganz »normale« Realität.

Erst seit einigen Jahren sind wir rund um die Erde vernetzt und stehen vor vollkommen neuen digitalen Herausforderungen. Alles verändert sich schneller und schneller, in einer noch nie zuvor dagewesenen Intensität. Und wir Menschen bringen immer wieder – auf bewunderungswürdige Art und Weise – die notwendige Flexibilität und geistige Innovationskraft auf, um in diesem wahnwitzigen Strudel der Veränderung nicht nur nicht unterzugehen, sondern diese Errungenschaften auch zu genießen und als für unser Leben erleichternd anzunehmen.

Wir sind also extrem flexibel und machen neugierig so ziemlich alles mit, was uns die moderne Welt und Technologie immer wieder aufs Neue bietet. Und gerade beim sensiblen Thema Kindererziehung und Bildung unserer zukünftigen Generationen scheinen wir gefühlt noch in der Steinzeit umherzureisen und machen einfach so weiter, wie es früher üblich war? Menschen wohnen im All, und wir sind noch immer mit dem Thema Seelenprügel beschäftigt? Wie anno dazumal in den muffigen Schulstuben unserer Vorfahren? So wie früher? Kann das sein? Ja, wie die bittere Realität der

Seelenprügelszenarien in den Einrichtungen zeigt, kann es leider noch immer sein. Darf es sein? Definitiv nicht.

Früher ist vorbei

Man kann es nicht oft genug artikulieren. Was früher war, ist nicht mehr, was früher galt, gilt nicht mehr. Wer unbedingt wieder sein »Früher« haben will, der darf das gerne tun, aber dann bitte mit allen Konsequenzen: Smartphone und PC sofort abgeben, nur noch mit der Kutsche reisen und sich ausgestattet mit einem vorsintflutlichen Waschbrett ans Ufer des nächsten Flusses begeben. Und vor allem weg mit moderner ärztlicher Versorgung und, ach ja, beim Zahnarzt keine Betäubung mehr – viel Spaß im schönen »Früher«! Voll und ganz wie früher, aber dann bitte mit allen Konsequenzen – wie bei der antiquierten Erziehung: Wer nicht hören will, muss fühlen!

Was für eine grauenvolle Vorstellung. Ich für meinen Teil bin sehr froh, gerade heute und im Hier und Jetzt zu leben und die wunderbaren Errungenschaften der Technik zu meiner Verfügung zu haben. Nur eines lässt mich nicht zur Ruhe kommen: Nämlich der Gedanke daran, was wir auch in den Kitas heute alles möglich machen könnten, wenn es nur genügend offene und innovative Menschen gäbe, die auch zu diesem wichtigen Thema Visionen entwickeln und in die Umsetzung bringen würden. Es muss nicht immer nur der technologische Sektor sein, auf den sich visionäre Gedanken beziehen. Lassen Sie uns Visionen für unsere Kinder entwickeln. (Bildungs-)Visionäre dringend gesucht!

Die Kita als Einhornparadies

Ich lade Sie jetzt ein, sich mit mir in unser – im Moment noch imaginäres – Einhornparadies zu begeben und einen virtuell-visionären Rundgang in einer Kita der Zukunft zu machen. Wie könnte sie aussehen, diese Kita, die im Einhornparadies gleich neben Regenbogen Nummer sieben zu finden ist?

Diese Kita, nennen wir sie Kitiera, ist keine Kita, wie wir sie bisher kennen – sie ist so viel mehr! Sie ist nicht nur eine familienergänzende Einrichtung, sondern eine harmonische, erweiterte Multikulti-Mensch-Tier-Familie. Es werden dort nicht nur Kinder betreut, es sind Menschen aller Altersbereiche, vom Baby bis zum Greis, vertreten, und es gibt jede Menge Tiere. Vor allem – und das ist auch schon der gravierendste Unterschied zu dem, was wir bisher auf diesem Gebiet kannten – diese Kita ist keine Kinderkäseglocke, sie ist Teil einer echten Gemeinschaft, die in der Welt gebraucht wird!

Kitiera ist wie ein inklusives, kleines Dorf aufgebaut. Menschen aller Nationen, Sprachen und Religionen haben Zugang und sind willkommen. Alle diese so unterschiedlichen Menschen verrichten zusammen und in Harmonie verschiedene Aufgaben, an denen sie wachsen und sich entwickeln können. Jeder einzelne »Bewohner« ist in der Kitiera wichtig, weil jeder noch so kleine Beitrag im Sinne dieser Gemeinschaft zählt. In diesem Einhornparadies arbeiten natürlich nicht nur Erzieherinnen. Es sind alle möglichen Berufe vertreten, Krankenschwestern und Altenpfleger, Köche und Schreiner, Maler und Kindheitspädagogen. Kitiera steht sehr bewusst für diese gegensätzliche Mischung und ein buntes, vielfältiges Leben.

Die Kantine und ihre Mitarbeiter laden alle interessierten Kinder ein, bei der Zubereitung der regionalen, saisonalen und veganen Gerichte zu helfen und sich einzubringen. Sie bekommen dafür ausreichend Zeit zur Verfügung, um sich mit allen Zutaten vertraut zu machen und zu lernen, was für welches Gericht benötigt wird, wie die frischen Kräuter heißen und welche Garmethoden und Zubereitungsmöglichkeiten es gibt. Slow Food und Genuss, von Kindheit an gezeigt und vorgelebt, auch dafür steht Kitiera. Natürlich gibt es Ruheräume, Vorlesezimmer und Ateliers, Bauräume mit Konstruktionsmaterial – und vor allem wandelbare Räume, weil ja vielleicht einmal ein Raumschiff gebaut werden will oder eine ähnliche, innovative Konstruktion entstehen soll, die agilen und nicht sofort von Erzieherinnen gedämpften Kinderfantasien entspringt.

In dieser meiner Vision einer Kita ist auch ein Tierheim integriert. Alle in der Kitiera befindlichen Menschen kümmern sich gemeinsam um die anwesenden Tiere. Diese haben dadurch stets liebevolle Gesellschaft und müssen nicht mehr in einsamen Käfigen darauf warten, dass jemand sie adoptiert. Die Tiere haben im Einhornparadies natürlich große Weiden zu ihrer Verfügung und überdurchschnittlich viele Tierpfleger und Tierärzte stehen zu ihrer Betreuung bereit. Die Kinder lernen von ihnen auf leichte und lockere Weise, Verantwortung zu übernehmen und für andere Lebewesen da zu sein. Sie unterstützen die Erwachsenen dabei, die Gehege und Ställe auszumisten, sind für die Fütterungen mit zuständig und gehen mit den Hunden spazieren. Auf diese Weise gibt es für die Kinder unendlich viel zu entdecken, zu erleben und vor allem die wichtige Möglichkeit, sich persönlich einzubringen, Verantwortung zu übernehmen und einen Beitrag zum Gemeinwohl zu leisten. Dies bereits in jungen Jahren zu lernen, ist eine wichtige Basis für das spätere Leben. So können

Kinder an unterschiedlichen Aufgaben wachsen, Selbstwirksamkeit erfahren und sich dabei in ihrer Persönlichkeit finden und festigen.

Dieses Kita-Einhornparadies bietet aber noch so viel mehr an Erfahrungen und Entfaltungsmöglichkeiten. Jeder kann sich, ganz nach seinen individuellen Fähigkeiten, engagieren und nützlich machen. Auch schon ganz junge Kinder können im Rahmen ihrer Möglichkeiten mithelfen und bekommen so das schöne Gefühl, gebraucht zu werden. Die Durchmischung der Altersgruppen bringt es mit sich, dass die Menschen in der Kita im Einhornparadies auch mit Leid, Krankheiten und Tod konfrontiert sind. Alles das, was auch später im erwachsenen Leben geschieht. Kitiera steht für das echte, pure Leben und alles, was dieses nun einmal mit sich bringt. Kinder können dort auf natürliche Weise die Kreisläufe und Aufgaben des Lebens mit allen Sinnen kennenlernen.

Bildungsziele auf andere Art und Weise erreichen

Utopie, werden Sie sich jetzt angesichts meiner fantasievollen Vision der Kita-Zukunft vielleicht denken. Und so manchem Leser mögen jetzt ähnliche Gedanken durch den Kopf gehen: »Bisher war diese Autorin ja ganz plausibel unterwegs, auch wenn sie ihre Finger direkt und schmerzhaft in viele Wunden gelegt hat. Aber jetzt scheint sie gerade etwas auszuflippen und sich unerreichbaren Visionen hinzugeben.« Werte Leser, falls Sie das eben gedacht haben, kann ich das sehr gut nachvollziehen. Auch mir ist klar, dass meine Beschreibung von Kitiera einen utopischen Ansatz hat. Aber, bitte bedenken wir dabei doch einmal Folgendes: Auch das Leben im All, in einer

Raumstation, war für unsere Vorfahren eine absolute Utopie. Wie es auch der Gedanke, sich in eine Art fliegende Sardinenbüchse namens Flugzeug zu begeben und darin hoch in den Lüften von Kontinent zu Kontinent zu reisen, einmal war. Und trotzdem tun wir alle genau das heute mit der größten Selbstverständlichkeit. Insofern bin ich sehr zuversichtlich, dass auch meine Beschreibung der Welt von Kitiera in der Zukunft zu realisieren sein wird.

LICHTBLICK AUS DER ERZIEHERISCHEN PRAXIS

Das Konzept von Kitiera transportiert und erreicht übrigens ganz eindeutig alle Bildungsziele aller Bundesländer. Aber nicht in der uns hinlänglich bekannten Form einer sterilen Angebotspädagogik mit erzwungenen Gemeinschaftsaktionen und Lernprogrammen. Sondern in der Variante einer organischen Gemeinschaft, die viel Zeit und Raum für Kinder hat. In einem Umfeld, in dem alle Kinder jederzeit herzlich willkommen sind, in der Kinder ganzheitlich und täglich genau das erfahren und lernen, was sie wirklich interessiert und brauchen. Kinder sind im Konzept Kitiera immer wieder eingeladen, sich zu engagieren und im respektvollen Miteinander zu lernen und zu wachsen.

Bei aller Verschiedenheit haben alle Erwachsenen, die bei Kitiera tätig sind, ein bestimmtes Niveau an Selbsterkenntnis und Weisheit erlangt. Alle sind auf einer Ebene ihrer persönlichen Entwicklung angekommen, auf der sie aufgrund ihrer reifen Persönlichkeit keinem Kind oder Tier auch nur das geringste Leid zufügen können. Die Eintrittskarte in dieses Paradies ist eine attestierte gewaltfreie und inklusive Haltung, also eine Lebensführung, die für Frieden und Verantwortung steht und damit gewaltfreie Erziehung in die Realität bringt.

In Kitiera übernehmen alle für alle und jeder für sich die volle Verantwortung für das eigene Tun. Das beginnt schon beim Putzdienst, den alle, auch die Kinder, auf ihren Agenden haben, selbstverständlich immer mit Erwachsenen zusammen. Es gibt in dieser Welt keine Menschen, die anderen etwas zumuten, was sie sich selbst niemals zumuten würden – auch dadurch entsteht Wertschätzung. Auf diese Wertschätzung zahlt auch die Tatsache ein, dass die Abläufe des Tages locker und ohne starres Vorgabenwerk geregelt sind. Kitiera ist ein gemeinnütziges Unternehmen, in dem so viele gut bezahlte Menschen beschäftigt sind, dass es bei Ausfällen durch Krankheit, Urlaub und Fortbildungen niemals zu Lücken im Personalstand kommt und eine beziehungssichere Betreuung durchgehend sichergestellt ist.

Flexibilität und Freiheit zum Wohle von Kindern, Eltern und Erzieherinnen

Das Einhornparadies Kitiera offeriert flexible Bring- und Abholzeiten. Alle Eltern und Kinder sind während der gesamten Öffnungszeit jederzeit willkommen. Die Kinder dürfen so gebracht und abgeholt werden, wie es dem Leben der Familien am besten entspricht. Die Mitarbeiter stehen auch in ständigem Austausch mit den Familien, um das höchste Ziel, nämlich das Seelenheil der Kinder, gemeinsam im Auge zu behalten. Das Konzept Kitiera will Kinder nicht nach fix feststehenden Mustern formen, sondern sie liebevoll begleiten. Kinder bekommen bei Kitiera sehr viel eigenen Raum und dadurch die Möglichkeit, das Leben in ihrem Rhythmus zu entdecken. Auf diese Weise kann ihre Seele atmen.

Kitiera ermöglicht es den Kindern, sich auch alleine und ohne Erwachsene zu bewegen. Sie dürfen Risiken eingehen, auf Bäume klettern und sich in Gebüschen verstecken. Ja, sie werden sich hin und wieder verletzen, denn das kann passieren, wenn man mit dem Fahrrad zu schwungvoll um die Kurve fährt. Aber auch das gehört zum Leben und Lernen dazu. Dann werden sie getröstet und selbstverständlich gut versorgt. Die Kinder in der Kitiera sind frei und gleichzeitig geborgen.

In dieser Einhorn-Kita mit den Einhorn-Erzieherinnen dürfen Kinder gemäß ihren eigenen Anlagen und Wünschen spielen, lernen und sein, wie sie sein wollen. Es gibt vor Ort ja eine ausreichende Anzahl an Erzieherinnen, die alle von Herzen gerne arbeiten und sich immer Zeit nehmen können, auf jedes Kind individuell einzugehen. Auch die Leiterin verfügt über die zeitlichen Ressourcen, Lust und vor allem die Fähigkeit, ihre Teammitglieder zu führen und zu fördern. Sie sieht das Potenzial ihrer Mitarbeiterinnen und begleitet sie bei deren Selbstverwirklichung. Die Bezahlung in Kitas des Genres Kitiera richtet sich nach den Leistungen der Erzieherinnen – es gibt ein anständiges Grundgehalt und ein Bonussystem –, basierend auf der jeweiligen Performance. Leistung soll sich lohnen – auch und speziell in den Kitieras. Menschen, die eine ausgezeichnete Leistung erbringen, sich fortbilden, immer weiter lernen wollen und sich aus vollem Herzen engagieren, müssen einfach ein höheres Gehalt bekommen als Mitarbeiter, die das nicht tun möchten.

Menschen, die bei Kitiera arbeiten, dürfen neue Herangehensweisen ausprobieren und auch einmal Fehler machen, ohne von ihrem Umfeld sofort verurteilt zu werden. Sie sorgen nach bestem Wissen und Gewissen dafür, dass es Menschen und Tieren gut geht, sie nehmen Probleme als Herausforderungen an und suchen gemeinsam nach Lösungen. Dabei wird gelacht, geweint, gefeiert und auch einmal getrauert – das Leben in seiner ganzen Fülle darf und will in dieser Einrichtung gelebt werden.

Von der Vision zur Realität

Mir ist klar, dass diese meine Vision nicht schon morgen Realität werden kann. Aber ich bin guter Hoffnung, dass Kitas dieser Art, ob in Verbindung mit einem Tierheim, einer Fruchtsaftfirma, einem Ökohof, einem Seniorenwohnsitz oder ähnlichem bald existieren werden. Denn es gibt bereits erste Einrichtungen, die genau darauf hinarbeiten und schon großartige Ergebnisse erzielt haben. Nur die Einhörner fehlen noch, aber ich denke, das ist nur eine Frage der Zeit.

Auch wenn wir uns teilweise schon auf einem sehr guten Weg befinden, kommen wir an einer Tatsache nicht vorbei: Damit alle Kinder in unseren Kitas in Sicherheit sind und auf keinen Fall noch länger Seelenprügel ausgesetzt sind, brauchen wir Soforthilfe. Darunter verstehe ich augenblickliches Handeln. Und zwar JETZT. Der erste Schritt ist dieser: Augen auf für alle Beteiligten! Das im Moment noch fast überall praktizierte Wegsehen und Ignorieren der aktuellen Zustände muss ein Ende haben.

Das bedeutet klares, direktes und vor allem rigoroses Vorgehen. Wenn eine Erzieherin Kinder erwiesenermaßen schlecht behandelt, dann darf es maximal eine Chance für diese Erzieherin geben, ihr Verhalten zu überdenken und zu ändern.

Sollte es nach dieser ersten und einzigen Warnung einen weiteren Vorfall geben, kommt es zu sofortigen Konsequenzen und einer Entfernung dieser Erzieherin aus der Kita. Dann heißt es entweder ab zum Biografiearbeiten und Reflektieren bis zum Anschlag, gerne auch mit psychologischer Begleitung, oder aber raus aus dem Kinderdienst!

Ich höre schon den kollektiven Aufschrei. Ja, dieses Vorgehen bedeutet, dass es schon bald noch weniger Fachkräfte auf dem ohnehin leergefegten Markt geben wird. Eine Option wäre es in diesem Zusammenhang, endlich das durchzuführen, was meines Erachtens schon lange überfällig ist: Den galoppierenden Aktionswahn in Kitas zu stoppen und die fast schon militärisch durchgetakteten Stundenpläne, dieses unsägliche, verrückte Karussell des »Um 14.30 Uhr wird vorgelesen, um 15 Uhr gesungen, und das tagtäglich immer wieder« endlich fallenzulassen. Und durch einen flexibleren, kinderfreundlicheren und vor allem weniger personalintensiven Ablauf zu ersetzen. Gleichzeitig würde man den Kindern mehr Zeit zum freien Spielen geben.

Mittelfristig wünsche ich mir, dass noch viel mehr Einrichtungen als bisher mit multiprofessionellen Teams arbeiten. Tagesmütter, Erzieherinnen, Schreiner, Kinderkrankenschwestern, Psychologen, Gärtner, Köche. Sie alle könnten gemeinsam aus Kitas Werkstätten der Begegnung machen, die sich mehr und mehr der Welt öffnen. Es ist mir bewusst, dass dies nicht über Nacht und sofort zu realisieren ist. Kleinere Kitas könnten dabei mit gutem Beispiel vorangehen, da sie flexibler sind und agiler reagieren können. Sie könnten zum Beispiel damit beginnen, Kinder bei der Zubereitung der Mahlzeiten helfen zu lassen, das würde auch den bereits erwähnten, kinderförderlichen Werkstattcharakter weiter stützen. Es gibt so viele Möglichkeiten, auch in kleineren Schritten, auf die Vision des Einhornparadieses zuzugehen.

Eine bunte Kita-Landschaft, die zur Hoffnung Anlass gibt

In diesem Zusammenhang ist es von hohem Vorteil, dass Kitas sich auch nach der Einführung der Bildungspläne ihre Eigenständigkeit bewahrt haben. Denn dadurch gibt es eine bunte Kita-Landschaft, in der in einer vielfarbigen Welt verschiedene Konzepte wie Montessori-Pädagogik, Wald-Pädagogik oder auch Reggio-Pädagogik nebeneinander bestehen können. Wie die einzelnen Kitas die Bildungspläne umsetzen, steht allerdings auf einem anderen Blatt. Es gibt Einrichtungen, die Kinder wie schon beschrieben atemlos durch den Tag hetzen. Und es gibt Einrichtungen, die in meinen Augen verstanden haben, wie Kinder ticken. Es gibt sie schon, jene Kitas, die die Bildungsfreiheit leben und kreativ, spontan und klug mit Bildungsplänen umgehen. Sie haben bereits erkannt, dass, wenn man mit Kindern Kuchen bäckt, alle Bildungsbereiche auf einmal abgedeckt sind. In diesen Kitas werden auch ganz junge Kinder entsprechend am Alltag beteiligt und erhalten so die Möglichkeit, sich von Anfang an zu beweisen, was sie alles schon zu tun imstande sind. Man muss sie nur lassen!

Und ja, es dauert natürlich länger, wenn Kinder alleine ihre Schuhe anziehen und Flaschen aufschrauben. Aber es darf auch länger dauern, denn es handelt sich schließlich um eine Kita und um keine Rennbahn!

Eine Welt, in der es erlaubt ist, sich auszuprobieren

Alles ist im Wandel. Und dieser Wandel wird durch die fortschreitende Digitalisierung noch schneller und schneller werden. Es ist unsere Aufgabe, unseren Kindern dabei zu helfen, flexibel und stark zu werden, an sich zu glauben und mit anderen gemeinsam in der Welt zu wirken. Unterstützen wir Kinder dabei, von Anfang an mutig ihre eigenen Wege zu gehen und selbstständig und autark zu denken. Und nicht ständig für sie zu denken. Sie haben ihren eigenen Kopf, der auch in sehr jungen Jahren schon ausgezeichnet funktioniert. Es ist ihr Leben, es sind ihre Möglichkeiten.

Wir können Kinder auch nicht auf das Leben per se vorbereiten, weil wir über so viele Aspekte des Lebens, wie es in 20 Jahren und darüber hinaus ablaufen wird, heute noch keine Informationen haben. Genauso wenig, wie man uns als Kinder nicht auf das Smartphone oder die Klimakatastrophe vorbereitet hat. Wir mussten eben lernen, und müssen es noch, damit zurechtzukommen. Und diejenigen, die heute Kinder sind, müssen ebenso lernen, sich an alles, was auch immer im Hinblick auf Technologie und sonstige Entwicklungen geschehen wird, flexibel anzupassen und neue Wege zu gehen. Wir wissen es heute einfach noch nicht und können daher in dieser Hinsicht nichts für unsere Kinder tun.

Heilungsgedanke

Was wir aber tun können, ist, Kindern heute schon eine Welt anzubieten, in der es ihnen erlaubt ist, sich auszuprobieren. In der sie in ihrem eigenen Tempo und gemäß ihren individuellen Fähigkeiten lernen dürfen. In der sie neue Dinge versuchen und ihre Flexibilität trainieren können. Und zwar nach ihren eigenen, nicht nach unseren

Vorstellungen. Wir sollten ihnen demonstrieren, was sie alles schon können, wie genial und erfinderisch sie sind und vor allem, dass sie wichtig sind. Das, und keine starren Stundenpläne und Vorgaben, ist die beste Vorbereitung darauf, was auf unsere Kinder in der VUCA-Welt zukommen wird. Oder wie immer diese neuen Welten heißen mögen, die sich in einigen Jahren mit Sicherheit am Horizont auftun werden – und was immer sie mit sich bringen und umfassen mögen. Es ist heute unsere Aufgabe, Kinder auf alle diese – noch diffusen – Herausforderungen bestmöglich vorzubereiten. Indem wir sie in hohem Ausmaß sein lassen, wie sie sind. Indem wir sie über alles lieben. Und indem wir endlich aufhören, ihnen auf Seelenebene wehzutun. Wenn wir das erreichen, ist das Einhornparadies keine Vision geblieben.

2. Spielen, spielen, spielen – Leichtigkeit und Freude als Lebenselixier

Wenn ein Kind im Spiel versunken ist, lernt es – und seine Seele lacht.

»Jenny hat heute den ganzen Tag gespielt« – mit diesem Satz begrüßt Erzieherin Elvira einen Vater, der eben in der Kita Cinderella eingetroffen ist, um seine Tochter abzuholen. Tom, Jennys Vater, strahlt Elvira an und meint: »Wunderbar, das höre ich gerne. So hat sie auch heute die Möglichkeit gehabt, spielerisch und mit Leichtigkeit neue Dinge zu tun und zu lernen. Aus genau diesem Grund haben wir Ihre Einrichtung damals ausgewählt, weil Sie als eine der wenigen den Fokus auf ›Lernen und Wachsen‹ durch Spielen legen. Meine Frau und ich sind Ihnen so dankbar dafür!« In diesem Moment rast die blonde Jenny auf ihren Vater zu, umarmt seine Knie und ruft begeistert: »Papa, Papa, ich habe heute mit Joachim ein Haus gebaut, einen Bauernhof, mit Tieren und allem. Das war sooo mega schön. Morgen machen wir weiter! Komm, gehen wir, ich möchte das gleich auch der Mama erzählen ...« Vater und Tochter verlassen fröhlich lachend die Kita Cinderella und begeben sich nach Hause. Auf dem Heimweg erzählt Jenny ihrem Vater weiter vom Projekt Bauernhof und wie sehr sie sich darauf freut, morgen wieder in die Kita zu gehen und weiter Bäuerin zu spielen.

Eine normale Szene aus dem Kita-Alltag? Kinder, die begeistert sind, einen spielerisch-leichten Tag hinter sich zu haben? Die sich beim Abschied von der Kita schon auf die Fortsetzung ihres Spielens freuen? Eltern, die ob dieser Tatsache begeistert sind und sich lobend dazu äußern? Mitnichten. Die Realität sieht in sehr vielen Kitas völlig anders aus.

Mein Kind spielt nur – wie kann ich es fördern?

Kindern wird in sehr vielen Einrichtungen kaum Zeit zum Spielen eingeräumt. Ich habe diese allgegenwärtige strenge Taktung an vorgeschriebenen Aktivitäten ja bereits mehrmals mahnend erwähnt und erlaube mir auch an dieser Stelle wieder, diese anzuprangern. Denn das SPIEL ist für unsere Kinder und ihre Entwicklung mindestens so wichtig wie richtige Nahrung und ausreichend Bewegung.

Es ist mir ein dringliches Anliegen, allen Erwachsenen verständlich zu machen, wie wichtig Spielen für die Entwicklung unserer Kinder ist. Denn viele Eltern beschweren sich in den Kitas, wenn »nur« gespielt und »nichts Richtiges« gemacht wird. Wobei sie die Antwort, was »etwas Richtiges« denn sein könnte, meist schuldig bleiben. Ich verstehe diese Bedenken, denn dahinter liegt eine ganz bestimmte Angst: Dass ihre Kinder nicht genug lernen und auf die Schule nicht ausreichend vorbereitet werden. Dem widersprechen allerdings die Ansichten namhafter internationaler Wissenschaftler wie Stuart Brown, Gerald Hüther, Jesper Juul, Armin Krenz und Michael Pluess.

Lernen steht in vielen Köpfen noch immer viel höher im Kurs als Spielen. Das wahre Dilemma dabei ist, dass die meisten Menschen unter Lernen oft nur die Aneinanderreihung von Faktenwissen verstehen. Oder die Tatsache, dass etwas Sichtbares oder Wahrnehmbares produziert oder erreicht wurde. Kinder sollen am besten immer zeigen können, was sie geleistet haben und was sie schon alles können. Und je mehr Produkte gebastelt sind, je mehr Lieder und Reime gesungen und gesprochen werden, je mehr Aktivitäten wie auf dem Förderband abgelaufen sind, desto glücklicher sind die meisten Eltern. Hier schließt sich der Kreis zu den durchgetakteten Kita-Tagen, weil ja im Sinne der Elternbefriedigung das jeweilige Häkchen für alle diese Programmpunkte pünktlich gesetzt werden muss.

»Mein Kind spielt nur – wie kann ich es fördern?« ist eine der in Kitas meist gestellten Fragen. Und auch ich höre dieses Anliegen anlässlich meiner Vorträge immer wieder. Ich bin hocherfreut, wenn ich nach einem Vortrag auch die Möglichkeit habe, mit besorgten Eltern über die Bedeutung des Spiels zu sprechen. Und noch mehr würde ich mich freuen, wenn diese Eltern nach einem solchen Gespräch mit ihrem Kind an einen See fahren, im Matsch wühlen, Sandkuchen backen – und miteinander Steine hüpfen lassen. Denn wenn das der Fall ist, weiß ich, dass es mir gelungen ist, einen ersten gedanklichen Perspektivenwechsel einzuleiten.

Mit diesem Kapitel möchte ich dazu beitragen, die größten Bedenken betreffend das ausgiebige Spielen versus das Lernen mit Zwang und Druck auszuräumen und gleichzeitig eine Lanze für das Spielen in Leichtigkeit und Freude zu brechen.

Spielen als Grundlage von Entwicklung

Was den meisten Erwachsenen und auch vielen Erzieherinnen nicht klar ist: Kinder lernen beim Spielen! Ganz automatisch. Mit Leichtigkeit und Freude. Deswegen müssen – und ich meine hier wirklich MÜSSEN – Kinder spielen, so lange und so intensiv, wie sie das wollen. Sie werden dabei alles, was sie im jeweiligen Stadium ihrer Entwicklung brauchen, ganz nebenbei lernen. Was wir als Erwachsene ihnen zur Verfügung stellen sollten, sind die entsprechenden Möglichkeiten und Lebenswelten, in denen sie alle Varianten des Spiels anwenden können.

Spielen ist die Grundlage unserer individuellen, sozialen, kulturellen und technischen Entwicklungen und Errungenschaften. So war es schon immer. So wird es auch immer sein. Alles, was wir als Menschheit heute sind und erreicht haben, verdanken wir unserer stetigen Entwicklung über die Jahrhunderte hinweg. Stuart Brown, einer der wichtigsten Köpfe der internationalen Spielforschung, betont, dass nun einmal das Spiel in allen seinen Varianten die beste Entwicklungsförderung ist. Wird der Spieltrieb unterdrückt, kommt auch die Entwicklung zum Stillstand. Und ich denke nicht, dass wir diesen Zustand betreffend die zukünftigen Generationen anstreben wollen.

Brown beschreibt einen Tierversuch mit Ratten, in dem sogar nachgewiesen werden konnte, dass die Unterdrückung des Spielens zum Tod führen kann. In diesem Versuch ließ man zwei Gruppen von jungen Ratten spielen. Eine Gruppe schüchterte man immer dann, wenn sie spielte, intensiv ein und unterbrach ihr Spiel, indem man sie quälte. Die zweite Gruppe durfte spielen, so lange sie wollte. Das höchst aufschlussreiche

Ergebnis: Die Ratten, die nicht spielen durften, kamen irgendwann nicht mehr aus ihren Häuschen heraus und stellten das Spielen komplett ein. Dann bot man ihnen Futter außerhalb der Sicherheitszone des Häuschens an. Und jene Ratten, die in ihrem Spiel ständig brutal unterbrochen worden waren, trauten sich nicht mehr aus ihrem Versteck und verhungerten jämmerlich. Während die Spielratten experimentierfreudiger waren und den Mut aufbrachten, das Versteck zu verlassen, zum Futter zu trippeln und zu fressen.

Die Entspielung der Kindheit

Auch wenn man Tierversuche nicht direkt auf Menschen übertragen kann, dürfen wir aus diesem Experiment doch schlussfolgern, dass Spielen während der Kindheit durch nichts zu ersetzen und für die gesunde Entwicklung auch bei Menschenkindern extrem wichtig ist! Und genau da sehen wir uns einem Problem gegenüber, denn uns alle bedroht nicht nur der Klimawandel, sondern auch die Entspielung der Kindheit. Wir dürfen uns nichts vormachen: Die Zeit unserer Kinder ist zunehmend verplant und durchorganisiert. Es gibt immer weniger Kinder, die einfach »nur so« mit anderen Kindern und mit gutem Spielzeug spielen dürfen – ohne Erwachsene, die lenkend eingreifen, ohne Förderhintergrund und ohne rigorose Stundenpläne. Die Gründe für diese Fehlentwicklung sind in meinen Augen gut gemeinte, aber falsch verstandene Bildungspläne, zu wenig Wissen über Gehirnentwicklung und Bindungstheorie und nicht zuletzt der schon öfter erwähnte Bildungspanikdrache.

Heilungsgedanke

Stellen Sie sich eine Welt vor, in der keine Musik gespielt wird und niemand Bilder malt. In dieser Welt gibt es keinen Sport, keine Bücher, kein Theater, keine Filme, keine Fotos, kein Parfüm. Niemand tanzt, baut Häuser oder konstruiert Autos, erfindet neue Getränke, Rutschbahnen und Dosenöffner oder Handtaschen. Würden Sie gerne in dieser Welt leben wollen? Ich wage zu behaupten: Sicher nicht! Denken Sie bitte immer daran, dass alle diese Erfindungen und Errungenschaften, die hier oben erwähnt sind, das Ergebnis von leichtem, kreativem und vor allem spielerischem Tun sind. Durch die Anhäufung und Anwendung von reinem Faktenwissen ist sicher nichts von alledem entstanden. Die Basis jeglicher Kreativität ist und bleibt nun einmal das spielerische Denken und Handeln!

Lassen Sie deshalb Ihr inneres Kind so oft wie möglich spielen. Laufen Sie wie in Ihrer Kindheit unbeschwert durch einen Park, hüpfen Sie mal wieder in eine Pfütze, kaufen Sie sich eine knallrosa Zuckerwatte und verspeisen Sie sie gelassen mit Ihrer Aktentasche in der Hand! Machen Sie öfter genau das, worauf Sie spontan Lust haben. In meiner Schreibtischschublade bewahre ich zum Beispiel »Einhornkacke« auf. Das Produkt heißt wirklich so und ist rosa Glitzerknete – wenn mir danach ist, hole ich sie heraus und spiele damit. Und fühle mich dann leicht und glücklich wie ein Kind.

Freies Spielen – was als Begrifflichkeit eigentlich eine Tautologie darstellt – ist in vielen Kitas leider nur als kurzer Pausenfüller zu finden, bevor der nächste Programmpunkt abgespult werden muss, und auch dann ist das Spiel nur selten wirklich frei! Meine Beobachtung ist, dass auch zu Hause in den Kinderzimmern mehr und mehr die sogenannten »Lernspiele« dominieren und »einfach so einmal spielen« immer weniger Zeit bekommt. »Bildungspanikdrache frisst Spielzeit auf«, scheint das allgemeine Motto zu sein.

Warum Kinder spielen müssen

Kinder spielen nach Brown nicht, um etwas zu lernen, sie spielen auch nicht, um sich zu erholen oder zu entspannen. Sie spielen nicht einmal, um etwas zu üben. Das Spiel, da sind sich Psychologen, Pädagogen und Philosophen ziemlich einig, hat einen viel tieferen Sinn. Das Spiel hat die Aufgabe, das Leben zu bewältigen, und zwar in einer Zeit – der Kindheit –, in der andere Möglichkeiten und Techniken noch nicht vorhanden oder ausgebildet sind. Das Spiel ist also zu diesem Zeitpunkt die einzige Möglichkeit, sich auszudrücken und zu SEIN. Spielen ist daher für Kinder die wichtigste Tätigkeit überhaupt. Spielen ist das Lebenselixier der Kindheit, der Zaubertrank für eine gelungene seelische und körperliche Entwicklung.

Wenn Kinder sich frei entscheiden können, womit, mit wem, wo und wie lange sie spielen, dann erhöht das ihre Selbstwirksamkeit. Diese wiederum ist die Voraussetzung für ein gelungenes Leben mit einem hohen Ausmaß an Wohlbefinden. Zudem haben Kinder, die oft und vor allem auch zusammen mit anderen Kindern spielen, nachweislich stabilere soziale Beziehungen, sie können sich besser regulieren und haben mehr Freunde. Wer mehr Freunde hat, fühlt sich sicherer und spielt deshalb freier, ist demnach klüger, kommt mit sich selbst besser klar und ist auch teamfähiger. Wer Freunde hat, hat Freude, und Freude ist gut für die Seele. Ich würde sogar so weit gehen, zu sagen, dass mehr und längere zweckfreie Spielzeit in der Kindheit für so manchen Erwachsenen weniger Therapiezeit bedeuten könnte. Es gibt momentan zu viele Kinder, die »nicht mitspielen dürfen«, sei es, weil ihre Eltern nur das Lernen fördern wollen, die Verantwortlichen in den Bildungseinrichtungen prinzipiell zu wenig Spielzeiten zulassen oder die Kinder durch Dauerbespaßungen von außen und den ständigen, auch zeitlichen Drill, der in vielen Einrichtungen herrscht, nie gelernt haben, wie man alleine oder mit anderen spielt.

Je länger, desto besser

Ich finde, Kinder sollten jeden Tag ausgiebig – einige Stunden lang – spielen! Nur dann lernen sie sich selbst wirklich kennen, nehmen Herausforderungen an und können sich diesen stellen. Kinder wollen immer erfahren, wie die Dinge und die Welt funktionieren und sollten daher genug Raum und Zeit zum Experimentieren haben. Sie stellen im Spiel unterbewusst ihre eigenen Hypothesen auf und überprüfen diese immer wieder – und das dauert nun einmal seine Zeit. Sie bilden und verändern innerhalb dieses spielerischen Prozesses ihre Einsichten, Ansichten und Aussichten, sie erleben neue Gefühle und vor allem – sie erspielen sich immer neue Varianten. Eine Erzieherin, die diesen Prozess, der im kindlichen Gehirn gerade vor sich geht, unterbricht, weil jetzt nicht mehr das Spielen dran ist, sondern die vorbereitete Experimentierstunde angesagt ist oder weil gemeinsam gesungen werden muss, bringt damit unterschwellig die Entwicklung dieses Kindes zum Stillstand. Kinder haben nun einmal ihren eigenen Spielrhythmus, sie spüren, wann ein Spielzyklus abgelaufen ist und sie sich wieder anderen Aktivitäten, also neuen Spielen, zuwenden wollen. Wir sollten ihnen – wie bei so vielen anderen Dingen – auch in dieser Hinsicht vertrauen.

Dazu kommt: Kinder, die viel und intensiv spielen, zeigen mehr Ausdauer, eine geringere Aggressionsbereitschaft, sind belastbarer und kommen mit den Grundgefühlen Angst, Freude, Trauer und Wut zurecht. Sie sind motorisch gut, können Regeln besser einhalten und kooperieren leichter. Sie reagieren schneller auf Unvorhergesehenes, können sich besser konzentrieren und übernehmen mehr Verantwortung. Vielspielende Kinder haben einen größeren und differenzierteren Wortschatz, ein besseres Gedächtnis und – das wundert jetzt sicherlich niemanden – dazu haben sie noch mehr Fantasie und sind sehr viel kreativer als Kinder, die wenig spielen. Der Hirnforscher Gerald Hüther bestätigt all dies in seinem 2018 erschienenen Werk über die Rettung des Spiels.

Merken Sie etwas? All das passiert ganz automatisch, wenn man Kinder in Ruhe lässt. Denn alles, was wir Menschen für ein selbstständiges, selbstverantwortliches Leben brauchen, liegt bereits in uns. Es muss sich »nur« Raum brechen können und sich entwickeln dürfen. Unsere Aufgabe als Erwachsene ist im Grunde sehr einfach: Wir brauchen dieses Wasser der Entwicklung einfach nur fließen lassen und sollten vermeiden, es aufzustauen, denn da brechen unnötig Dämme.

Sich von Phase zu Phase spielen und dabei entwickeln

Es ist mir in diesem Zusammenhang sehr wichtig, aufzuzeigen, wie sich das Spiel im Laufe der Kinderjahre aufbaut und entwickelt. Wie durch ein Wunder entstehen die Kompetenzen, die ein Kind »später« braucht, quasi als Nebenprodukt des Spiels. Spiel ist also pure Bildung – und zwar die einzig und wahrhaft kindgerechte! In die Reihenfolge der Spielentwicklungsfähigkeiten im Rahmen eines Kinderlebens kann nicht eingegriffen werden. Es ist ein natürlicher Ablauf, und jedes Kind wählt dabei, ähnlich wie beim Erlernen des Laufens, sein individuelles Tempo. In diesem Prozess baut eine Etappe auf der anderen auf.

Die sogenannten Funktionsspiele von Kindern finden im Alter von null bis zwei Jahren statt. Als Baby nehmen sie ihre Hände in den Mund, gefolgt von den Füßen und allen anderen Gegenständen, derer sie habhaft werden. Während dieser Zeit geht es in erster Linie um das Erforschen des eigenen Körpers und um das generelle Hantieren mit Dingen. Kinder, die sich wohlfühlen und sicher und geborgen sind, entwickeln anschließend ihr erstes »Erkundungsverhalten«. Eltern haben während dieser sehr speziellen Zeit, in der Kinder die Wohnung erkunden bzw. zerlegen, Steine in den Mund stecken, Seife ablecken und all ihre Sinne benutzen, um möglichst viel und alles auf einmal von dieser interessanten Welt zu erfahren, immer besonders viel Stress. Und vielleicht ja auch Spaß. In dieser Zeit benötigen Kinder möglichst viele unterschiedliche Materialien zum Schütteln, Reiben, Werfen, Stoßen, Ziehen und natürlich zum Ein- und Ausräumen.

Ungefähr mit eineinhalb Jahren treten Kinder in die Phase der »Als-ob-Spiele« ein. Sie beobachten jetzt andere Menschen genauer und spielen deren Handlungen nach. Mit Leidenschaft zweckentfremden sie Gegenstände und geben ihnen – je nachdem, wofür sie sie in ihren Fantasiespielen gerade brauchen – spezielle Bedeutungen. Eine Gabel kann in dieser Phase sowohl ein Handy, ein Kamm als auch eine Banane sein. Der Fantasie sind gerade jetzt keine Grenzen gesetzt.

Verschiedene Rollen und Handlungsvarianten

In der nachfolgenden Zeit der Rollenspiele nehmen Kinder unterschiedliche soziale Rollen ein – so entsteht beispielsweise das typische Szenario der bekannten Vater-Mutter-Kind-Spiele. Mittels dieser Rollenspiele verarbeiten sie auch bisher gemachte positive und negative Erfahrungen oder stellen in ihrer Rolle etwas dar, was sie eigentlich (noch) nicht sind. Ein zurückhaltendes Kind personifiziert dann vielleicht gerne »Superman« oder »Superwoman«. Im Rollenspiel erhalten Kinder die Möglichkeit, verschiedene Handlungsvarianten zu testen und dadurch Ängste abzubauen, Zutrauen aufzubauen und innere Konflikte zu lösen. Die kleine, schüchterne Elena, die sich vor so vielem fürchtet, kann in ihrer imaginären Rolle als »Superwoman« dann die Krokodile, die sich unter dem Bett versteckt haben, ganz einfach mit ihrer großen Rakete in die Luft sprengen.

Kommen wir nun zur Phase der Konstruktionsspiele, die um das zweite Lebensjahr herum beginnt. Der Name sagt es bereits, im Konstruktionsspiel wird real und imaginär gebaut, konstruiert und experimentiert, dass es eine Freude ist. Genau da entsteht zum Beispiel auch die Riesenrakete, mit der Elena ihre Krokodile jagt, womit klar wird, dass sich die verschiedenen Phasen auch überlappen können. Elena nutzt in ihrer Rolle als »Superwoman« die im Konstruktionsspiel entstandene Superwaffe!

In dieser Phase sind Kinder bereits imstande, vorausschauender zu denken und planvoller zu handeln. Eltern erkennen diesen Entwicklungsabschnitt daran, dass ein Kind sich eigenständig überlegt, was es alles braucht, um eine Höhle zu bauen oder neugierig ausprobiert, ob die Brille des Vaters in der

Toilette schwimmt. Eine besonders kreative Variante könnte auch sein, den Badewannenrand mit allen Make-up-Artikeln der Mutter zu dekorieren. Ja, es ist mühsam, danach wieder Ordnung herzustellen, aber nehmen Sie als Eltern und Erzieher bitte dies als ein ausgezeichnetes Zeichen an: Das Kind ist im kreativen, fantasievollen Konstruktionsspiel angekommen. Das gibt zu den schönsten Hoffnungen für eine perfekt ablaufende Entwicklung Anlass!

Diese Spielformen sind nicht getrennt voneinander zu betrachten, sie bauen zwar aufeinander auf, werden aber miteinander kombiniert und ergänzen sich. Ein Kind begibt sich in die letzte Etappe der Spielentwicklung, wenn es sich schlussendlich für Regelspiele entscheidet. In diesem Alter, zwischen drei und fünf Jahren, fangen Kinder an, Verstecken zu spielen, Wettrennen zu veranstalten und beginnen, die Welt der diversen Gesellschaftsspiele zu entdecken. Diese Spiele verlangen den Kindern sehr viel ab, denn jetzt müssen sie Spielregeln verstehen und anwenden, sich als teamfähig erweisen, abwarten und vor allem verlieren können. Und ich wage zu behaupten: Dieses Stadium erreichen so manche Erwachsene niemals. Es handelt sich also um eine sehr wichtige und auch schwierige Phase der kindlichen Entwicklung.

Dem Spieltrieb freien Lauf lassen

Der Spielforscher Stuart Brown ist der Ansicht, dass nichts das Gehirn so sehr erhellt wie das Spielen. Er vertritt auch die Überzeugung, dass das Gegenteil von Spielen nicht Arbeit, sondern Depression ist. Warum um alles in der Welt lassen wir – dies wissend – unseren Kindern dann nicht mehr Freiraum, um das zu tun, was sie in diesem Alter am besten können und am liebsten tun? Wie eben festgestellt, laufen die verschiedenen Spielephasen ja sowieso automatisch ab. Kinder »kümmern« sich ganz von selbst, eben spielerisch, um ihre eigene Entwicklung. Die einzigen, die dabei stören könnten, sind Erwachsene in Form von Eltern und Erzieherinnen, die überbesorgt und überreguliert in diesen natürlichen Rhythmus eingreifen und ihn behindern.

Wir wissen, dass Kinder von Geburt an neugierig und sozial sind, diese Eigenschaften brauchen wir in ihnen nicht noch eigens zu fördern. Kinder bringen sie auf eine köstliche und ursprüngliche Weise bereits mit. Aber, wir dürfen diese Ansätze und natürlichen Fähigkeiten niemals zerstören, denn das könnte durch ständiges Eindämmen der Spiellust der Kinder sehr schnell der Fall sein. Man erinnere sich an die Ratten, die, ihrer Spiele beraubt, zurückgezogen in ihren Häuschen verweilten und sich gar nichts mehr zutrauten.

Eines steht fest: Wenn Kinder mehr und freier spielen dürfen, werden sie zu aktiveren, erfolgreicheren und glücklicheren Erwachsenen. Denn sie haben durch Spielen, Raufen, Schreien und Herumtoben gelernt, sich emotional zu regulieren, eigene Ideen zu verfolgen, mit anderen zurechtzukommen und Regeln einzuhalten. Genau diese Eigenschaften sind nämlich der Garant für Konzentration, Selbstführung und gelingendes Lernen. Deswegen bin ich der festen Ansicht, dass man in den Einrichtungen das zweckfreie Spielen nicht dem Lernen und zielgerichtete Lernförderspiele nicht dem Spielen opfern sollte!

Zum Spielen »verführen«

Eine der wichtigsten Aufgaben von Erzieherinnen in Kitas ist es, die Kinder in ihrem Tun und lustvollen Entdecken zu begleiten und zu unterstützen. Und dazu gehört es, sie ihrem natürlichen Spieltrieb zu überlassen. Sind Kinder erst einmal ins Spielen versunken, brauchen sie keine Unterstützung mehr, die Spielphase, die gerade dran ist, läuft automatisch ab. Es gibt jedoch Kinder, die ein wenig schwerer ins Spielen hineinkommen, und da wäre es hilfreich, wenn Erzieherinnen zu Beginn mitspielen, Ideen einbringen, Fragen stellen oder neue Materialien präsentieren. Meist ist es vollkommen ausreichend, wenn eine Erzieherin zum Spielen »verführt«, indem sie selbst mit Begeisterung damit beginnt. Dann dauert es oft nur Sekunden, bis die ersten Kinder neugierig heranlaufen und Interesse zeigen – und schon können die Spiele beginnen. Die Erzieherin kann sich dann während des Spielens darauf beschränken, nur noch leichte Anregungen zu geben und den Spielfluss laufen zu lassen. Durch aufmerksames Beobachten der Spieldynamik wird eine gute Erzieherin genau erkennen, wo die Interessen der einzelnen Kinder liegen und kann dementsprechend neues Spielmaterial anbieten. Auf diese Weise wird die kindliche Welt immer größer und größer – die Kinder spielen sich Schritt für Schritt ins große Leben.

Eine Erzieherin, die diesen Prozess erkennt und unterstützend begleitet, wird zur Komplizin und wunderbaren Spiel-Ermöglicherin und lässt die Rolle der Spiel-Verhinderin hinter sich. Je mehr Erzieherinnen sich dieses wichtigen Unterschiedes zwischen Spiele initiieren und Spiele verhindern bewusst sind, und dies in der Praxis auch anwenden, desto besser ist es für die Entwicklung unserer Kinder. Spielzeit sollte dabei immer eine Zeit sein, in der keine weiteren Ansprüche an Kinder gestellt werden. Man sollte ihnen ausreichend Zeit dazu lassen und sie nicht bloß schnell mal 30 Minuten zwischendurch spielen lassen. Denn Unterbrechungen stören den natürlichen Spielablauf. Spiele folgen meist einer bestimmten Choreografie – die eigenständig abläuft und sehr logisch ist. Jede auch nur geringe Störung kann den Spielfluss und damit die Entwicklung zum Erliegen bringen.

Wer als Erzieherin gerade stattfindende Spiele rüde und unhöflich unterbricht, weil jetzt laut Tagesplan etwas anderes dran ist, der reißt ein Kind brutal aus seiner Fantasiewelt und holt es unnötig rigoros in die Gegenwart zurück. Wer als Erzieherin so handelt, der blockiert und verhindert die kindliche Entwicklung und verabreicht eine besonders subtile Form von Seelenprügel. Weil das einzige, was Kinder dabei lernen ist: Meine eigenen Ideen sind schlecht. Wollen wir das wirklich für unsere zukünftigen Generationen?

Spielen als Lebenselixier

Für dieses Kapitel war es mir ein dringendes Bedürfnis, die Bedeutung des freien Spiels hervorzuheben und dem adipösen Bildungspanikdrachen ein wenig das Futter zu reduzieren. Denn das Spielen darf definitiv auf seine eigene, hohe Existenzberechtigung pochen und sich als Lebenselixier betrachten.

Lassen Sie uns als Fazit Folgendes festhalten: Spielen ist die Basis des kindlichen Entwicklungsprozesses und essenziell für den gesamten Fortschritt eines Kindes, für die Gehirnausbildung und nicht zuletzt für die Fähigkeit des Lernens.

Spielen erhält die psychische und physische Gesundheit und macht gesund, wie sowohl Gerald Hüther als auch Michael Hüter in neuen Forschungen nachweisen, denn Bewältigungserfahrungen stärken nachweislich den Körper. Durch wohltuende Ereignisse, wie sie sich Kinder im Spiel erschaffen, bauen sie Stärken auf und korrigieren gleichzeitig Defizite. Eine perfekte Vorbereitung auf das, was sie erwartet, wenn die wenigen Jahre der Kindheit vorüber sind und die sehr viel schwierigeren Spiele der Welt der Erwachsenen beginnen.

Kinder können immer und überall und mit allem spielen, aber wir können ihre angeborene Spielfähigkeit und Freude zerstören, indem wir uns ständig einmischen, kritisieren, alles besser wissen, ihnen Lernspiele aufzwingen und sie dadurch vermeintlich »spielerisch« auf etwas vorbereiten wollen, wofür sie einfach noch nicht bereit sind. Wir sollten dabei niemals vergessen: Wenn spielen nicht freiwillig ist, ist es kein Spiel. Spiel kann niemals eine Pflichtübung sein, weil Fantasie nun einmal Freiheit braucht!

LICHTBLICK AUS DER ERZIEHERISCHEN PRAXIS

Es gibt in meinen Augen nichts Schwierigeres und Anspruchsvolleres, als sich beim Spielen in die Welt eines Kindes zu begeben. Mit seinen Augen zu sehen, mit seinen Ohren zu hören und beim Spiel des Kindes hingegeben mitzumachen. Das kann nur ein wirklich empathischer, kluger und seelengesunder Mensch, dessen inneres Kind und erwachsenes Ich völlig im Einklang sind. Die Kita Cinderella macht es uns vor. Und Jenny freut sich noch immer auf den nächsten Tag und ihre Rolle als Bäuerin.

3. Löwenzahn und Orchideen – die Bedeutung individueller Erziehung

Unterschiedliche Pflanzen brauchen unterschiedliche Pflege, damit sie gut gedeihen – Menschen sind noch weitaus anspruchsvoller.

Kinder sind in hohem Maße unterschiedlich. Wenn man unterschiedlich geborene Kinder vollkommen gleich behandelt und erzieht, dann werden sie nicht – wie man lange Zeit dachte – gleicher. Ganz im Gegenteil, die Unterschiede werden durch dieses »Alle-in-einen-Topf-Werfen« noch eklatanter und ausgeprägter. Was wir damit bewirken, ist, krass ausgedrückt, Folgendes: Trotz dieser stereotypen Einheitsbrei-Vorgehensweisen betreffend Kinder werden die einen stark, und die anderen gehen unter. Weshalb ist das so, und was können wir dagegen tun? Lassen Sie uns gemeinsam beleuchten, warum individuelle Erziehung wichtiger ist denn je und was das alles mit der Botanik und der Frage »Löwenzahn oder Orchidee?« zu tun hat.

Rezepte gibt es nur für Kuchen

Natürlich wäre es wünschenswerter und einfacher, wenn es für alle Kinder passende und einheitliche Erziehungsrezepte gäbe. Bei Verhalten A wenden Sie bitte Methode RZ an. Wenn das Kind sich wie B verhält, Sie sich aber C wünschen, fahren Sie mit YZ fort. Am besten noch mit der immer wieder gehörten und doch so fatal falschen Beweisführung, dass es schließlich noch keinem geschadet habe, althergebrachte Erziehungsmuster fortzusetzen, weil die Kinder da nun einmal durch müssten. Nein, das müssen sie nicht. Und es ist höchste Zeit, dies zu erkennen. Wie es auch an der Zeit ist, zu verstehen, dass mit verlässlichen Nullachtfünfzehn-Rezepturen im Bereich Kindererziehung und Bildung nicht gerechnet werden kann. Wer einen Kuchen backen will, kann sich immer auf das Rezept verlassen. Wer völlig unterschiedliche Kinder auf das Leben vorbereiten will, wird keine einheitliche Gebrauchsanweisung finden.

Es ist auch höchste Zeit, im Bereich Erziehung endlich offen auszusprechen, dass es nun einmal so viele verschiedene Persönlichkeiten wie Menschen gibt. Schon in der Antike haben Philosophen und Psychologen den Menschen unterschiedliche Temperamente zugeordnet und Einteilungen nach Farbtypen oder Tiersymbolen vorgenommen. Auch damals wurde es schon als Nonplusultra empfunden, höchst komplexe Zusammenhänge nach einfachen Systemen zu ordnen. Es funktioniert meistens nicht, und doch fahren wir unverdrossen damit fort. Denn wir nützen alle mehr oder weniger oft unsere persönlichen »Apothekerschränke« mit diversen Schubladen zur Einordnung der uns umgebenden Menschheit. Und je nachdem, wie differenziert man denkt, hat man mehr oder weniger Schubladen in unterschiedlicher Tiefe zur Verfügung. In diesen Schubladen lassen wir nach einer ersten raschen Einschätzung Kinder wie Erwachsene hurtig verschwinden. Je nach Reflexionsfähigkeit machen wir diese Schubladen von Zeit zu Zeit wieder auf und schauen nach, ob zum Beispiel Arthur, der Böse von damals, noch immer Arthur der Böse ist, oder sich inzwischen ja vielleicht verändert hat. Und passt Miriam, die früher so ein zartes, schüchternes Mädchen war und im

Kindergarten so viel geweint hat, wirklich noch in die »Zart-und-schüchtern-Schublade«, obwohl sie inzwischen vierfache Mutter und honorige Schulleiterin ist? Wir lernen daraus, dass Schubladendenken einfach nicht funktioniert, weil zum Beispiel ein Kind, das auf eine gewisse Weise katalogisiert in einer bestimmten Schublade verschwand, als völlig anderer Erwachsener dieser wieder entsteigen vermag.

So kann es vorkommen, dass Menschen, die fragile oder schwierige Kinder waren, später einen starken und geraden Weg gehen, auf dem sie sich alles andere als zerbrechlich und schüchtern zeigen. Und andere Kinder aus der Kategorie zart und empfindlich hingegen nicht auf die Füße kommen und am Leben zerbrechen. Es sind doch angeblich alle gleich und wurden von ihren Eltern, Erziehern und in unseren Bildungssystemen auch immer genauso wie alle anderen behandelt, benotet und erzogen. Wie kommt das?

Sensibel ist nicht gleich sensibel

Ein besonders schönes und auch empirisch belegtes Beispiel einer Einteilung von Menschen stellen die sogenannten Löwenzahn- und Orchideenkinder dar. Wissenschaftler haben sich im Laufe der letzten Jahre mit der generellen Unterschiedlichkeit und der verschiedenartigen Entwicklung von Kindern beschäftigt und haben, im Gegensatz zu all den vielfältigen Dosha,- Tier-, Farb-, Persönlichkeitsmerkmal-, Fähigkeits- und Temperamentsunterscheidungen, exakt zwei genetische Typen herauskristallisiert: Nämlich sehr sensible und sehr belastbare Kinder.

Das hört sich auf den ersten Blick sehr einfach und vielleicht sogar oberflächlich an, erklärt jedoch vieles. W. Thomas Boyce und sein Forschungsteam haben in ihren Untersuchungen an der Stanford University mehr als 300 Kinder diversen Stresssituationen ausgesetzt. Ihr Ziel war es, dadurch die supersensiblen Kinder, die stark auf Umweltreize reagieren, zu identifizieren und besser zu verstehen. Dass es extrem sensible Kinder gibt, die schnell reizüberflutet sind und als Erwachsene eventuell öfter unter Depressionen leiden als Kinder, die mit Stressoren besser zurechtkommen, weiß man natürlich seit Jahrzehnten. Durch die Ergebnisse dieser Untersuchungen rückten diese Kinder nun verstärkt in den Fokus.

Es ist relativ leicht, Kinder in einen Stressmodus zu versetzen. In Stanford wurde das kindliche Verhalten auf diese Weise untersucht: In Einzelinterviews ließen die Forscher Kindergartenkinder frei von ihren Familien und den dort herrschenden Dynamiken erzählen. Außerdem sollten sie sechsstellige Zahlenreihen wiederholen, mussten den Geschmack von Zitronensaft erkennen, und es wurde ihnen bewusst Angst gemacht, indem sie einen Film mit einer Gewitterszene ansehen mussten, in der sie klar erkennen konnten, dass andere Kinder in dem Film Angst hatten. Dies ergab ein insgesamt aussagekräftiges Bild, welche der kindlichen Probanden eine erhöhte Sensibilität aufwiesen.

Entspannter Alltag versus Stress

Boyce und sein Team wollten es jedoch noch genauer wissen. Nachdem sie durch die erste Testreihe die sensiblen Kinder von den weniger sensiblen unterschieden hatten, teilten sie die sensiblen Kinder noch einmal in zwei weitere Gruppen ein. Die erste Gruppe hatte es erwiesenermaßen schwer im Leben, diese Kinder mussten in ihren respektiven häuslichen Umfeldern viel familiären Stress aushalten. Die zweite Gruppe kam aus einer entspannten Umgebung. Das nicht allzu überraschende Ergebnis: Die als sensibel eingestuften Kinder, die einem stressigen Alltag ausgesetzt waren, erwiesen sich als deutlich verhaltensauffälliger als jene Kinder, denen es in ihrem Alltag und Umfeld gut ging und die geringeren Widrigkeiten ausgesetzt waren. Sie zeigten sehr viel weniger Verhaltensauffälligkeiten als ihre gestressten Kita-Kollegen.

In einer anderen Untersuchung an der Oxford University durch Michael Pluess und sein Forscherteam wurden 1.300 Kinder und ihre Familien zwölf Jahre lang beobachtet und begleitet. Auch hier kam man eindeutig zu dem Ergebnis, dass die sehr sensitiven Kinder besonders von der ihnen dargebrachten Zuwendung profitierten. Gemeint ist damit die Aufmerksamkeit und Zuwendung durch ihre Mütter, wie auch jene der Erzieherinnen in ihren Kitas und der Lehrerinnen in den ersten Schuljahren.

Die Orchideenkinder

Der Grund für eine hohe Sensitivität ist, wie wir schon etabliert haben, genetisch bedingt. In Forschungen wurde ein Gen entdeckt, das für den Transport des Neurotransmitters Serotonin wichtig ist. Dieses Gen gibt es in kurzer und in langer Form. Vereinfacht dargestellt tragen die supersensiblen Kinder die kurze Variante des Gens in sich und die weniger sensiblen die lange Variante. Wer über die kurze Variante verfügt, ist als Mensch wesentlich empfindlicher und dadurch auch verletzlicher. Diese Menschen sind aber auch insgesamt wacher, aufmerksamer, neugieriger, lernen schneller und sind auf allen Ebenen sensitiver. Das sind die Orchideenkinder. Nun werfen wir einen Blick in die Botanik und wenden uns kurz der fragilen Welt der Orchideen zu.

Orchideen gelten als die Königinnen der exotischen Blumen und brauchen als solche besonderen Schutz und spezielle Zuwendung. Gießt man sie zu viel, gehen sie ein. Sind sie Zugluft ausgesetzt, verlieren sie oft ihre wunderschönen Blüten. Pralle Sonne mögen sie ebenfalls nicht. Und doch ist ihre Schönheit und Zerbrechlichkeit legendär. Was sie wirklich brauchen, um diese Schönheit zu bewahren, ist der schützende Raum eines Gewächshauses mit für sie optimalen Bedingungen und hohes Einfühlungsvermögen jener Menschen, die sie betreuen. Dann entwickeln sie ihre volle Blütenpracht und erreichen den Zenit ihres Seins als allseits bewunderte Pflanze.

Genauso ist es auch bei den Orchideenkindern. Wenn sie in einer liebenden Familie aufwachsen, wenn sie liebevolle Erzieherinnen und Lehrerinnen haben, dann werden sie zu Menschen, die ihr volles, sehr spezielles Spektrum leben können. Orchideenkinder haben ganz besondere Fähigkeiten, sie bringen großes emotionales Potenzial und hohe Instinkte mit. Sie sind feinsinniger, sie können sich besser konzentrieren, sind kreativer, sie arbeiten gewissenhafter und sie können besser reflektieren.

Schon als Babys sind sie wacher, weinen eventuell öfter und brauchen generell mehr Kontakt, Zuwendung und Geduld als andere Kinder. Das ist jedoch kein Manko oder Makel, sie sind einfach nur empfindsamer geboren. Im Prinzip sind sie ob ihres feinstofflichen Seins und ihrer Sensibilität ein wahrer Segen für die Welt.

Ohne »Gewächshaus« wird es schwierig

Aber, und jetzt kommt ein wirklich gigantisches Aber: Wehe, wenn diese Kinder in Familien leben oder in Einrichtungen gehen, die ihnen keinen besonderen Schutz angedeihen lassen, ihnen zu wenig Zuwendung, Verständnis und Liebe geben oder zu viel Stress zumuten. Wenn sie durch die Umstände ihrer Geburt nicht in der schützenden Umgebung eines Treibhauses aufwachsen, sondern sich im Angesicht der harschen Unbill der freien Natur wiederfinden. Wenn diese Kinder Orkanen psychischer Gewalt und anderen heftigen, schmerzvollen Unwettern ausgesetzt sind, stehen sie einer emotionalen Katastrophe gegenüber.

Die Seelen von Orchideenkindern sind so unfassbar unbeschützt, offen und fragil, dass sie besonders empfänglich für die Wucht der Seelenprügel sind, die in diesem ungeschützten Raum auf sie einprasseln könnten. Sie werden dadurch ängstlich und depressiv und könnten alle möglichen Pathologien entwickeln. Aber – und das dürfen wir nie vergessen – so sind sie nicht geboren, es ist ihr Umfeld, das sie dazu gemacht hat. Was im Inneren der Kinder abläuft, die so behandelt werden, ist metaphorisch gleichzusetzen mit einer Orchidee, die ohne Rücksicht darauf, ob ihr diese Umgebung behagt oder nicht, auf einen Acker verpflanzt wird und dort in einen massiven Schockzustand verfällt. Manche Exemplare werden vermutlich vorübergehend das Blühen einstellen und ein trauriges Dasein fristen. Andere werden sofort eingehen.

Und auch die Orchideenkinder, die auf einen harten Acker verpflanzt werden, können sich dort nicht entfalten und von ihrer besten Seite zeigen. Sie verhalten sich dann verschlossen, stur und unkooperativ bis höchst aggressiv und können ihre wundervollen, angestammten Talente in dieser harschen Umgebung einfach nicht ausleben und entwickeln.

Vom Acker ins Gewächshaus

Ändern sich die Lebensumstände von Orchideenkindern plötzlich, und sie haben das große Glück, vom Acker in ein Gewächshaus verbracht zu werden, dann zeigen sie sich rasch wieder neugierig, begeisterungsfähig, verspielt und lassen ihrer Intuition freien Lauf. Das kommt in Kitas zum Beispiel vor, wenn Kinder von einer Gruppe in die andere wechseln. Stellen wir uns doch einmal vor, dass in der einen Gruppe eine seelenprügelnde, unreflektierte Erzieherin das Sagen hat und auf ein verletzliches Orchideenkind verbal ständig einschlägt. Was es denn alles nicht könne, was es nicht dürfe und wie schlecht und unfähig es generell sei. Wenn ein solches Kind aus welchen Gründen auch immer – vielleicht hatte ja der Himmel ein Einsehen – in eine Gruppe wechseln kann, in der eine zutiefst menschliche und verständnisvolle Erzieherin tätig ist, dann liegen Acker und Gewächshaus unter Umständen nur zwei Tische voneinander entfernt. Es macht »geografisch« nicht den geringsten Unterschied, katapultiert das Kind jedoch emotional von der gefühlten Hölle direkt in den Himmel.

Und nun stelle ich sehr direkt diese Frage in den Raum: Darf und kann es wirklich immer nur vom Zufall und Glück abhängen, ob ein Kind in einer Einrichtung auf eine Erzieherin mit einem begabten grünen Daumen für Kinder trifft oder auf eine botanische Niete, die das, was ihr anvertraut wurde, nicht gießt, ertränkt oder gleich mit der Wurzel brutal ausreißt? In solchen Momenten wünsche ich mir fast, dass der Begriff Kindergärtnerin noch politisch korrekt und zulässig wäre, denn er ist eine im Grunde schöne und passende Bezeichnung für die berufliche Tätigkeit einer Erzieherin. Einen Garten zu bestellen und sich um das aufkeimende junge Leben darin behutsam, feinfühlig und freudvoll zu kümmern – was für eine verantwortungsvolle Aufgabe. Der leider immer noch viel zu wenige Menschen mit der erforderlichen Verantwortung und Seelenstärke nachkommen.

Die Löwenzahnkinder

Löwenzahnkinder haben die lange Variante des Serotonin-Gens in ihrem System mitgebracht und sind dadurch äußerst stabil und widerstandsfähig. Wie der echte Löwenzahn sich mit Leichtigkeit seinen pflanzlichen Weg bahnt, können auch sie überall leben und kommen mit widrigen Umständen gut zurecht. Löwenzahn gilt dabei vollkommen zu Unrecht als Unkraut, er ist einfach eine Pflanze mit besonderer Resilienz. Er braucht kein Treibhaus, er kann auf dem Acker leben, am Straßenrand – ein Orkan kann auch ihn vernichten, aber heftige Unwetter hält er aus. Löwenzahnkinder sind genauso. Sie kommen überall zurecht und fühlen sich in verschiedenen Klimata wohl und wie zu Hause. Sie können im Treibhaus gedeihen, aber sie brauchen ein solches nicht zu ihrer Entwicklung und profitieren auch nicht speziell von der besonderen Atmosphäre einer geschützten Umgebung.

Löwenzahnkinder sind autark und stark. Auch sie sind sensibel, aber sie haben eine Schutzschicht mitbekommen und können sich leichter abgrenzen. Dadurch sind sie weniger verletzlich und haben im Leben durch ihre erhöhte Resilienz einfach die besseren Chancen. Und vor allem, und das ist das

Wichtigste, die Wahrscheinlichkeit, Seelenprügel ohne allzu tiefe Narben zu überstehen, ist bei ihnen sehr hoch. Trotzdem sollten aber auch sie diesen natürlich niemals ausgesetzt sein!

Ändern ist nicht – annehmen schon

Für das erzieherische Umfeld ist es wichtig, sich betreffend die Orchideenkinder und Löwenzahnkinder einer Tatsache immer bewusst zu sein. Es wird niemandem, auch dem geschicktesten und begabtesten Botaniker nicht, gelingen, aus einer Orchidee einen Löwenzahn zu machen. Und aus einem sensiblen Orchideenkind wird niemals ein robuster Löwenzahn werden, so oft man dies mit erzieherischen Maßnahmen auch probieren mag. Denn diese Orchideenkinder »stellen sich nicht so an«, sondern sie SIND so. Wer ihre Sensibilität nicht respektiert, wird bei ihnen keine Fortschritte erzielen. Man kann sie nur beschützen und sie gemäß ihrer natürlichen Veranlagung behutsam und feinfühlig behandeln. Dann werden sie sich öffnen, ganz sie selbst sein können und ihre großartigen Talente zur Anwendung bringen. Eltern und Erzieherinnen haben keine andere Wahl, als den Orchideenstatus von Kindern liebend anzunehmen und individuell und verständnisvoll darauf zu reagieren. Ändern aber werden sie sie nicht. Und das ist auch gut so. Denn gerade die von Sensibilität geprägten Talente und Eigenschaften der Orchideenkinder werden in unserer Welt dringend gebraucht.

Individuelle Erziehung dringend gefragt

Hat man diese grundlegenden Unterschiede zwischen dem Orchideen- und Löwenzahnprinzip erst einmal verinnerlicht, wird klar, dass man eine empfindliche Orchidee nicht wie einen widerstandsfähigen Löwenzahn behandeln kann und umgekehrt. Das heißt, man kann es schon und tut es im erzieherischen Bereich ja leider auch.

Es ist dringlich erforderlich, sowohl in Familien als auch in sämtlichen Bildungseinrichtungen mit den unterschiedlichen Kindern auch unterschiedlich umzugehen. Es ist nicht mehr möglich, in unserer zunehmend diversen Welt einen bildungsmäßigen Einheitsbrei anzubieten. Wir müssen auch dringend damit aufhören – um in der Botanik zu bleiben – nach dem freien Prinzip der Gießkanne überall den gleichen Dünger und die gleiche Wassermenge zu verteilen, das hat noch nie funktioniert. Und wird, je diverser unsere Welt wird, umso weniger funktionieren. Wir alle müssen diesen Tatsachen ins Auge blicken: Alle Kinder und ihre Familien sind verschieden. Kein Kind lebt in der gleichen Kindheit. Die Unterschiede zwischen Kindern sind also sehr viel größer, als wir vermuten.

Unendliche Vielfalt braucht hohe Individualität

Die Lebenswelten der Kinder, die sich in ein und derselben Kita begegnen und dort gemeinsam betreut werden, könnten nicht unterschiedlicher sein. Es gibt Kinder, die in beengten Verhältnissen aufwachsen. Kinder, die in ihrem familiären Umfeld ein Schlaf- und ein extra Spielzimmer zur Verfügung haben. Kinder, die nur vor dem Fernseher sitzen und Kinder, mit denen ausgiebig gespielt und denen vorgelesen wird. Manche Kinder werden geschimpft und geschlagen, anderen wird jeder auch noch unausgesprochene Wunsch von den Augen abgelesen. Die einen haben kaum frische Nahrungsmittel, den anderen wird abends noch ihr Wunschgericht zubereitet. Es gibt große, starke, schmächtige, dünne, dicke, blitzschnelle und langsame Kinder. Manche leben mit Mutter und Vater, manche mit einer Mutter und manche mit zwei Müttern und zwei Vätern. Es gibt Waisen- und Pflegekinder, Stadt- und Landkinder. Manche werden zu Hause missbraucht. Viele – wenn auch nicht alle – werden von Herzen geliebt. Manche sind von dunklerer Hautfarbe und manche sind weiß. Manche sprechen Deutsch und manche andere Sprachen. Manche sind Orchideenkinder und manche Löwenzahnkinder.

Diese Aufzählung ließe sich unendlich und in vielen weiteren Schattierungen der hier nur angerissenen Vielfalt fortsetzen. Denn die Diversität, mit der wir es heute in allen Domänen – und speziell im Bereich Kitas zu tun haben – ist schier unendlich. Ich denke, es ist kein revolutionärer Gedanke, davon auszugehen, dass das Leben dieser eben beschriebenen Kinder von großer Individualität geprägt ist.

Und dann treffen sich alle diese sehr unterschiedlichen Kinder mit extrem verschiedenen Hintergründen unter dem Dach ein- und derselben Kita. Wie um alles in der Welt soll das alles in ein einziges System und eine Herangehensweise passen? Und, muss es das überhaupt?

Wie soll eine Erzieherin es schaffen, diesen verschiedenen Persönlichkeiten mit ihren so anderen Ansichten, Bedürfnissen, Verhaltensweisen, Werten, Lebensweisen, Ess-, Schlaf-, Spiel-, Zeit-, und Lernkulturen, Begabungen und Erwartungen gerecht zu werden? Eine der wichtigsten Fragen, die heutige Bildungssysteme zu beantworten haben, ist sicher diese: Wie können wir angesichts dieser veränderten, so sehr diversen äußeren Welt innerhalb einer ebenso multikulturellen und diversen internen Kita-Welt Bedingungen schaffen, unter denen es möglichst allen Kindern gut geht?

Ich denke, es ist klar, dass, wenn man Kitas wirklich als Orte FÜR Kinder versteht, es angesichts dieser hohen Diversität auf keinen Fall mehr homogene Gruppen geben kann, in denen man immer gleichlautende Programme abspult. Es dürfte auch klar sein, dass wir jede Menge verschiedene und unterschiedlich qualifizierte Erzieherinnen für so viel Unterschiedlichkeit benötigen. Denn alle Kinder brauchen ja, wie schon öfter dargelegt, alle ihre spezielle, zu ihnen passende Bezugsperson. Derzeit gibt es in allen Kitas viel zu wenige Erzieherinnen für viel zu viele Kinder. Die Erwartungen betreffend die individuelle Förderung von Kindern sind schon derzeit definitiv nicht umsetzbar. Um dieser mehr und mehr auf uns zukommenden Vielfalt Rechnung zu tragen, wird noch viel mehr wirklich fähiges Personal gebraucht. Erzieherinnen, die nicht nur einfach anwesend sind und automatische Programme abspulen. Sondern Menschen, die bereit und dazu fähig sind, sich aus vollem Herzen auf diese kunterbunte Kita-Welt einzulassen und alle Kinder, die so ganz anders sind als sie selbst und die vielleicht ja auch eine andere Kultur haben, zu lieben und zu verstehen.

Heilungsgedanke

Jeder, der mit Kindern zu tun hat, für sie sorgt oder mit ihnen arbeitet, sollte deren individuelle Begabungen und Fähigkeiten sowie ihren jeweiligen Grad der Verletzbarkeit klar erkennen. Denn erst, wenn man jemanden in der Tiefe kennt, kann man dieser Person, diesem Kind, genau das anbieten, was es im Grunde seiner Seele wirklich braucht.

Individualität für eine erfolgreiche Zukunft

Im Rahmen einer individuell erlebten Erziehung und vor allem im Lichte der Erkenntnisse über die hohe Unterschiedlichkeit der betreuten Kinder sollte auch die Arbeit in Gruppenräumen mit extrem großen Gruppen für immer der Vergangenheit angehören. Wie sollen individueller Fortschritt und Wachstum für alle entstehen, wenn derart unterschiedliche Kinder mit unterschiedlichen Fähigkeiten, Persönlichkeiten und Interessen aufgerufen sind, in genau derselben Gruppe, zum exakt selben Moment eine völlig identische Aufgabe zu erfüllen? Das kann nicht funktionieren. In solchen nicht nach individuellen Fähigkeiten und Vorlieben zusammengestellten Gruppen werden einige Kinder überfordert sein und sich frustriert fühlen. Andere werden sich langweilen und rebellieren, weil die jeweilige Aufgabe sie so gar nicht fordert. Nur einige wenige Kinder werden perfekt erreicht und fühlen sich wohl. Das Gros sitzt jedoch herum und profitiert in keinster Weise von dieser Gruppenaktivität. Was soll das bringen, frage ich Sie?

Um so vielen Kindern in ihrem Fortschritt und ihrer Entwicklung so gut wie möglich gerecht zu werden, braucht es Kleingruppen, in denen sich gleichgesinnte Kinder finden, die sich gegenseitig unterstützen, inspirieren und befruchten. Je kleiner die Gruppen sind, desto individueller können die Menschen, die in Kitas arbeiten, auf die Kinder eingehen, und desto intensiver kann eine familienerweiterte Betreuung stattfinden.

Sollte es also von offiziellen Stellen tatsächlich ernst gemeint sein mit der frühen Bildung und Betreuung, und zwar in der Form, dass es Kindern gut geht und sie entwicklungsangemessen und individuell betreut werden, dann brauchen wir eindeutig viel mehr und richtig gutes Personal – sowie reformierte Lehrpläne an den Erzieherschulen, neue Ausbildungsformen, leichtere und vereinheitlichte Quereinstiegsmöglichkeiten, kürzere und individuellere Weiterbildungen mit höherem Anspruch, optimierter Kommunikation und insgesamt gesteigerter Qualität. Und auf jeden Fall auch wieder viel mehr Verfügungszeit für jene, die derzeit in den Kitas arbeiten. Und das selbstverständlich auch in diesem Bereich unbedingt flächendeckend und bundesweit!

Die Zeiten von hoch anerkannten und geschätzten Kinderbegleiterinnen, die ein bisschen mit zur Familie gehören, weil sie als freiwillige und erweiterte Familie für die Familien da sind und diese vor allem individuell unterstützen, bei Bedarf beraten und ausnahmslos wertschätzend agieren, ist noch nicht ganz gekommen. Aber ich bin fest davon überzeugt, dass dies der Weg ist, den eine zukunftsorientiere, individuelle Erziehung unbedingt beschreiten muss. Denn nur Staaten, die ausreichend in eine auf individuelle Fähigkeiten und Begabungen fokussierte Erziehung ihrer Kinder investieren, werden zukünftige Generationen von kraftvollen und erfolgreichen Individuen, die sich in und für die Weltgemeinschaft einsetzen, den Weg bereiten.

4. Zu viel Liebe gibt es nicht – die Kraft der Positiven Pädagogik

An zu viel Liebe ist noch kein Kind gestorben,
an zu wenig schon sehr viele.

Ich möchte das finale Kapitel des Buches *Seelenprügel* mit dieser Frage beginnen: Werden unsere Kinder in den Einrichtungen, die eigens für sie gebaut wurden und in denen Menschen arbeiten, die für die Betreuung, Bildung und Erziehung für Kinder ausgebildet sind, ausreichend wertgeschätzt, gewürdigt und geliebt? Solange die Antwort auf diese Frage auch nur ansatzweise mit einem Nein beantwortet wird, ist akuter Handlungsbedarf gegeben. Und solange in unseren Einrichtungen nicht automatisch ein Grundgefühl von Liebe vermittelt wird, dürfen wir in unseren Bemühungen, die aktuellen Zustände zu ändern, niemals ruhen.

Mit dem Begriff Liebe ist selbstverständlich nicht die romantische Liebe oder eine Verklärtheit gemeint. Sondern jene Art von tragender Liebe, die einen Menschen von der Kindheit an dabei unterstützt, zur besten Version seiner selbst zu werden. Diese Art von Liebe hat viel mit Umsorgen und Wertschätzen, mit Freiheit, Seinlassen und vor allem mit Würde zu tun. Sie folgt einem humanistischen Menschenbild. Der Humanismus betrachtet die Würde des Menschen bei allem, was ist und geschieht, als wichtigstes Fundament. Auch die Positive Pädagogik beruht auf der würdevollen und von Respekt geprägten

Betrachtungsweise der zu erziehenden Individuen. Wie es überhaupt immer um das Individuum geht und vor allem darum, es genauso zu lieben, wie es ist.

Liebe, die IST

Kindern viel Liebe zu schenken hat nichts damit zu tun, ihnen jeden Wunsch zu erfüllen und jedem ihrer Impulse sofort nachzugeben. Das wäre vollkommen fehlverstandene Liebe im Sinne von Konsumwahn und Grenzenlosigkeit. Die Liebe im Sinne des humanistischen Menschenbildes bedeutet, Lebewesen, in diesem Fall Kinder, genauso anzunehmen, wie sie sind. Und sie vor allem so sein zu lassen, wie sie sind. Bei dieser Art einer tragenden Basisliebe geht es darum, Kinder ernst zu nehmen und sich wirklich für sie zu interessieren. Sie geduldig zu begleiten, sich um ihren Körper und ihre Seele gleichermaßen liebevoll zu kümmern. Mit einem Wort, würdevoll und geprägt von Respekt mit Kindern zu leben. Sie stets so zu behandeln, als wäre dieser aktuelle Tag ihr letzter Tag auf diesem Planeten. Wer immer sich diese Möglichkeit des Verlustes eines Kindes vor Augen führt, wird es sich zweimal überlegen, einem wehrlosen Kind eine schmerzhafte, die Seele aufwühlende Bemerkung an den Kopf zu werfen. Ich wähle dieses schockierende Beispiel sehr bewusst, weil ich damit aufrütteln und ein Bewusstsein dafür schaffen will, dass wir alle endlich sind.

Das Bewusstmachen unserer Endlichkeit relativiert vieles – und – ich bin mir sicher, es rückt auch so manches Anspruchsdenken, das wir an uns selbst und an Kinder haben, zu Recht. In diesem Zusammenhang spielt es auch eine große Rolle, mit welcher Haltung wir durchs Leben gehen. Speziell im Umgang mit den uns anvertrauten Kindern. Und genau da stellt sich auch die wichtige Frage, ob diese Haltung respektlos und kalt ist oder aus der Liebe geboren wird. Ist unsere Haltung von der eben beschriebenen Basisliebe geprägt, einer Liebe, die nicht fordert, die nicht verändern will, die einfach IST, dann kann es niemals ein Zuviel davon geben. Erzieherinnen, die zu einer solchen, humanistisch geprägten Liebe zu Kindern – und anderen – nicht fähig sind, sollten den Beruf wechseln.

Heilungsgedanke

Leben und lieben Sie als Eltern oder Erzieherinnen schon auf die eben beschriebene Art und Weise? In voller Akzeptanz eines Kindes und seiner Eigenschaften, seiner Persönlichkeit, seines Seins? Wenn ja, dann schlafen Sie sicher jeden Abend mit ruhigem Gewissen ein. Dann geben Sie Ihren eigenen Kindern oder den Ihnen anvertrauten Kindern das Allerbeste mit, das es gibt. Nämlich das tiefe Wissen und Urvertrauen, immer geschätzt, angenommen und geliebt zu werden. Eine bessere Basis gibt es nicht. Dieses Gefühl der bedingungslosen Liebe, die da ist und bleibt, die sich nicht verändern wird oder gar verschwindet, egal, was man tut oder nicht tut, stellt die starke Wurzel dar, die den Lebensbaum auch bei schwersten späteren Stürmen niemals entwurzeln wird.

Positive Pädagogik und ihre Bedeutung

Nichts an der Positiven Pädagogik ist im Prinzip neu. Sie wird leider nur – vor allem im Bereich der Kitas – viel zu selten praktiziert. Im Gegensatz zur autoritären Pädagogik, die durch Strenge und starre Grenzen Kinder formen will, geht es bei der Positiven Pädagogik nicht um das Verändern und Verwandeln eines Kindes in Richtung eines idealen Ergebnisses, sondern um das Zutage-Fördern aller in einem Kind schon vorhandenen positiven Eigenschaften und Anlagen.

Ähnlich wie bei der Positiven Psychologie geht es in der Positiven Pädagogik um die Kraft, die Möglichkeiten und die Fähigkeiten, die in jedem Menschen liegen – die sogenannten Potenziale. Nach meinem Verständnis bedeutet das für die Kita-Praxis, dass sich Erzieherinnen immer auch in die Rolle von Schatzsucherinnen begeben und Kinder ressourcenorientiert betrachten sollten. Zu erkennen, was Kinder alles an Potenzialen mitbringen und darauf basierend beziehungssensibel auf sie einzugehen und sie entsprechend zu fördern. Das bedeutet nicht, dass eventuelle Defizite übersehen oder gar nicht mehr wahrgenommen werden. Aber der Fokus liegt eindeutig darauf, mit den Kindern den Weg ihrer gegebenen Stärken und der individuellen Interessen zu gehen.

LICHTBLICK AUS DER ERZIEHERISCHEN PRAXIS

Der kleine Michael ist der beste Fußballspieler und Turner in der Kita Glücksklee. Grobmotorisch betrachtet ist Michael ein Held, der von allen bewundert wird. Seine Eltern machen sich jedoch die größten Sorgen, weil er bald in die Schule kommt und seinen Namen noch immer nicht schreiben kann. Alle anderen Kinder in seinem Alter können das schon. Michaels besorgte Eltern suchen das Gespräch mit Erzieherin Amanda, die in der Kita Glücksklee für seine Betreuung zuständig ist. Amanda muss zugeben, dass betreffend Michaels feinmotorischer Entwicklung noch viel Luft nach oben ist. Amanda hat Michael oft beobachtet und dabei erkannt, wie gerne er den Dingen auf den Grund geht und sich neben Fußball auch für alles Technische stark interessiert. Sie schlägt seinen Eltern vor, eine spezielle Technik-Werkstatt einzurichten. Michael könne dort zum Beispiel ausgemusterte Computer auseinandernehmen und auf diese Weise spielerisch und neugierig seine feinmotorischen

Kompetenzen verbessern. Die Werkstatt wird unbürokratisch und schnell ins Leben gerufen und findet auch bei anderen Kindern großen Anklang. Michael liebt die Werkstatt vom ersten Tag an. Amanda kann seinen Eltern schon bald berichten, dass er Dinge fachmännisch und akribisch zerlegt und sogar Neues daraus baut. Er geht sicher und souverän mit der Heißklebepistole um und hat die neue 3-D-Printing-Pen als sein persönliches Highlight erwählt. Mit dieser schreibt er mittlerweile seinen Namen sogar in 3-D – das erfordert neben einer ausgesprochen guten Feinmotorik auch Planungsvermögen und vor allem räumliches Denken.

Michael ist nicht nur ein guter Sportler, er ist auch technisch sehr begabt und wird es auf diesem Gebiet sicher noch weit bringen. Es war jedoch erforderlich, diese Begabung zu erkennen und entsprechend zu fördern. Amanda hat sich nicht auf das Manko – Michael kann seinen Namen nicht schreiben – konzentriert, sondern ihn dabei unterstützt, aus einer vermeintlichen Schwäche eine neue Stärke zu entwickeln. Sie ist ihrer Aufgabe als Erzieherin im Sinne der Positiven Pädagogik mehr als perfekt nachgekommen.

Einladung zur Befähigung

In der Positiven Pädagogik geht es nicht nur um Wissen und Fähigkeiten, es geht auch um die Gesunderhaltung der Kinder und um ihre Grunderfahrungen darüber, wie die Welt funktioniert und wie die Dinge zusammenhängen. Es ist unter anderem die Aufgabe der Positiven Pädagogik, Kindern zu ermöglichen, sich psychisch, physisch und sozial positiv entwickeln zu können. Durch Freiheit, Selbstbestimmung und die Entfaltung individueller Potenziale zusammen mit den Potenzialen von Gruppen, in denen sie sich aufhalten, sollen Kinder sich verbunden fühlen und so gemeinsam ihrer aller Zukunft vorbereiten. Kinder sollen auf diese Weise im

Rahmen der Maßnahmen der Positiven Pädagogik Sinnerfahrungen machen und mit der Zeit eigene Werte und Haltungen entwickeln.

Laut dem Begründer der Positiven Pädagogik, Olaf-Axel Burow, ist deren wichtigstes Ziel, eine Befähigung der Kinder zur Potenzialentwicklung und Selbstbildung in sozialer Verantwortung. In der Kita werden dazu die Grundsteine gelegt, indem man die Kinder sich selbst kennenlernen lässt, zusammen mit ihnen den Tag gestaltet, sie empathisch und individuell begleitet und die gesamte Kita, mit all den Menschen, die dort ein- und ausgehen, von einer partizipativen Beziehungskultur geprägt ist. Auch die offerierten Lernangebote sind je nach Kind personalisiert und fördern dadurch die Entwicklung emotionaler Kompetenzen, die sowohl für den Einzelnen als auch für das Leben in einer Gemeinschaft die Grundbedingungen für ein zufriedenes und glückliches Leben darstellen. In Teil eins und zwei dieses Buches habe ich aufgezeigt, was geschieht, wenn diese so wichtigen, emotionalen Kompetenzen nicht wachsen konnten und dadurch noch mehr seelenprügelnde Menschen entstehen.

Einen weiteren Lichtblick stellt die Tatsache dar, dass in vielen Kitas bereits in hohem Ausmaß eine Herangehensweise im Sinne der Positiven Pädagogik zu verzeichnen ist. Ich stelle oft mit großer Freude fest, dass die erzieherischen Ansätze immer öfter partizipativ aufgestellt sind. Leider aber wissen viele Erzieherinnen »der alten Schule« noch immer nicht, was genau die Positive Pädagogik umfasst bzw. wie sie diese zur Anwendung bringen sollten. Es ist höchste Zeit, dass das Fach Positive Pädagogik Einzug in die Lehrpläne für Erzieherinnen findet – und dies bitte unbedingt überall und bundesweit!

Ich darf noch einmal eindringlich darauf hinweisen, dass es sich bei der Optimierung der Abläufe in den Kitas nicht um einen ständigen Kreislauf von »höher, schneller und weiter« handeln darf. Es geht auch nicht um rasendes Wachstum ohne Ende, nicht um die Anhäufung von Faktenwissen, nicht um das reine Funktionieren. Der Fokus sollte ausschließlich darauf liegen, dass Kinder in ihren ersten Jahren ausreichende Möglichkeit erhalten, genau das zu lernen, was ihnen für den Rest ihres Lebens Kraft geben wird. Dieses Leben mit allen seinen Überraschungen, vielfältigen Herausforderungen und leichten wie schwierigen Seiten, liegt verheißungsvoll vor unseren Kindern. Unsere große Aufgabe ist es, sicherzustellen, dass es ihnen von Beginn an gut geht, sie von Anfang an bedingungslos geliebt werden, damit sie die innere Kraft und den äußeren Mut für ein zufriedenes und glückliches Morgen haben.

Positive Pädagogik in der Praxis

Worauf kommt es nun bei der Umsetzung einer Positiven Pädagogik in einer Kita an? Ein wichtiger Ansatz ist in diesem Zusammenhang bereits die Qualität des Wechsels vom bisherigen Leben im Familienverband in die Kita. Was diesen krassen Einschnitt in das kindliche Leben angeht – hinaus aus der Geborgenheit des Elternhauses und hinein in ein neues, unbekanntes Umfeld –, spielt der Faktor Zeit eine wichtige Rolle. Zeit, um sich in der neuen Umgebung zurechtzufinden und dort tragende, neue Beziehungen aufzubauen. Wird den Kindern diese Zeit der Adaptation – die bei allen Kindern individuell ist – nicht zugestanden, können wir ohne Übertreibung bereits wieder von einem Seelenprügel-Szenario sprechen. Die plötzliche Abwesenheit von Vater und Mutter stellt für viele Kinder nun einmal eine extrem belastende Situation dar, von der sie sich nur schwer erholen.

Der Eintritt in eine Kita bedeutet für Kinder puren Stress. Erst, wenn sie in diesem neuen Umfeld eine Bezugsperson haben, der sie vertrauen können, die verfügbar ist und bei der sie sich wohlfühlen, dann beginnt die Zeit, in der die Kita auch Spaß machen kann. Und erst dann, wenn eine stabile Beziehung zu mindestens einer Bezugserzieherin aufgebaut ist, sollte das Kind – nach der graduellen Eingewöhnungsphase unter Anwesenheit der Eltern – alleine in der Kita bleiben. Die Eingewöhnungszeit in einer Kita stellt auch für den gesamten Familienverband eine große emotionale Herausforderung dar. Umso wichtiger ist es, dass die Bezugserzieherin alle Beteiligten empathisch und verständnisvoll führt und unterstützt. Hier kommt wieder die schon so oft erwähnte menschliche Haltung ins Spiel, denn nur eine feinfühlige und gleichzeitig fachlich fitte Erzieherin wird den Eltern auf einfühlsame Art und Weise darlegen können, welche Schritte betreffend die Eingewöhnung wie und warum ablaufen, und sie entsprechend in alles einbeziehen.

Wenn diese ersten Wochen und Monate im neuen Kita-Umfeld von der Erzieherin empathisch exzellent begleitet werden und professionell verlaufen, hat das Kind mit hoher Wahrscheinlichkeit eine tragende Beziehung aufgebaut und es meist geschafft, einem neuen, bisher unbekannten Menschen zu vertrauen, was immer einen wichtigen Meilenstein in der kindlichen Entwicklung darstellt. Von nun kann es sein neues Umfeld vertrauensvoll und neugierig mehr und mehr explorieren und mit den anderen Kindern spielen. Das Kind wird dabei Stück für Stück wachsen und sich entwickeln. Und im Idealfall wächst damit auch die so wichtige Resilienz.

Resilienz durch Liebe

Es ist wichtig, sich in diesem Kontext auch die Verbindung von Liebe und Resilienz näher anzusehen. Denn diese beiden bedingen einander, wie ich finde. Wer als Kind sein darf, wie er will, und von den Erwachsenen stets das Gefühl bekommt, als genau dieser Mensch, mit allen seinen Eigenschaften, bedingungslos akzeptiert und geliebt zu werden, dessen Resilienzkonto wird stets gefüllt sein – wie etwa Raffael Kalisch, Forscher am Deutschen Resilienz-Zentrum der Universität Mainz, in seinem Buch über Krisenbewältigung schreibt.

Resilienz ist eine der wichtigsten Grundvoraussetzungen für ein in sich ruhendes und erfolgreiches Leben. Resiliente Menschen sind Stehaufmännchen. Sie sind aber keine Glückskinder, denen alles gelingt und zufliegt. Es sind vielmehr Menschen, die gelernt haben, auch aus widrigen Situationen das Beste zu machen. Resiliente Menschen erkennt man dem spanischen Psychologen Tomás Navarro zufolge daran, dass sie schwierige Situationen ohne langes Wehklagen akzeptieren und meistern und sogar gestärkt daraus hervorgehen. Sie nehmen Herausforderungen an und halten Rückschläge aus, sie schaffen es, Wege aus scheinbar ausweglosen Situationen zu finden, denn sie sind kreativ und wollen leben – nicht nur überleben. Sie jammern nicht und werden stärker und stärker. Denn die Basis, die sie trägt und stützt, ist aus Liebe gemacht. Diese Menschen waren in ihrer Kindheit mit großer Wahrscheinlichkeit unter den glücklichen Kindern, die zumindest von einem Menschen ausreichend Liebe und Zuneigung erfahren durften.

Eine Kita ist ein Ort der Gelegenheit zur Resilienzbildung. Kinder lernen dort, Konflikte zu bewältigen, zu sich zu stehen, ihren eigenen Wert anzuerkennen und auch Nein zu anderen und dadurch Ja zu sich zu sagen. Deswegen ist es so wichtig, dass Kindern von den Erzieherinnen von Anfang an liebevoll erlaubt wird, sich abzugrenzen. Denn nur so werden sie lernen, sich selber einzuschätzen und zu erkennen, was sie im Leben wollen und können, und was nicht, und entwickeln einen Sinn und ein untrügliches Gefühl dafür, was sie brauchen. Sie können dies dann auch anderen zugestehen, weil sie sich selbst annehmen, können sie auch andere annehmen. So entstehen Individuen, die sich in einer Gemeinschaft befinden und gut miteinander zurechtkommen, weil die gemeinsame Basis Selbst- und Nächstenliebe ist.

Gefühlskluge Erzieherinnen unterstützen nach der Pädagogin Carolin Kiso aus diesem Grund den Eigensinn der Kinder auf liebevolle Art und Weise. Ein gewisser Eigensinn ist nicht zwingend negativ, sondern sogar positiv – er ist ein Schutzfaktor – schließlich geht es um den eigenen Sinn eines Kinderlebens. Und wer sich ein Dasein mit eigenem Sinn aufbaut, der ist resilienter und wird immer Freude am Leben haben. Der Sinn kommt aus dem Inneren, aus einer gesunden Seele, die ganz sein darf, weil die Menschen im Umfeld auch ganz und psychisch gesund sind.

In Freiheit liebevoll unterstützen und zuhören

Sie erinnern sich an die Einrichtung Kitiera in meiner Vision des Einhornparadieses? Genau darum geht es auch bei der Positiven Pädagogik – für Kinder unterstützend und liebevoll da zu sein und sie gleichzeitig nach ihrem eigenen Kopf und Gefühl agieren zu lassen. Ihnen dann Hilfestellung zu geben, wenn sie danach fragen und sich als Erzieherin präsent beschützend und doch diskret im Hintergrund aufzuhalten, wenn Kinder klar signalisieren, dass sie Dinge alleine tun und erledigen wollen. Wenn Kinder entsprechend ernst genommen werden, zunehmend selbstständig handeln und Verantwortung übernehmen dürfen, dann werden sie Selbstbewusstsein und Selbstvertrauen entwickeln und sich ihrer Stärken immer mehr bewusst werden. Sie werden sich dann auch im späteren Leben sehr viel mehr zutrauen und weniger Angst haben, Fehler zu machen.

Ein wichtiger Aspekt der Positiven Pädagogik ist es auch, aktiv das Gespräch mit Kindern zu suchen. Ich habe leider immer wieder die Erfahrung gemacht, dass es vielen Erwachsenen nicht gelingt, ein wirkliches Gespräch mit Kindern zu führen. Auch hier geht es wieder um die eigene Haltung. Wir können nur mit einem Menschen reden oder ihm aufmerksam zuhören, wenn wir auch bereit sind, uns auf ihn einzulassen, uns wirklich für ihn zu interessieren und uns auf seine Ebene zu begeben. Das gilt speziell für Gespräche mit Kindern. Kinder haben uns so viel zu sagen. Aber, hören wir ihnen auch richtig zu? Hier die Zeit und Geduld aufzubringen, ihre Botschaften zu entschlüsseln und darauf einzugehen, ist ebenso ein Akt der Liebe und gehört definitiv zu den Grundlagen der Positiven Pädagogik.

Lieben, lernen, lachen

Wissen Sie, was für mich das schönste Geräusch der Welt ist? Wenn in Kitas regelmäßig, ausgiebig, ausgelassen und laut gelacht wird. Das gemeinsame, sprudelnde Lachen landet in meinem persönlichen Qualitätskriterienkatalog betreffend Kitas ganz oben auf der Liste aller Wunsch-Anforderungen. Lieben, lernen, lachen – wenn wir diese drei Anforderungen in allen erziehenden Einrichtungen unter einen Hut bekommen, dann werden Leichtigkeit und Freude in den Kitas Einzug halten und für immer bleiben. Die Liebe als starkes, unerschütterliches Fundament, das Lernen als vielversprechender, aufregender Weg hin zu neuen Horizonten und das Lachen als der unwiderstehliche, verlässliche Klebstoff, der alles zusammenhält und stützt. Das ist für mich Positive Pädagogik in Reinkultur.

Von jetzt an ohne Seelenprügel

Was können, sollen und müssen Erzieherinnen, die unseren Kindern guttun und diese liebevoll begleiten, mitbringen?

- Sie sollen achtsam zu sich selbst sein, ihre eigenen Gefühle kennen und mit diesen umgehen können.
- Sie sollen klar und echt denken und handeln.
- Sie sollen offen und gewaltfrei kommunizieren und mit all ihrer geballten Kreativität Lösungen für Probleme finden.
- Sie sollen Kinder stets ermutigen und als vollwertige Menschen akzeptieren.
- Sie sollen flexibel und bereit für Veränderungen sein.

- Sie sollen zuhören können und Menschen mögen und wertschätzen.
- Sie sollen Verantwortung übernehmen können und wollen und sich ihrer Individualität – ihrer Vorlieben und Abneigungen, ihrer eigenen Stärken und Schwächen – in jedem Moment ihres Lebens bewusst sein.
- Sie sollen resilient sein und eine positive Pädagogik aus vollem Herzen leben wollen.
- Sie sollen für unsere Kinder stellvertretend und ergänzend zu deren Eltern als Vorbilder, die ihnen Liebe, Halt, Geborgenheit und Anerkennung geben, agieren.
- Und sie sind sich vor allem ohne eine einzige Ausnahme darüber klar, dass sie bei Kindern Würde und Liebe säen müssen, wenn wir als Gesellschaft diese ernten wollen.

Wenn diese Kriterien in ihrer Gesamtheit zutreffen, dann sind endlich alle unsere Kinder in allen Kitas gut aufgehoben. Und Seelenprügel gehören für immer der Vergangenheit an.

Nachwort

Wir haben die Freiheit.
Wir haben die Wahl.
Und damit haben wir auch die Verantwortung.
Übernehmen wir sie doch gemeinsam.

Dr. Anke Elisabeth Ballmann
Juli 2019

Danke an das Leben und an …

… Sie, liebe Leserinnen und Leser! Sie haben mich bis hierher begleitet und hatten den Mut, sich mit diesem Tabuthema zu beschäftigen. Dafür meinen innigen Dank. Denn die Welt braucht mehr Menschen wie Sie, weil Wegsehen niemandem hilft. Sie haben hingesehen und werden alleine dadurch sehr vielen Kindern helfen, weil Sie gewisse Verhaltensweisen nun auf Ihrem inneren Radar haben und von jetzt an sicher achtsamer durch Kitas gehen.

… Sie liebe Erzieherinnen! Sie haben sich in meinen Seminaren geäußert und sich mir auch in Einzelgesprächen anvertraut. Erst durch Ihr Engagement, Ihre Offenheit und Ihre Sorgen um die Ihnen anvertrauten Kinder wurde mir klar, dass die vielen Erlebnisse, die ich selbst in so vielen Kitas hatte, keine Einzelfälle sind – ganz im Gegenteil! Sie haben mir klar gemacht, dass die vorhandenen Missstände dringlich benannt werden sollten. »Es« musste endlich gesagt werden – denn Schweigen ist Mittäterschaft.

… Sie, liebe Karin Stuhldreier! Als Programmchefin bei Kösel haben Sie die Qual der Wahl zwischen vielen verschiedenen Manuskripten. Und ich weiß es sehr zu schätzen, dass Sie dieses thematisch »heiße Eisen« anfassen und sowohl das Risiko, als auch die Verantwortung gemeinsam mit Ihrem Verlag und Ihrem Team tragen.

… Sie liebe Monika B. Paitl! Mein ganz besonderer Dank gilt Ihnen, denn ohne Sie, als meine Buchbegleiterin, wäre dieses Buch nie entstanden! Sie haben mich vor, während und nach der Umsetzung dieses Projektes professionell, feinfühlig und liebevoll antreibend begleitet. Ihnen verdanken die Leser und ich, dass dieses Buch keine Vorwurfstiraden enthält, die ich während so mancher Passage sehr gerne geschrieben hätte. Ihnen verdanken die Leser und ich das geschmeidige Lesen des brisanten Themas, und ich verdanke Ihnen noch einiges mehr – Sie wissen, was!

… Dich, mein Lieblingsmensch! Carsten Hinnah – Du bist ein wahrhaft emanzipierter Held! Ohne Deine übermännliche Unterstützung im Alltag, Deinen Verzicht auf gemeinsame Zeit, Deinen anbetungswürdigen Humor und Deine Gelassenheit und all Deine Liebe, wäre mein Leben weniger lebenswert!

Dr. Anke Elisabeth Ballmann

Literatur und Quellen

TEIL I
Verwendete und weiterführende Literatur

Ahnert L. et al. (2000): »Shared caregiving. Comparison between home and child care settings«, in: *Developmental Psychology* 36(3), 339–351.

Brisch, K. H. (Hrsg.): *Bindung und emotionale Gewalt*, Stuttgart 2017.

Chamberlain, S.: *Adolf Hitler, die deutsche Mutter und ihr erstes Kind. Über zwei NS-Erziehungsbücher*, Gießen 2016.

Gebhardt, M.: *Die Angst vor dem kindlichen Tyrannen. Eine Geschichte der Erziehung im 20. Jahrhundert*, München 2009.

Gisbrecht, J.: *Psychische Gewalt an Kindern. Auswirkungen von psychischer Gewalt in der Kindheit und im späteren Leben*, Saarbrücken 2012.

Hafeneger, B.: *Strafen, prügeln, missbrauchen. Gewalt in der Pädagogik*, Frankfurt am Main 2011.

Hundt, M. (2015): »Was ist Gewalt – was ist gewaltfreie Erziehung? Ein wichtiges Kinderrecht und seine Bedeutung in der Praxis«, in: TPS 10/2015, S. 34–37.

Krenz, A.: *Kinderseelen verstehen. Verhaltensauffälligkeiten und ihre Hintergründe,* München 2013.

Mertes, L.: *Psychische Gewalt in der Erziehung. Erkennungsproblematik und Erkennungschancen für die soziale Arbeit,* Hamburg 2013.

Miller, A.: *Am Anfang war Erziehung,* Frankfurt 1983.

Müller-Münch, I.: *Die geprügelte Generation. Kochlöffel, Rohrstock und die Folgen,* Stuttgart 2012.

Spreng, M.: *Probleme normaler Entwicklung von Kindern durch frühe Bindungslösung – ein Blick in die Hirnforschung. Tagungsband Bindung und Bildung,* Stiftung Zukunft CH, 2014, S. 11 f.

Tsokos, M. und Guddat, S.: *Deutschland misshandelt seine Kinder,* München 2014.

Watamura S. E. et al. (2010): »Child care setting affects salivary cortisol and antibody-secretion in young children«, in: *Psychoneuroendocrinology* 2010, 35(8), 1156–1166.

Weisbach, C.-R.: *Professionelle Gesprächsführung. Ein praxisnahes Lese- und Übungsbuch,* München 2015.

Onlinequellen und Studien

Aktuelle Betreuungszahlen

Bundesministerium für Familie, Senioren, Frauen und Jugend: »Kita und Hort: Zahl der betreuten Kinder wächst«, https://www.bmfsfj.de/bmfsfj/themen/familie/kita-und-hort-zahl-der-betreuten-kinder-waechst/126700 (abgerufen am 06.03.2019)

Attributionsstile Mädchen

Hellmich, F. und Jahnke-Klein, S: »Selbstbezogene Kognitionen und Interessen von Mädchen und Jungen im Mathematikunterricht der Grundschule«, https://www.pedocs.de/volltexte/2013/8214/pdf/JB_FGE_2008_04_Hellmich_Jahnke_Klein_Selbstbezogene_Kognitionen.pdf (abgerufen am 04.07.2019)

Berliner Zeitung, 24.04.2019

http://www.genios.de/presse-archiv/artikelzw/BEZE/20100424/die-geringe-einsicht-des-kindes-die/110030345.html (abgerufen am 13.07.2019)

Blackbox Kita

Edelhoff, J.: »Blackbox Kita: Was passiert mit den Kindern?«, https://daserste.ndr.de/panorama/archiv/2017/Blackbox-Kita-Was-passiert-dort-mit-unseren-Kindern,kita856.html (abgerufen am 12.08.2019)

Erziehung im Laufe der Jahrhunderte

o. A.: »Geschichte der Erziehung«, https://www.planet-wissen.de/gesellschaft/lernen/geschichte_der_erziehung/index.html (abgerufen am 04.07.2019)

Gewalt durch Erzieherin

Osel, J.: »Erzieherin flößt Kleinkindern gewaltsam Essen ein«, https://www.sueddeutsche.de/bayern/prozess-erzieherin-floesst-kleinkindern-gewaltsam-essen-ein-1.3200132 (abgerufen am 16.08.2018)

§ 1631 BGB – Gesetz zur Ächtung von Gewalt in der Erziehung

o. A.: »Recht auf gewaltfreie Erziehung nach § 1631 BGB«, https://www.familienrecht.net/recht-auf-gewaltfreie-erziehung/ (abgerufen am 03.07.2019)

Kinderrechtskonvention

o. A.: »Schutz vor körperlicher und geistiger Gewaltanwendung und Misshandlung«, https://www.kinderrechtskonvention.info/schutz-vor-koerperlicher-und-geistiger-gewaltanwendung-und-misshandlung-3571/ (abgerufen am 03.07.2019)

NUBBEK-Studie

»NUBBEK – Nationale Untersuchung zur Bildung, Betreuung und Erziehung in der frühen Kindheit«, http://www.nubbek.de (abgerufen am 12.03.2019)

Pisa-Studie

https://www.welt.de/themen/pisa-studie (abgerufen am 20.03.2019)

Ritalin – Wirkung wie Kokain

Konova, A. B. et al.: »Effects of Methylphenidate on Resting-State Functional Connectivity of the Mesocorticolimbic Dopamine Pathways in Cocaine Addiction«, https://jamanetwork.com/

journals/jamapsychiatry/fullarticle/1699378 (abgerufen am 03.07.2019)

Team-Konflikte
Beier, I. M.: »Zwischen Harmoniebedürfnis und Lösungsorientierung. Zum Umgang mit Konflikten«, https://www.erzieherin.de/files/editorials/TPS_01_17_028_031_Werkstatt_Beier.pdf (abgerufen am 04.07.2019)

Wasserschlauch-Urteil
https://www.jurion.de/urteile/bgh/1986-11-25/4-str-605_86/ (abgerufen am 03.07.2019)

Wiener Krippenstudie
o. A.: »Wiener Kinderkrippen Studie (WiKi): Die ›Eingewöhnungsphase‹ von Kleinkindern in Kinderkrippen«, https://bildungswissenschaft.univie.ac.at/psychoanalytische-paedagogik/forschung/abgeschlossene-projekte/wiener-kinderkrippen-studie-wiki-die-eingewoehnungsphase-von-kleinkindern-in-kinderkrippen (abgerufen am 02.03.2019)

Studien

Eisenberger, N. I., Lieberman, M. D., Williams, K. D. (2003): »Does Rejection Hurt? An fMRI Study of Social Exclusion«, in: *Science* 302, S. 290–292.

Kessler, R. C., McLaughlin K. A., Green J. G. et al. (2010): »Childhood adversities and adult psychopathology in the

WHO World Mental Health Surveys«, in: *Br. J. Psychiatry* 197(5), 378–385.

NICHD Early Child Care Research Network: »Nonmaternal care and family factors in early development: An overview of the NICHD Study of Early Child Care«, in: *Journal of Applied Developmental Psychology* 2001 (22), 457–492.

Peth-Pierce, R.: *The NICHD Study of Early Child Care,* National Institute of Child Health and Human Development 1998, NIH-Pub-98-4318.

Stoltenborgh, M., Bakermans-Kranenburg, M. J., Alink, L., van Ijzendoorn, M. H. (2012): »The universality of childhood emotional abuse: a meta-analysis of worldwide prevalence«, in: *Journal of Aggression, Maltreatment & Trauma* 21(8), 870–890.

Teicher, M. H., Samson J. A., Polcari A., McGreenery C. E. (2006): »Sticks, stones, and hurtful words: relative effects of various forms of childhood maltreatment«, in: *Am J Psychiatry.* 163(6), 993–1000.

Vandell, D. L. et al. (2010): »Do effects of early child care extend to age 15 years? Results from the NICHD SECCYD«, in: *Child Dev* 81(3), 737–756.

TEIL II
Verwendete und weiterführende Literatur

Ballmann, A. E.: *Der Einfluss der Umwelt auf die Entwicklung von Kindergartenkindern,* Göttingen 2017.

Bastigkeit, A.: *Bildungsbiografie und elementarpädagogische Bildungsarbeit: Eine Studie zum Zusammenhang von Bildungsbiographien elementarpädagogischer Mitarbeiterinnen und der praktischen Umsetzung des elementarpädagogischen Bildungsauftrags,* Frankfurt 2006.

Chamberlain, S.: *Adolf Hitler, die deutsche Mutter und ihr erstes Kind. Über zwei NS-Erziehungsbücher,* Gießen 2016.

deMause, L.: *Hört ihr die Kinder weinen? Eine psychogenetische Geschichte der Kindheit,* Frankfurt 1977.

Drexler, K.: *Ererbte Wunden heilen. Therapie der transgenerationalen Traumatisierung,* Stuttgart 2017.

Fuchs,. S.: *Die Kindheit ist politisch! Kriege, Terror, Extremismus, Diktaturen und Gewalt als Folge destruktiver Kindheitserfahrungen,* Heidelberg 2019.

Gebhardt, M.: *Die Angst vor dem kindlichen Tyrannen. Eine Geschichte der Erziehung im 20. Jahrhundert,* München 2009.

Hafeneger, B.: *Strafen, prügeln, missbrauchen. Gewalt in der Pädagogik,* Frankfurt am Main 2011.

Hüter, M.: *Kindheit 6.7. Ein Manifest. Es ist höchste Zeit, mit unseren Kindern neue Wege zu gehen!*, Melk an der Donau 2018.

Hüther, G.: *Würde. Was uns stark macht – als Einzelne und als Gesellschaft*, München 2018.

Hundt, M. (2015): »Was ist Gewalt – was ist gewaltfreie Erziehung? Ein wichtiges Kinderrecht und seine Bedeutung in der Praxis«, in: TPS 10/2015, S. 34–37.

Kiso, C. und Lotze, M.: »Ressourcenorientierung als Grundhaltung? Mögliche Konsequenzen pädagogischer Diskurse für die Kooperation verschiedener Professionen«, in: Schwer, C. und Solzbacher, C. (Hrsg.): *Professionelle pädagogische Haltung. Historische, theoretische und empirische Zugänge zu einem viel strapazierten Begriff*, Bad Heilbrunn 2014, S. 137–153.

Krappmann, L.: »Die Qualität pädagogischer Beziehungen, gegründet in den Rechten der Kinder«, in: Prengel, A. und Winklhofer, U. (Hrsg.): *Kinderrechte in pädagogischen Beziehungen. Band 2: Forschungszugänge*, Opladen/Berlin/Toronto 2014, S. 11–15.

Kegel, B.: *Epigenetik. Wie unsere Erfahrungen vererbt werden*, Köln 2018.

Krenz, A.: *Kinderseelen verstehen. Verhaltensauffälligkeiten und ihre Hintergründe*, München 2013.

Mertes, L.: *Psychische Gewalt in der Erziehung. Erkennungsproblematik und Erkennungschancen für die soziale Arbeit,* Hamburg 2013.

Meyer-Legrand, I.: *Die Kraft der Kriegsenkel. Wie Kriegsenkel heute ihr biografisches Erbe erkennen und nutzen,* Berlin/München/Zürich/Wien 2018.

Miethe, I.: *Biografiearbeit – Lehr- und Handbuch für Studium und Praxis,* Weinheim 2011.

Miller, A.: *Am Anfang war Erziehung,* Frankfurt am Main 1983.

Pfeiffer, S.: *Reformpädagogische Konzepte. Geschichte und Theorie der Frühpädagogik,* Göttingen 2013.

Rabe-Kleberg, U.: »Mütterlichkeit und Profession«, in: Diller, A. und Rauschenberg, T. (Hrsg.): *Reform und Ende der Erzieherinnenausbildung? Beiträge zu einer kontroversen Fachdebatte,* München 2006. Deutsches Jugendinstitut e.V., S. 95–109.

Rabe-Kleberg, U.: »Kinderrechte und Kinderschutz in Kindertagesstätten. Noch weitgehend unbekannte pädagogische Herausforderungen?«, in: TPS 10/2015, S. 13–17.

Renz-Polster, H.: *Erziehung prägt Gesinnung. Wie der weltweite Rechtsruck entstehen konnte – und wie wir ihn aufhalten können,* München 2019.

Ruhe, H. G.: *Methoden der Biografiearbeit – Lebensspuren entdecken und verstehen,* Weinheim 2003.

Schneider, M. und Süss, J. (Hrsg.): *Nebelkinder. Kriegsenkel treten aus den Traumaschatten der Geschichte,* Berlin/München/Wien 2015.

Schwer, C., Solzbacher, C., Behrensen, B.: »Annäherung an das Konzept ›Professionelle pädagogische Haltung‹: Ausgewählte theoretische und empirische Zugänge«, in: Schwer, C. und Solzbacher, C. (Hrsg.): *Professionelle pädagogische Haltung. Historische, theoretische und empirische Zugänge zu einem viel strapazierten Begriff,* Bad Heilbrunn 2014, S. 47–77.

Tietze, W. und Förster, C.: »Allgemeines pädagogisches Gütesiegel für Kindertageseinrichtungen« in: Diller, A., Leu, H. R., Rauschenbach, T. (Hrsg.): *Der Streit ums Gütesiegel. Qualitätskonzepte für Kindertageseinrichtungen,* München 2005, S. 31–66.

Tietze, W. und Förster, C.: »Qualitätsfeststellung und Gütesiegel. Das Deutsche Kindergarten Gütesiegel als neuartiges Instrument der Qualitätssicherung in Kindertageseinrichtungen. Frühe Kindheit. Die ersten sechs Jahre«, in: *Zeitschrift der Deutschen Liga für das Kind in Familie und Gesellschaft e.V.* 04/2006, S. 8–12.

Wolynn, M.: *Dieser Schmerz ist nicht meiner. Wie wir uns mit dem seelischen Erbe unserer Familie aussöhnen,* München 2017.

Zimbardo, P.: *Der Luzifer-Effekt. Die Macht der Umstände und die Psychologie des Bösen*, Heidelberg 2008.

Onlinequellen und Studien

Geschichte der Kitas – Königreich Bayern
Franke-Meyer, D.: »Geschichte der frühkindlichen Bildung in Deutschland«, https://www.bpb.de/gesellschaft/bildung/zukunft-bildung/277608/geschichte (abgerufen am 23.04.2019)

Geschichte der Psychotherapie
Mattejat, F.: »Geschichtliche Entwicklung der Psychotherapie – Wo stehen wir heute?«, https://www.uni-marburg.de/ivv/downloads/praesentationen/geschichte_der_psychotherapie.pdf (abgerufen am 04.07.2019)

Gesundheit von Erzieherinnen
o. A.: »Hoher Krankenstand in der Kinderbetreuung«, https://www.aerzteblatt.de/nachrichten/63805/Hoher-Krankenstand-in-der-Kinderbetreuung (abgerufen am 01.03.2019)

Gesundheitliche Belastungen von Erzieherinnen
o. A.: »Studie zur gesundheitlichen Belastung: Erzieherinnen und Erzieher in Kitas häufig betroffen«, https://www.wochenblatt.de/news-stream/kelheim/artikel/149901/studie-zur-gesundheitlichen-belastung-erzieherinnen-und-erzieher-in-kitas-haeufig-betroffen (abgerufen am 01.03.2019)

Epigenetik-Holocaust-Überlebende

Spork, P.: »Holocaust-Überlebende vererben Trauma«, https://www.newsletter-epigenetik.de/holocaust-ueberlebende-vererben-trauma/ (abgerufen am 04.07.2019)

Yehuda, R. et al.: »Holocaust exposure induced intergenerational effects on FKBP5 methylation«, in: *Biological Psychiatry* 2015, https://www.ncbi.nlm.nih.gov/pubmed/26410355 (abgerufen am 12.07.2019).

Kindheit im Mittelalter

Schmidt, S.: »Kindheit im Mittelalter«, https://www.sbg.ac.at/ges/people/janotta/sim/kindheit.html#52 (abgerufen am 13.03.2019)

Licking-and-Grooming-Experimente

Pontes, U.: »Liebe – ein Grundnahrungsmittel«, https://www.dasgehirn.info/handeln/liebe-und-triebe/liebe-ein-grundnahrungsmittel (abgerufen am 04.07.2019)

Nachhaltigkeit Sprachtraining

Stark, R.: »Hören, Lauschen, Lernen. Ergebnisse zur Nachhaltigkeit des Trainings«, https://www.uni-saarland.de/fileadmin/user_upload/Professoren/fr41_ProfGutenberg/Projekte/Schlussbericht_HLL.pdf (abgerufen am 20.02.2019)

Psychische Erkrankungen von Erzieherinnen

o. A.: »Statistiken zu psychischen Erkrankungen«, https://de.statista.com/themen/1318/psychische-erkrankungen (abgerufen am: 01.03.2019)

Sputnik-Schock
o. A.: »Der ›Sputnik-Schock‹, Teil 2«, https://www.geo.de/info/7966-rtkl-der-sputnik-schock-teil-2 (abgerufen am 04.07.2019)

Transgenerationale Traumatisierung – Herpertz
Bühring, P.: »Transgenerationale Traumatisierung: Den Teufelskreis durchbrechen«, https://www.aerzteblatt.de/archiv/128386/Transgenerationale-Traumatisierung-Den-Teufelskreis-durchbrechen (abgerufen am 07.07.2019)

Wiener Krippenstudie
o. A.: »Wiener Kinderkrippen Studie (WiKi): Die „Eingewöhnungsphase" von Kleinkindern in Kinderkrippen«, https://bildungswissenschaft.univie.ac.at/psychoanalytische-paedagogik/forschung/abgeschlossene-projekte/wiener-kinderkrippen-studie-wiki-die-eingewoehnungsphase-von-kleinkindern-in-kinderkrippen (abgerufen am 02.03.2019)

Studien

NICHD Early Child Care Research Network: »Nonmaternal care and family factors in early development: An overview of the NICHD Study of Early Child Care«, in: *Journal of Applied Developmental Psychology* 2001 (22), 457–492.

Peth-Pierce, R.: *The NICHD Study of Early Child Care,* National Institute of Child Health and Human Development 1998. NIH-Pub-98-4318.

Vandell, D. L. et al. (2010): »Do effects of early child care extend to age 15 years? Results from the NICHD SECCYD«, in: *Child Dev* 81(3), 737–756.

TEIL III
Verwendete und weiterführende Literatur

Boyce, W. T.: *Orchidee oder Löwenzahn? Warum Menschen so unterschiedlich sind und wie sich alle gut entwickeln können,* München 2019.

Brown, S. und Vaughan, C.: *Play. How it shapes the brain, opens the imagination, and invigorates the soul,* New York 2009.

Burow, O.-A.: *Positive Pädagogik. Sieben Wege zu Lernfreude und Schulglück,* Weinheim 2011.

Hüter, M.: *Kindheit 6.7. Ein Manifest. Es ist höchste Zeit, mit unseren Kindern neue Wege zu gehen!,* Melk an der Donau 2018.

Hüther, G. und Quarch, C.: *Rettet das Spiel. Weil Leben mehr als funktionieren ist,* München 2018.

Hüther, G.: *Würde. Was uns stark macht – als Einzelne und als Gesellschaft,* München 2018.

Juul, J.: *Schulinfarkt. Was wir tun können, damit es Kindern, Eltern und Lehrern besser geht,* München 2013.

Kalisch, R.: *Der resiliente Mensch. Wie wir Krisen erleben und bewältigen. Neueste Erkenntnisse aus Hirnforschung und Psychologie,* München/Berlin 2017.

Kiso, C. und Lotze, M.: »Ressourcenorientierung als Grundhaltung? Mögliche Konsequenzen pädagogischer Diskurse für die Kooperation verschiedener Professionen«, in: Schwer, C. und Solzbacher, C. (Hrsg.): *Professionelle pädagogische Haltung. Historische, theoretische und empirische Zugänge zu einem viel strapazierten Begriff,* Bad Heilbrunn 2014, S. 137–153.

Krappmann, L.: »Die Qualität pädagogischer Beziehungen, gegründet in den Rechten der Kinder«, in: Prengel, A. und Winklhofer, U. (Hrsg.): *Kinderrechte in pädagogischen Beziehungen. Band 2: Forschungszugänge.* Opladen/Berlin/Toronto 2014, S. 11–15.

Krenz, A.: *Was Kinder brauchen. Aktive Entwicklungsbegleitung im Kindergarten,* Mannheim 2007.

Mienert, M.: *Das haben wir doch schon immer so gemacht. Die »Ja, abers« in Kita und Hort,* Göttingen 2017.

Navarro, T.: *Kintsugi. Die Kunst, emotionale Verletzungen zu heilen,* München 2019.

Rabe-Kleberg, U.: »Kinderrechte und Kinderschutz in Kindertagesstätten. Noch weitgehend unbekannte pädagogische Herausforderungen?«, in: TPS 10/2015, S. 13–17.

Spiewak, M.: »Wenn der Inspektor zweimal klingelt«, in: *DIE ZEIT* vom 30.06.2005, S. 35f.

Tietze, W. und Förster, C.: »Allgemeines pädagogisches Gütesiegel für Kindertageseinrichtungen«, in: Diller, A., Leu, H. R, Rauschenbach, T. (Hrsg.): *Der Streit ums Gütesiegel. Qualitätskonzepte für Kindertageseinrichtungen,* München 2005, S. 31–66.

Tietze, W. und Förster, C.: »Qualitätsfeststellung und Gütesiegel. Das Deutsche Kindergarten Gütesiegel als neuartiges Instrument der Qualitätssicherung in Kindertageseinrichtungen. frühe Kindheit. Die ersten sechs Jahre«, in: *Zeitschrift der Deutschen Liga für das Kind in Familie und Gesellschaft e.V.,* 04/2006, S. 8–12.

Onlinequellen und Studien

3-D-Animation Blauwal in der Turnhalle
https://www.youtube.com/watch?v=nO4X2QARnEs (abgerufen am 24.04.2019)

Spielen
Tenzer, E.: »Spielen macht Kinder schlau«, https://www.wissenschaft.de/allgemein/spielen-macht-kinder-schlau (abgerufen am 24.04.2019)

Spielentwicklung
Schwarz, R.: »Spielentwicklung in der frühen Kindheit«, https://www.kita-fachtexte.de/fileadmin/Redaktion/

Publikationen//KiTaFT_schwarz_2014.pdf (abgerufen am 04.07.2019)

Studien

Boyce, W. T. und Ellis, B. J. (2005): »Biological sensitivity to context: I. An evolutionary-developmental theory of the origins and functions of stress reactivity«, in: *Development and Psychopathology* 17, 271–301.

Lyons-Ruth, K. (1996): »Attachment relationships among children with aggressive behavior problems: The role of disorganized early attachment patterns«, in: *Journal of Consulting and Clinical Psychology* 64(1), 64–73.

Pluess, M. (2013): »Sensory-processing sensitivity: a potential mechanism of differential susceptibility«, in: *2013 Society for Research in Child Development (SRCD) Biennial Meeting*, Seattle, USA.

Pluess, M. (2015): »Individual differences in environmental sensitivity«, in: *Child Development Perspectives* 9(3), 138–143.

Pluess, M., Assary, E., Lionetti, F., Lester, K. J., Krapohl, E., Aron, E. N., Aron, A. (2018): »Environmental sensitivity in children: Development of the Highly Sensitive Child Scale and identification of sensitivity groups«, in: *Developmental Psychology* 54(1), 51–70.

Pluess, M. und Belsky, J. (2013): »Vantage sensitivity: Individual differences in response to positive experiences«, in: *Psychological Bulletin* 139(4), 901–916.